GOLDMANN
ARKANA

Buch

Viele Bücher beschreiben, wie wir Krankheit und Negativität bekämpfen können, nur wenige weisen den Weg zu jenem erhöhten Seelenzustand, in dem wir vor Glück zerspringen möchten. Dies ist die Geschichte zweier Menschen, die auf der Suche nach dem Glück ihrer eigenen Seele begegnen. Von ihr erfahren sie in sieben existenziellen Botschaften, nach welchen Naturgesetzen unsere Welt aufgebaut ist: 1. Ich bin, was ich erlebe. 2. Ich erlebe, was ich denke. 3. Ich denke, was ich fühle. 4. Ich fühle, was ich glaube. 5. Ich glaube, was ich will. 6. Ich will, was ich liebe. 7. Ich liebe, was ich bin. Dem Leser bietet das Buch die Chance, diese geistige und persönliche Entwicklung für sich selbst nachzuvollziehen. Mit jeder Botschaft erhält er einen tieferen Einblick in seine eigene spirituelle Persönlichkeit. Ein Buch, das man nicht nur durchliest, sondern das man spontan zu leben beginnt.

Autoren

Das Schweizer Unternehmen »Ella Kensington« ist der größte Anbieter von wissenschaftlich fundierten Glücksseminaren und Glückstrainings im deutschsprachigen Raum. Das »Ella-Camp« in Spanien hat seit seiner Gründung im Jahr 2000 Tausenden von begeisterten Besuchern die Glücksrezepte aus »Mary« und anderen Kensington-Bestsellern nahegebracht.

www.ella.org

Von Ella Kensington erscheinen bei Goldmann außerdem:
Mary (21824)
Mysterio (21825)

Ella Kensington

Die 7 Botschaften unserer Seele

GOLDMANN
ARKANA

Die Originalausgabe dieses Buchs erschien 2005
beim Ernst Lenz Musikverlag, Bochum.

FSC

Mix

Produktgruppe aus vorbildlich
bewirtschafteten Wäldern und
anderen kontrollierten Herkünften

Zert.-Nr. SGS-COC-1940
www.fsc.org
© 1996 Forest Stewardship Council

1. Auflage

Vollständige, überarbeitete Taschenbuchausgabe Juli 2008
© 2008 Arkana, München
in der Verlagsgruppe Random House GmbH
Umschlaggestaltung: Uno Werbeagentur
Umschlagmotiv: Indo Karper
Redaktion: Kathrin Heigl
SB · Herstellung: CZ
Satz: Greiner & Reichel, Köln
Druck und Bindung: GGP Media GmbH, Pößneck
Printed in Germany
ISBN 978-3-442-21823-3
www.arkana-verlag.de

Vorsicht!!!

Dieses Buch enthält ein Glücksvirus, das beim Lesen
unbeabsichtigt aufgenommen werden kann. Dieses
Virus ist hochinfektiös und nicht heilbar!

Inhaltsverzeichnis

Vorgeschichte

»Wer bist du?«, fragte mich die Frau neben mir auf dem Beifahrersitz.

»Ich bin Joe«, gab ich ganz selbstverständlich zur Antwort.

»Ich wollte nicht deinen Namen wissen«, meinte die Frau daraufhin freundlich. »Ich wollte wissen, wer du bist!«

»Ich bin Therapeut …«, versuchte ich zu erklären, doch die Frau unterbrach mich.

»Ich wollte auch nicht wissen, was du arbeitest«, sagte sie sehr herzlich. »Ich wollte wissen, wer du wirklich bist.«

»Ich bin ein Mensch«, sagte ich daraufhin etwas verwirrt.

»Ich wollte auch nicht wissen, was du bist, sondern wer du bist!«, betonte die Frau noch einmal in einem sehr sanften Tonfall.

»Ich verstehe diese Frage nicht«, gab ich zu.

»Dann solltest du darüber nachdenken!«, schlug die Frau liebevoll vor und verschwand.

Als ich am Morgen nach diesem Traum aufwachte,

ging mir sofort diese Frage durch den Kopf. Wieso konnte ich sie nicht beantworten? Was war so schwierig an dieser Frage? Ich lag noch eine ganze Weile im Bett und dachte darüber nach, wer ich war.

Ich stand schließlich auf und machte Frühstück für meine Frau Viktoria und mich. Als Viktoria gegen 8 Uhr aufwachte, wirkte sie etwas zerstreut. Sie murmelte etwas davon, dass sie nicht gut geschlafen hätte und wieso ich denn schon so früh wach sei.

Als sie nach der Dusche dann zum Frühstück kam, erklärte sie mir, sie habe einen ungewöhnlichen Traum gehabt, der sie noch etwas beschäftige.

Ich wollte wissen, was sie immer noch beschäftigte, und fiel bei ihrer Antwort fast rückwärts vom Stuhl. Sie hatte den gleichen Traum geträumt. Ich glaubte, immer noch zu träumen. Wie konnte das sein? Konnte das Zufall sein?

»War diese Frau blond, grüne Augen, etwa 1,70 Meter groß und schlank?«, hakte ich aufgewühlt nach.

»Ja! Woher weißt du das?«, fragte Viktoria verblüfft.

»Hieß diese Frau Ella?«, antwortete ich mit einer Gegenfrage.

»Wie kannst du das wissen?«, erwiderte Viktoria geschockt.

»Diese Frau war heute Nacht auch in meinem Traum und hat mir die gleiche Frage gestellt«, sagte ich und konnte es selbst kaum glauben.

»Du machst Witze«, erwiderte Viktoria ungläubig.

»Nein, bestimmt nicht«, beteuerte ich. »Woher hätte ich sonst wissen können, wie sie aussieht und wie sie heißt?«

An diesem Tag fiel es mir schwer, mich auf meine Arbeit zu konzentrieren. Ich hielt es für sinnvoll, alle Termine abzusagen, konnte jedoch eine Klientin nicht mehr rechtzeitig erreichen. Ich setzte mich eine halbe Stunde vor diesem Termin zur Meditation in einen Sessel, den ich eigens dafür angeschafft hatte. Ich wollte mich erst einmal etwas zur Ruhe bringen.

Es fiel mir sehr schwer, meine Gedanken an mir vorüberziehen zu lassen. Immer wieder blieb ich an dieser Frage und an der Tatsache hängen, dass wir beide den gleichen Traum geträumt hatten. Ich versuchte, diese Gedanken zu zerstreuen, was mir schließlich nach einiger Zeit auch gelang.

Als meine Klientin dann kam, fühlte ich mich einigermaßen gut. Ihr ging es dagegen überhaupt nicht gut. Sie schien total verängstigt zu sein. Als wir uns in meinen Arbeitsraum setzten, war ich doch froh, diesen Termin nicht abgesagt zu haben. Diese Frau brauchte jetzt wirklich Hilfe. Nach einer kurzen Begrüßung fragte ich sie, wovor sie denn so große Angst habe.

»Sieht man es mir also doch schon an?«, erwiderte sie verzweifelt. »Ich hatte gehofft, man würde es nicht so leicht bemerken. Was sollen die Leute bloß von mir denken? Ich, die stets mit drei Beinen im Leben stand, habe jetzt Angst vor nichts und wieder nichts.«

»Machen Sie sich deswegen keine Sorgen«, versuchte ich sie zu beruhigen. »Sie wissen doch, wenn es um Ängste geht, hält NLP eine ganze Menge effektivster mentaler Techniken bereit. Wovor haben Sie denn so große Angst?«

»Das Schlimmste ist, dass ich es selbst nicht einmal weiß«, erklärte sie. »Diese Ängste kommen einfach so, ohne irgendeinen Grund.«

Sie zeigte das typische Aussehen einer Phobikerin: gekrümmte Haltung, blasse Hautfarbe, kalter Schweiß und Zittern. Ich versuchte mit allem, was NLP zu bieten hatte, die Ursache dieser Phobie herauszubekommen. Aber nichts half. Sie konnte es sich einfach nicht erklären, woher ihre Angst kam. Sie hatte keine Wahnvorstellungen, keine schlechten Erinnerungen, keine Anzeichen eines traumatischen, verdrängten Erlebnisses, keine bedrohlichen Stimmen, die sie verfolgten, auch nicht das Gefühl, ständig beobachtet zu werden – nichts von alldem, was mir als mögliche Ursache einfiel. Ich konnte mir das nicht erklären, hatte ich doch schon Hunderte von Phobien erfolgreich und ohne viel Mühe beseitigt.

Ich wollte die Sitzung schon beenden, da ich keine Möglichkeit sah, ihr zu helfen, so sehr ich auch wollte. Da sagte sie plötzlich: »Ich glaube, es hat keinen Sinn mehr wiederzukommen. Sie können mir ja doch nicht helfen. Niemand kann mir helfen. Es ist alles so sinnlos.«

Dieser Satz traf mich bis tief in die Seele. Nicht,

dass sie mich als ihren Therapeuten ablehnte, war das Schlimme, sondern seltsamerweise, dass sie alles als sinnlos empfand. Ich verstand meine eigenen Gefühle nicht, aber mir lief es eiskalt den Rücken herunter.

»Was meinen Sie damit, dass alles so sinnlos ist?«, hakte ich nach.

»Ach, einfach das ganze Leben«, meinte sie frustriert. »Nichts ist von Bedeutung, weder meine Arbeit noch mein Privatleben.«

Ich dachte zuerst daran, dass sie in der Midlife-Crisis steckte. Doch da war mehr. Und da wurde sie auch schon von einer Panikattacke geschüttelt und heulte wie ein Schlosshund. Ich versuchte, ihr mit einigen NLP-Techniken wieder zur Ruhe zu verhelfen, was auch einigermaßen gelang. Ich distanzierte sie so gründlich von ihren Emotionen, dass sie in der Lage war, sich den Grund für ihre Phobie anzuschauen und dabei einigermaßen ruhig zu bleiben. Sie sah sich in einer Situation, wie sie vor der Himmelstür stand und Einlass begehrte. Gott sprach zu ihr mit einer mächtigen, dunklen Stimme:

Du hast deine Lebensaufgabe nicht erfüllt, und deshalb wirst du in der Hölle schmoren.

Es war also Gottesfurcht, die sich in Form einer handfesten Phobie bei ihr zeigte. Sie war überzeugt, dass Gott sie in die Hölle schicken würde, wenn sie ihrem Leben nicht einen Sinn gab und ihre Aufgabe übernahm – was auch immer das sein mochte. Nach ein paar Minuten NLP-Zauberei fand sie die Ursache dieses Glaubens in einer Situation ihrer Kindheit, in der der Pfarrer, der den Religionsunterricht an ihrer Schule leitete, alles daransetzte, den Kindern Angst vor dem großen, mächtigen Gott zu machen. Jetzt, als Erwachsene, erkannte sie, dass dieser Pfarrer einfach nur Disziplin in die Klasse bringen wollte und sich nicht anders zu helfen vermochte. Nachdem sie durch einige Techniken diese Angst aus ihrem Unbewussten ausgelöscht hatte, dachte ich, das Problem wäre damit beseitigt. Doch der Mangel an persönlichem Lebenssinn blieb weiterhin erhalten und beeinträchtigte ihr Wohlbefinden erheblich. Ich verstand nicht, wieso es ihr jetzt, nachdem ihr Problem gelöst war, nicht viel besser ging. Wieso machte sie sich solch schlechte Gefühle, nur weil sie nicht wusste, welche Aufgabe sie im Leben haben sollte? Und was hieß das schon, eine Aufgabe zu haben? Ich wusste auch nicht, was die meine sein sollte.

Ich wusste momentan nicht, wie ich ihr helfen sollte, und wir beschlossen, für heute Schluss zu machen und uns auf den nächsten Termin zu vertagen.

Als sie gegangen war, drängte sich wieder die Erinnerung in mein Bewusstsein, wie betroffen ich mich gefühlt hatte, als die Frau gesagt hatte, alles hätte keinen Sinn. Wieso löste das in mir eine derart heftige Reaktion aus? Sicherlich hatte ich mir schon des Öfteren Gedanken über den Sinn des Lebens gemacht wie jeder andere auch und war zu keinem vernünftigen Ergebnis gekommen, wahrscheinlich wiederum wie jeder andere auch.

Ich spürte plötzlich intuitiv, dass meine starke Reaktion etwas mit dem Traum von heute Nacht zu tun haben musste. Ich konnte mir zwar keinen Reim darauf machen, aber es hatte damit zu tun, da war ich sicher. Ich wollte am Abend mit Viktoria darüber reden, doch wir hatten Gäste, und so nahm ich dieses Thema mit ins Bett.

Die erste Frage, die ich am nächsten Morgen Viktoria stellte, war: »Hast du gut geschlafen?«

»Ja, sehr gut, danke«, erwiderte sie.

»Hast du auch gut geträumt?«, wollte ich genau wissen.

»Ja, auch das, warum fragst du so komisch?«

Erst jetzt fiel mir auf, wie sehr mich unser Traum beschäftigte. Es war der letzte Gedanke, mit dem ich abends einschlief, und der erste, mit dem ich am Morgen aufwachte.

Zwei Wochen später wachten Viktoria und ich durch unseren Radiowecker auf und sahen uns nur an. Keiner von uns musste etwas sagen: Es war wieder passiert. Ich sah es in ihren Augen. Jetzt war es definitiv, es konnte kein Zufall gewesen sein mit dem gemeinsamen Traum. Mit uns passierte etwas, das wir bisher nicht für möglich gehalten hatten.

Wir konnten uns beide nicht mehr genau an diesen neuen Traum erinnern, aber das war auch nicht so wichtig. Was uns viel mehr beschäftigte, war die Tatsache, dass es diese Ella jetzt zum zweiten Mal geschafft hatte, in unseren Träumen zu erscheinen. War sie nur ein Traum oder war sie irgendetwas anderes? Gab es diese Ella vielleicht wirklich?

Wir beschlossen, dem Phänomen Ella auf den Grund zu gehen. Wir mussten mit irgendjemandem darüber reden, der sich mit so etwas auskannte. Aber mit wem? Unsere Freunde und Bekannten würden uns wahrscheinlich für verrückt halten oder glauben, wir wollten sie auf den Arm nehmen. Nein, wir mussten erst einmal versuchen, allein etwas darüber in Erfahrung zu bringen. Vielleicht gibt es darüber Bücher, dachten wir. Wir konnten doch nicht die einzigen Menschen auf der Welt sein, denen so etwas passierte. Bestimmt gab es Experten, die sich mit solchen Phänomenen auskannten.

Nach einer zweiwöchigen erfolglosen Suche, die uns durch alle Buchläden der Stadt geführt hatte, beschlossen wir, den Sprung ins kalte Wasser zu wagen und einen Mann zu konsultieren, der sich als Experte auf dem Gebiet der Parapsychologie bezeichnete. Er würde uns bestimmt nicht für verrückt halten. Wenn doch, wäre es auch egal. Was hatten wir zu verlieren?

Als wir zu ihm kamen, wurden wir von seiner Frau erst einmal in einen Raum geführt, der bis oben voll gestopft mit okkulten Utensilien war. Da hingen Wünschelruten an der Decke und lagen Steine auf einem Tisch, die wohl irgendeine bestimmte Wirkung haben sollten. Da waren Bilder von Yogis an der Wand, und überall brannten Räucherstäbchen. Es war ein furchtbarer Gestank in diesem Raum. Die Frau ließ uns allein, und wir setzten uns auf ein Sofa, das in der Nähe des Fensters stand. Wir fragten uns, ob wir wohl ein Fenster öffnen könnten, um etwas frische Luft hereinzulassen.

Nachdem wir so über eine halbe Stunde in diesem Raum ausgehalten hatten, war es mir egal, ob der Hausherr etwas dagegen haben würde, wenn ich das Fenster öffnete. Wir hatten einen festen Termin vereinbart, und er ließ uns in diesem Gestank ewig warten. Viktoria wollte schon wieder gehen, doch ich bat sie, noch ein paar Minuten zu warten. Ich ging zum Fenster und wollte es gerade öffnen, da fuhr es mich von hinten aggressiv an.

»Nein, tun Sie das nicht! Dieses Fenster muss immer geschlossen bleiben!« Es war der Parapsychologe, der gerade zur Tür hereinkam. »Dieser Raum wird seit fünf Jahren von allen negativen Energien gereinigt«, fuhr er fort. »Mit einer einzigen Unachtsamkeit hätten Sie fast die Arbeit von fünf Jahren zunichte gemacht«, sagte er vorwurfsvoll.

»Mein Gott«, dachte ich entsetzt, »der hat seit fünf Jahren nicht mehr gelüftet.«

»Spüren Sie nicht, wie wohl Sie sich fühlen, seit Sie in diesem Raum sitzen?«, fragte er weiterhin vorwurfsvoll.

Ohne auf unsere Antwort zu warten, sprach er weiter.

»Ich führe meine Gäste immer erst einmal in diesen

Raum, um sie von allen negativen Energien zu reinigen, bevor ich zu ihnen komme. Ich will nicht den ganzen Müll ihrer negativen Energien abkriegen.«

Dieser Mann musste wohl große Angst vor uns *normalen* Menschen haben. Wäre er zu mir in die Praxis gekommen, hätte ich ihm sicher helfen können. Doch dies war unmöglich, wie ich später erfuhr. Er ging niemals aus dem Haus, um sich nicht draußen mit negativen Energien zu verseuchen.

Aber wir waren ja zu ihm gekommen, weil wir uns von ihm Hilfe erhofften und nicht umgekehrt. Er setzte sich zu uns und machte allerlei okkulten Firlefanz. Er malte mit einem Kristall angeblich altindische Zeichen in die Luft, steckte noch mehr Räucherstäbchen an und sang ein seltsames, unverständliches Gemurmel vor sich hin. Nachdem er so eine weitere Viertelstunde unsere Geduld beansprucht hatte, wollte er endlich wissen, wozu wir gekommen seien. Wir erklärten ihm die Situation ohne irgendwelche Hemmungen, denn dieser Mann war selbst viel verrückter, als wir es jemals sein konnten. Wir waren noch nicht ganz fertig mit unseren Ausführungen, als er plötzlich aufschrie wie ein Verrückter.

»Er kommt durch, er kommt durch!«

Danach war erst einmal eine Zeit lang Ruhe. Wir trauten uns nicht, uns zu rühren, geschweige denn zu fragen, wer da wohl durchkam und wohin durchkam.

Nachdem er wieder aus seiner seltsamen Trance erwacht war, erklärte er nur kurz: »Die Frau, die euch in euren Träumen erscheint, ist in Wirklichkeit keine Frau, sondern ein böser alter ägyptischer Gott, der sich als nette Frau bei euch einschleichen will, um dann schließlich ganz die Kontrolle über euch zu übernehmen. Die einzige Möglichkeit, das zu verhindern, ist, mit mir zusammenzuarbeiten und diesen Geist zu vertreiben. Allein würdet ihr das nie schaffen«, erklärte er.

Dies würde allerdings auch mit seiner Hilfe nicht einfach werden, fuhr er fort. Wir müssten uns von allem anderen frei machen und täglich zu ihm kommen. Mir war klar, dass das Einzige, wovon uns dieser Mann befreien wollte, unser Geld war.

Als wir auf sein Drängen nicht eingehen wollten, sagte er: »Gut, ihr werdet schon sehen, was ihr davon habt. Macht 300 Mark.«

300 Mark wollte dieser Mann für die Sitzung haben, die aus einer halben Stunde Gestank, einer Minute Gespräch, einer Viertelstunde angeblicher Trance und dieser Angstmache bestand! Frustriert zahlten wir brav das geforderte Geld und trösteten uns damit, um eine Erfahrung reicher geworden zu sein.

Nach diesem Erlebnis waren wir vorsichtiger, wenn es darum ging, einen kompetenten Fachmann für Parapsychologie zu finden. Wir beschlossen, unsere Hemmungen gegenüber unseren Freunden über Bord zu werfen, zumindest bei denen, die nichts weitererzählten, was man ihnen anvertraute.

Zu unserer größten Überraschung hörte man uns ganz aufmerksam zu und fand alles sehr interessant. Einige unserer Bekannten waren viel stärker esoterisch angehaucht, als wir gewusst hatten. Einer war der Meinung, es müsse sich bei Ella um eine Person aus einem früheren Leben handeln. Eine Bekannte hielt sie eher für eine Projektion aus unserem Unterbewusstsein in Verbindung mit einem allwissenden kosmischen Bewusstsein. Auf jeden Fall hielten unsere Bekannten alle die Geschichte mit unserem »Parapsychologen« für reine Panikmache und Geldschneiderei. Das brachte uns aber auch nicht so richtig weiter.

Wir beschlossen, ein Bewusstseinsexperiment zu machen. Wenn diese Ella in unseren Träumen auftauchen konnte, würde sie dies vielleicht auch in einem ähnlichen Bewusstseinszustand tun – einer hypnotischen Trance.

In meinem Werdegang zum Mentaltrainer hatte ich etwa sechs Jahre mit klinischer Hypnose gearbeitet. In dieser Zeit hatte es auch Vorfälle gegeben, in denen meine Klienten unglaubliche Fähigkeiten in Trance entwickelten. Es meldete sich zuweilen das Unbewusste direkt zu Wort, ohne dass das Bewusstsein irgendetwas davon mitbekam. Ich bekam auf diese Weise wertvolle Hinweise, wie ich diesen Menschen zu helfen hatte. Und es funktionierte immer.

Zu dieser Zeit hatte ich die Weisheit des Unbewussten wirklich schätzen gelernt. Diese Stimmen, die sich in Trance meldeten, waren sehr nützlich und Ella eigentlich auch sehr ähnlich. Vielleicht war das am ehesten eine Erklärung für unser Phänomen. Aber bei meinen Klienten gab es einen wichtigen Unterschied zu uns. Es meldete sich niemals ein und dieselbe Stimme bei verschiedenen Menschen. Es musste bei uns wohl etwas damit zu tun haben, dass wir uns einander so nah fühlten. Wir fühlten uns oft wie eine einzige Person. Schon als wir uns kennen lernten, hatten wir oft das Gefühl, schon ewig zusammen gewesen zu sein. Alles passte so gut zusammen, als wären wir füreinander bestimmt gewesen. Wir hatten auch immer den Eindruck, dass wir vom Schicksal zusammengeführt worden waren.

Mich überkam das Gefühl, dass vielleicht Ella dafür verantwortlich sein könnte. Wenn dies so wäre, würde ich ihr für immer dankbar sein, egal, was oder wer sie war.

Wir waren in meiner Praxis, und Viktoria befand sich bereits in einer tiefen Trance. Sie fühlte sich sehr wohl und geborgen, und so wagte ich es, die Frage nach Ella zu stellen. Ich hatte die Frage noch nicht ausgesprochen, als Ella sich meldete. Nun war ich nicht sicher, ob dies nur ein Spiel in Viktorias Fantasie war oder sich die gleiche Ella wie in unseren Träumen meldete. Ella erklärte, sie sei ein gemeinsames, größeres Ich von uns beiden, und zu ihr würden noch viel mehr Menschen gehören, die alle mit uns verbunden seien. Es war unglaublich, was sie uns da erzählte, und ich wollte mehr wissen. Ella

21

aber sagte, dass diese Art der Kommunikation für Viktoria sehr belastend sei und wir erst eine leichtere Form finden müssten, um alle Fragen befriedigend beantworten zu können. Sie meinte, dass es eine andere Möglichkeit gebe, unseren Wissensdurst zu stillen. Sie erwähnte den Namen Seth. Nach der Frage, ob dieser Seth etwas Ähnliches sei wie sie, war erst einmal Funkstille.

Nach einer Weile sagte Viktoria: »Es ist unglaublich: Ich sehe einen Mann auf einem Thron sitzen, der im Kosmos schwebt, und unter ihm fliegen Engel.«

Sie wollte die Sitzung beenden, da sie sich jetzt für völlig übergeschnappt hielt, doch ich ermutigte sie, weiterzumachen. Dieser Seth fragte uns doch tatsächlich, ob wir bereit wären, ein Buch mit ihm zu schreiben. Er würde diktieren, und wir bräuchten es nur aufzuschreiben. Er sagte auch, er habe so etwas schon einmal gemacht. Wir willigten ein, ohne zu wissen, was auf uns zukommen würde, da wir noch nie etwas mit der Entstehung eines Buches zu tun gehabt hatten. Und außerdem war ich nicht sicher, ob es sich bei diesem Seth nicht einfach um das Unbewusste von Viktoria handelte. Die Informationen könnten für Viktoria sehr nützlich sein. Danach bat mich Viktoria, die Sitzung zu beenden, da sie sich sehr müde fühlte. Das fiel mir sehr schwer, waren da doch noch so viele Fragen, die ich gerne gestellt hätte. Doch Viktorias Wohl ging natürlich vor.

Nach der Sitzung redeten wir noch eine Weile darüber, wie das alles wohl gemeint war und wie wir mit diesen Informationen umgehen sollten. *Die Bäume wachsen unter den Blumen* wollte dieser Seth unser gemeinsames Buch nennen. Komischer Titel.

»Moment mal«, sagte Viktoria, »hat er nicht vorhin gesagt, dass er schon einmal ein Buch diktiert hätte? Wenn das wirklich wahr sein sollte, hätten wir den Beweis, dass es sich nicht nur um mein Unbewusstes handeln kann.«

Wir beschlossen, wieder auf die Suche in die Büchereien zu gehen, in denen wir schon einmal alles durchstöbert hatten. Ein Buch von Seth hatten wir natürlich nicht direkt gesucht. Es erschien uns zwar sehr unwahrscheinlich, dass wir dort wirklich ein Buch finden könnten, aber irgendjemand müsste doch von diesem Buch schon einmal etwas gehört haben, oder es müsste in irgendeiner Verlagsliste schon einmal aufgetaucht sein, sofern es wirklich existierte. Es könnte natürlich auch in einer fremden Sprache erschienen sein. Dann würde es schwieriger werden. Wir beschlossen, uns bei unserer schwierigen Suche zu trennen, um Zeit zu sparen.

Als wir uns wieder trafen, hatten wir beide jeweils drei Bücher unterm Arm. Es war überhaupt nicht schwierig gewesen. Dieser Seth hatte bereits in den Siebzigerjahren eine ganze Reihe Bücher geschrieben, die allesamt zu Bestsellern auf dem esoterischen Büchermarkt geworden waren. Es gab sie in fast allen Sprachen der Welt. Wir sahen uns nur fassungslos an. Es waren also doch nicht nur Hirngespinste mit Seth und Ella. Unser gesamtes Weltbild geriet ins Wanken. Alles, woran wir uns bisher festgehalten hatten, war in Frage gestellt. Die Bücher, die wir gekauft hatten, beschäftigten sich allesamt mit einem neuen, erweiterten Realitätsverständnis. Es waren genau die Fragen, die ich Viktoria in Trance stellen wollte. Nur so viele Fragen, wie ich in diesen Büchern beantwortet fand, wären mir gar nicht eingefallen.

Mit diesen Ereignissen im Hintergrund las ich jede Zeile sehr genau. Es war beileibe nicht einfach zu verstehen, was Seth zum Ausdruck bringen wollte. Ich konnte mir nicht vorstellen, dass Viktoria mit Seth ein solch kompliziertes Buch herausbringen würde. Viktoria war für so einen philosophischen Kram nicht zu haben und viel zu sehr an der Praxis orientiert. Wenn sie etwas sagte, dann war es eindeutig und hatte Hand und Fuß. Aber vielleicht lag das Komplizierte auch nicht nur an Seth, sondern an dem Medium, einer Amerikanerin namens Jane Roberts, durch die Seth diese Bücher geschrieben hatte. Auf jeden Fall wurden alle meine Fragen in den bestehenden Seth-Büchern ausführlich beantwortet.

Ich vermutete, die wahre Natur von Ella jetzt zu verstehen. Doch Ella tauchte in meinen Träumen nicht mehr auf, und so hielt ich mich an Seth und Viktoria. Zu versuchen, mit Ella in Trance Kontakt aufzunehmen, wie Viktoria es gemacht hatte, kam mir gar nicht in den Sinn. Ich traute es mir auch einfach nicht zu.

Wir widmeten Seth jede Woche einen Abend zum

Buchdiktat und hatten mehrmals wöchentlich private Sitzungen mit ihm, um persönliche Fragen zu unserer Weiterentwicklung und unserer Zukunft zu stellen. Es dauerte nicht lange, da machten wir jede Entscheidung, die wir in unserem Leben zu treffen hatten, von Seths Meinung abhängig. Ohne uns dessen bewusst zu sein, legten wir immer mehr die Verantwortung für unser Leben in Seths Hände. Aus ihm sprach so viel Weisheit und so viel Intelligenz, dass wir ganz auf seine Meinung vertrauten. Er hatte auch immer Recht und wusste einfach alles. Dinge, die Viktoria niemals hätte wissen können, wurden durch Seth ganz leicht für sie wahrnehmbar. Wir kamen mit Seths Hilfe sehr schnell voran mit unserer geistigen Entwicklung. Ich entwickelte mit ihm ein völlig neues Therapiekonzept und hatte damit überragende Erfolge. Viktoria lernte von ihm Veränderungstechniken, bei denen sie mit einer Art kosmischer Energie arbeitete. Die Auswirkungen waren bombastisch. Ja, wir hatten allen Grund, Seth zu vertrauen. Und das taten wir auch. Aus ihm sprachen so viel Liebe und solch eine hohe Akzeptanz jedem Menschen gegenüber, man musste ihn einfach gernhaben.

Wir waren so in Hochstimmung, dass wir nicht merkten, wie unsere Existenz langsam zerbröckelte. Aber wir machten uns keine Gedanken darüber. Wir hatten ja Seth, und mit ihm konnte uns nichts passieren. Doch es passierte!

Viktoria verlor ihre Aufträge, und mein Klientenstamm

war auf ein paar einzelne Leute zusammengeschrumpft. Auf einmal kamen wir in finanzielle Schwierigkeiten. Aber nicht genug damit: Die Energien, mit denen Viktoria arbeitete, wirkten sich plötzlich so katastrophal aus, dass sie glaubte, den Verstand zu verlieren. Wir hatten eine harte Zeit vor uns. Mit den neuen, effektiven Seth-Techniken konnte ich mit Viktoria nicht arbeiten. Das verschlimmerte ihren Zustand nur. Ich musste also auf meine zehnjährige NLP-Erfahrung zurückgreifen, um sie vom Abgrund zurückzureißen.

Nach vier Wochen geballter Lebensangst und härtestem Kampf gegen den eigenen Glauben hatte Viktoria die Kontrolle über ihr Leben zurückgewonnen.

Was war passiert? Wir konnten nicht verstehen, wieso uns Seth dies angetan hatte. Wir waren uns einig, mit Seth nie wieder Kontakt aufzunehmen. Unsere ganzen Zukunftspläne waren dahin und auch alle finanziellen Mittel. Wir mussten auf einmal die Verantwortung für unser Leben wieder selbst übernehmen.

Und genau das war Seths letzte Botschaft an uns, die er uns mit diesen drastischen Mitteln gab! Wir erkannten es jedoch erst sehr viel später.

Zurückblickend kann ich sagen, dass Seth sehr lange versuchte, uns zur Eigenverantwortung zu ermahnen. Doch wir wollten wohl einfach nicht verstehen. Schließlich griff er dann zu diesen harten Mitteln und verlor unsere Freundschaft. Doch er hatte sein Ziel erreicht. Wir waren wieder wir selbst. Er hatte uns mit diesem Crash eincn letzten Freundschaftsdienst erwiesen. Ohne unsere Eigenverantwortung wären wir niemals dahin gekommen, wo wir heute sind.

Doch zunächst begann eine schwere Zeit für uns. Was sollten wir beruflich tun? Alle fantastischen Visionen waren dahin. Ich beschloss, meine Arbeit, die ich mit Seth angefangen hatte, ohne ihn weiterzuführen. So vergingen einige Monate.

Mit der Zeit machte sich in mir eine latente Unzufriedenheit breit, für die ich keine rechte Erklärung fand. Ich fühlte irgendwie, dass es nicht der einzige Sinn meines Lebens sein konnte, Menschen zu therapieren, auch wenn ich damit gute Erfolge hatte. Mir fiel Ella wieder ein. Ob es mit Ella auch so laufen würde wie mit Seth, wenn ich darauf achten würde, dass ich meine Lebensverantwortung nicht abgab? Ich hatte das Gefühl, es schaffen zu können.

Allerdings konnte ich Viktoria nicht vorschlagen, mit Ella in Trance Kontakt aufzunehmen. Sie hatte noch genug vom letzten Mal. Ich musste also selber handeln. Ich beschloss, eine Nacht darüber zu schlafen und am nächsten Tag zu entscheiden.

In dieser Nacht tauchte unverhofft Ella in meinem Traum wieder auf. Ich hatte offenbar unbewusst schon entschieden. Ich war sehr skeptisch ihr gegenüber und fragte sie schließlich direkt, ob ich bei ihr auch Angst haben müsste, dass sie mich hereinlegen würde, so wie Seth es getan hatte.

»Ja weißt du denn immer noch nicht, wer du bist?«, fragte Ella, »niemand hat euch hereingelegt, außer ihr euch selbst. Glaubst du denn immer noch, Seth oder ich wären Wesen, die außerhalb von euch existieren? Denk darüber nach«, sagte Ella noch abschließend, »ich komme wieder, wenn du die Antwort gefunden hast.«

Mit diesen Worten verschwand Ella wieder aus meinem Traum, und ich wachte auf. Es war drei Uhr in der Frühe, und ich beschloss, mir Ellas Frage aufzuschreiben, damit ich sie nicht über Nacht vergessen würde.

Am nächsten Tag nahm ich mir wieder die Seth-Bücher vor, in die ich schon lange nicht mehr hineingeschaut hatte. Ich hoffte, dort die Antwort auf Ellas Frage zu finden. Ich erinnerte mich daran, dass ich zu Beginn unserer Arbeit zu wissen geglaubt hatte, wer oder was Ella sei. Ich schlug ein Buch auf, in dem ich vermutete, etwas darüber zu finden. Es war unglaublich: Genau die Seite, die ich aufschlug, enthielt eine Erklärung für Ellas Frage. Dort stand:

»Euer Körper ist das fundamentalste Produkt eurer Kreativität auf physischer Ebene. Alle anderen Bewerkstelligungen, die ihr in eurem Leben fertig bringt, sind auf seine Integrität angewiesen. Eure größten künstlerischen Leistungen müssen der Seele im Fleisch entspringen. Tag für Tag erschafft ihr euch selber und verändert eure Gestalt, gemäß der unermesslichen Fülle eurer mannigfaltigen Anlagen. Und so geht ihr aus dem strahlenden psychischen Reichtum der Seele mit eurer Willensfreiheit und euren Sehn-

süchten hervor. Ihr erschafft eurerseits andere Lebewesen.
Ihr bringt auch Kunstformen hervor – fließende, lebendige
Konstrukte, die ihr ihrer sozialen und zivilisatorischen Be-
deutung nach selbst nicht versteht –, und sie alle fließen
durch euer Fleisch- und Blutbündnis hindurch.«

(Jane Roberts: Die Natur der persönlichen Realität,
Genf 1985, S. 200).

Es war wieder einmal sehr schwer zu verstehen, was
Seth hier meinte, doch eines hatte ich verstanden: Ich erschaffe meine Realität selbst, und mein Körper ist meine
ureigenste Schöpfung – ein lebendiges Kunstwerk, das
ich nur leider nicht richtig verstand. Aber wie konnte
ich meine Realität erschaffen, ohne zu verstehen, wie,
und ohne es überhaupt zu merken?

Ich schaute mir den Text noch einmal genauer an. Ich
ginge aus dem psychischen Reichtum der Seele hervor,
stand da. Und meine Willensfreiheit und Sehnsüchte
hätten auch etwas damit zu tun. Plötzlich fiel es mir wie
Schuppen von den Augen: Ich war ein Teil meiner größeren Seele und erlebte mich als individuelles Ich, durch
meine Sehnsüchte und meinen freien Willen. Zu meiner
Seele mussten also noch mehr Menschen gehören, die
sich durch ihre Sehnsüchte und Wünsche von mir un-
terschieden. Jetzt fiel mir auch wieder ein, was Ella zu
Viktoria und mir bei unserem ersten Trance-Gespräch
gesagt hatte, nämlich, dass sie ein größeres gemeinsames Selbst von Viktoria und mir und vielen anderen
Menschen sei. Und alle seien miteinander verbunden.

Natürlich, Ella musste meine Seele sein. Und nicht nur meine. Denn Viktoria und ich hatten eine gemeinsame Seele. Deshalb erschien sie uns beiden gleichzeitig in unseren Träumen. Und deshalb fühlten Viktoria und ich uns so sehr miteinander verbunden.

Jetzt war ich sicher – vor Ella brauchte ich keine Angst zu haben. War es doch meine eigene Seele, die zu mir sprach. Ich beschloss also zu versuchen, in Selbsthypnose mit Ella Kontakt aufzunehmen.

Botschaft 1

»Moment mal, Ella, erklär mir das bitte noch einmal genauer.«

»Okay, dann werde ich versuchen, dir eine plastische Vorstellung davon zu geben. Stell dir vor, du bist ein Maler. Du malst das Bild eines Mannes in seinem Haus. Aber das Bild, das du malst, ist lebendig, und der Mann, den du geschaffen hast, hat seinen eigenen freien Willen. Er beginnt in seiner Wohnung ein eigenes Bild zu malen, das wiederum eine lebendige Person zeigt. Diese malt dann auch wieder ein Bild usw. Zuweilen kommt es vor, dass die Person eines Bildes sich Gedanken darüber macht, ob sie wohl selbst genauso gemalt wurde wie der Mensch ihres Bildes. Sie schaut also nicht mehr nur in eine Richtung, sondern auch in die andere. Jetzt sieht sie auf einmal nicht nur die Person, die sie gemalt hat, sondern auch deren Schöpfer und den Schöpferschöpfer. Und genau da stehst du jetzt.«

»Ja, aber wo endet denn die Schöpfung von immer neuen Personen?«, fragte ich verwirrt. »Es muss doch irgendwo anfangen bzw. aufhören?«

»Es gibt keinen Anfang und kein Ende«, erklärte Ella.

»Versuch es dir einmal so vorzustellen: Du schaust bis ins Unendliche, was natürlich für dich nicht wirklich möglich ist, auf die immer kleiner werdenden Einheiten. Mit Einheit meine ich hier die Personen der einzelnen Bilder. Am Ende der Unendlichkeit siehst du dann die kleinste Einheit aller Einheiten. Doch wenn du jetzt genau hinschaust, siehst du, dass diese kleinste Einheit von allen auch ein lebendiges Bild malt. Dieses Bild zeigt erstaunlicherweise die Einheit, die du sehen würdest, wenn du in die andere Richtung geschaut hättest, um die größte aller Einheiten zu finden. Verstehst du?«

»Nein!«

»Das macht nichts, ich merke, dass du fühlen kannst, was ich meine. Jetzt stell dir weiter vor, dass jede Person auf jedem Bild nicht nur jeweils eine, sondern unendlich viele Personen erschafft, die auch wiederum unendlich viele Personen erschaffen, usw., usw. Und alle Einheiten, die existieren, sind miteinander verbunden, jede mit jeder.«

Ich war total verwirrt. Diese Zusammenhänge sollte ein Mensch verstehen können.

Ich stellte Ella noch eine Frage: »Wie viele Leben gibt es denn dann überhaupt, unendlich hoch unendlich oder so etwas?«

»Was für eine Frage – natürlich gibt es nur ein einziges Leben.«

Jetzt war die Verwirrung komplett. Meine Hirnwindungen schlugen Salto mortale. Warum musste ich Ella auch immer so blöde Fragen stellen, dachte ich.

»Ja, warum?«, wollte Ella jetzt auch gern wissen.

»Moment mal«, sagte ich, »du weißt doch alles über mich. Dann musst du doch auch wissen, warum ich diese Fragen stelle.«

»Ich weiß es auch, Joe, aber es ist wichtig, dass du dir dessen bewusst wirst, was du eigentlich wissen möchtest.«

»Was will ich denn wissen?«, fragte ich neugierig.

»Du willst schlicht und ergreifend wissen, wer du bist«, erwiderte Ella. »Aber mach jetzt Pause, Joe, im Moment würdest du gar nichts mehr verstehen.«

Wir beendeten also die Sitzung, und ich fand mich in meinem Sessel wieder, als ich aus meiner Trance erwachte.

Seit einem Monat führte ich jetzt schon diese Gespräche mit Ella. Ich stellte ihr Fragen über Fragen und bekam Antworten über Antworten. Ich kam irgendwie nicht weiter. Ella hatte Recht, in meinem Übereifer wusste ich schon gar nicht mehr, nach was ich eigentlich suchte. Alles war so faszinierend. Ich wollte also eigentlich wissen, wer ich war, wie sich Ella ausdrückte. Doch was hieß das?

Während ich so nachdachte, fiel mir auf einmal auf, dass ich in der letzten Zeit seltsamerweise fast nur Klienten gehabt hatte, die auf der Suche nach sich selbst waren. Alle suchten nach Selbstverwirklichung und hatten dieses undefinierte Ziel, sich selbst besser kennen zu lernen. Solche Leute waren früher nur alle Schaltjahre einmal in meine Praxis gekommen. Doch jetzt hatte ich fast nur diese Klienten. Ich wusste gar nicht so recht, wie ich ihnen überhaupt helfen sollte, war ich es doch gewohnt, mit handfesten Problemen umzugehen, bei denen man auch den Erfolg meiner Arbeit sofort bewerten konnte.

Und wieder einmal gingen mir Ellas Worte durch den Kopf. Hatte sie nicht immer wieder betont, es gebe keine Zufälle, nichts würde einfach so passieren, sondern alles würde verursacht? Und mit allen Ereignissen, von denen ich betroffen sei, hätte ich etwas zu tun. Es hatte also offensichtlich etwas zu bedeuten, dass ich so viele Klienten hatte, die nach Selbsterkenntnis strebten. Nur was? Und wie das funktionieren sollte, dass diese Menschen automatisch auf mich zukamen, war mir schon gar nicht klar.

Zur gleichen Zeit etwa war Viktoria damit beschäftigt, ein Konzept auszuarbeiten, mit dem sie Menschen helfen wollte, einen persönlichen Sinn in ihrem Leben zu erkennen, um damit ihren Beruf befriedigender und erfolgreicher zu gestalten. Hatte dies vielleicht auch etwas mit mir zu tun? Ella sagte doch, alle Ereignisse, mit denen ich etwas zu tun hätte, seien kein Zufall, sondern gestaltet. Ging es bei der Frage, wer ich war, nicht auch um den Lebenssinn? Ich beschloss, Ella danach zu fragen.

Ein paar Tage später saß ich wieder in meinem Sessel

und bereitete mich auf meine Trance vor. Es fiel mir diesmal schwerer, zur Ruhe zu kommen und in Trance zu gehen. Die Anspannung, heute vielleicht die richtige Frage zu stellen und eine Antwort zu bekommen, mit der ich diese latente Unzufriedenheit der letzten Monate endlich loswürde, verhinderte eine ganze Zeit lang meine Trance. Als ich schon fast aufgegeben hatte und es mir schon beinahe gleichgültig war, ob ich noch ein Gespräch haben würde, vertiefte sich meine Trance. Ich hatte die Anspannung endlich losgelassen.

Ich begann den Kontakt zu Ella aufzunehmen, indem ich wie immer einfach sagte: »Hallo, Ella«, und dann wartete.

Ella meldete sich sehr rasch und begrüßte mich gleichermaßen mit: »Hallo, Joe!«

»Schön, wieder bei dir zu sein«, waren meine ersten Worte.

Und Ella meinte: »Ja, schön.«

Wir gingen sehr liebevoll miteinander um. Mit Ella konnte man auch gar nicht anders umgehen. Ich fühlte so viel Liebe und Geborgenheit, wenn ich bei ihr war, dass jegliche Aggressionen sofort verschwanden. Aber so ist das wahrscheinlich, wenn man mit seiner eigenen Seele redet, dachte ich.

»Ella, ich habe erkannt, dass die Ereignisse, die sich zurzeit in meinem Leben abspielen, irgendeine Botschaft für mich enthalten müssen. Ich glaube, es hat irgendetwas mit dem Sinn des Lebens zu tun.«

»Das ist richtig, Joe«, bestätigte Ella meine Vermutung.

Wie immer beantwortete sie nur die Frage, die ihr direkt gestellt wurde. Sie hätte ja auch sagen können, dass es nicht nur um den Sinn des Lebens ging, sondern auch noch um etwas anderes. Aber so eine Antwort bekam ich nie von Ella zu hören. Also war ich in diesem Moment davon überzeugt, jetzt endlich an mein Ziel zu kommen und wirkliche Zufriedenheit in mein Leben bringen zu können.

Ich fragte also völlig aufgeregt: »Ja, und was ist jetzt der Sinn des Lebens?«

Die Antwort auf diese Frage empfand ich zunächst als ziemlich frustrierend.

Sie sagte: »Es würde dir nichts nützen, wenn ich dir das jetzt sagen würde, Joe. Du würdest es nicht richtig verstehen und auch nicht akzeptieren.«

Zurückblickend kann ich sagen, dass Ella hiermit wie immer Recht hatte.

»Gibt es denn überhaupt irgendeinen Menschen, der den Sinn seines Lebens richtig verstanden hat?«, wollte ich daraufhin wissen.

Die Antwort von Ella gab mir wieder Rätsel auf: »Versuche, das Leben der Menschen in einem größeren zeitlichen Zusammenhang zu sehen, die letzten eintausend Jahre beispielsweise.

Vor eintausend Jahren glaubten die Menschen, durch den enormen Einfluss der christlichen Kirchen, der Sinn des Lebens würde in einer Art Prüfung liegen, welche die Menschen auf der Erde bewältigen müssten. Nur zu diesem Zweck habe Gott die Erde zum Mittelpunkt des Universums gemacht. Man musste sich Gott zuwenden und den heimtückischen Versuchungen des Teufels widerstehen. Alle Ereignisse wurden durch den Willen Gottes oder die Böswilligkeit des Teufels erklärt. Jede Einflussnahme auf die Realität seitens der Menschen wurde als Ketzerei bezeichnet und meist mit dem Tode bestraft. Denk nur an die vielen Hexenverbrennungen. Diese so genannten Hexen waren meist Heilkundige, die die Wirksamkeit von Pflanzen, oft auch der Hypnose auf die körperliche und geistige Gesundheit erkannten. Denk daran, was mit dir passiert wäre, wenn du in solcher Zeit deine NLP-Praxis eröffnet hättest.«

»Ich wäre mit Sicherheit verbrannt worden.«

»Richtig, das war mit ein Grund dafür, warum du dir dieses Leben in der jetzigen Zeit ausgesucht hast. Aber zurück zum Mittelalter. Die Menschen dieser Zeit wurden jahrhundertelang dazu gezwungen, den Sinn des Lebens, so wie ihn die Kirche definierte, anzuerkennen. Zuwiderhandlungen wurden von der Inquisition rigoros mit dem grausamsten Tod bestraft. So war es nicht verwunderlich, dass niemand sich die Frage nach dem Sinn des Lebens stellte. Man versuchte also, die Prüfungen des Lebens zu bestehen, um nach dem Tod in den Himmel zu kommen. Verboten war alles, was in irgendeiner Form Spaß machte. Solche Dinge waren Teufelswerk.

War man beispielsweise unkeusch, so konnte man nur durch einen Priester diese Sünde wieder ungeschehen machen, indem man beichtete. Da alles verboten war, was irgendwie Spaß machte, war die Beichte ein ungeheures Machtinstrument, was die Kirchen ausgiebig ausschöpften.

Die Macht der Kirchen zerbröckelte erst ganz langsam im 15. Jahrhundert. Sie hatte etwa 500 Jahre in dieser Form bestanden. Mit dem Machtverlust der Kirchen begann man, wieder den Sinn des Lebens, wie ihn die Kirchen definiert hatten, in Frage zu stellen. Man bemerkte, dass die kirchlichen Würdenträger sich selbst nicht an ihre Gebote hielten und beispielsweise ihr Keuschheitsgelübde immer wieder brachen oder Bestechungsgelder annahmen. Sie schienen offenbar nicht allzu viel Angst vor der Strafe Gottes zu haben.

Als dann im 16. Jahrhundert die Astronomen den unwiderlegbaren Beweis erbrachten, dass die Erde nicht der Mittelpunkt des Universums war, wie die Kirchen immer behauptet hatten, sondern nur ein kleiner, unbedeutender Planet in einem unendlichen Universum, brach die mittelalterliche Weltsicht zusammen. Auf einmal konnte man nicht mehr Gott und den Teufel für jedes Naturereignis verantwortlich machen. Man fühlte sich plötzlich haltlos und verstand den Sinn des Lebens nicht mehr. Suchend nach dem Sinn, wollte man nicht mehr den gleichen Fehler wie zuvor begehen und irgendeinen Glauben kritiklos übernehmen. Man wollte

Beweise und erfand Bedingungen, mit denen man diese Beweise bewerten musste. Das wissenschaftliche Zeitalter war geboren.

Noch heute bewerten die Wissenschaftler die Realität nach den gleichen Bedingungen, und langsam ereignet sich wieder das gleiche Drama wie zu Ende des christlichen Weltbildes. Die Menschen geben sich immer weniger mit den wissenschaftlichen Erklärungen der Realität zufrieden, mit denen so viele Phänomene einfach nicht zu erklären sind.

Solche Übergänge im Weltgeschehen laufen in langsamen zeitlichen Rhythmen ab. Die Zeitdauer einer solchen Periode beträgt ca. 500 Jahre. Dann gibt es noch einen Rhythmus, dessen Zeitspanne 2000 Jahre beträgt. Aber zurück zum Beginn unserer modernen Wissenschaft.

Man schickte Wissenschaftler hinaus in die Welt, die mit streng wissenschaftlichen Methoden die Wahrheit über das Leben herausfinden sollten, um den Sinn des Lebens zu ergründen.

Man merkte sehr schnell, dass man sich auf eine längere Wartezeit einrichten musste, und beschloss, es sich so lange so bequem wie möglich zu machen. Mit den Generationen geriet die eigentliche Aufgabe der Wissenschaft in Vergessenheit. Die Menschen, die einst den Sinn des Lebens hatten ergründen wollen, nutzten jetzt die Wissenschaft, um ihren Lebensstandard weiter zu verbessern und sich die Natur »untertan« zu machen.

Da man unter den geschaffenen Bedingungen keinen wissenschaftlichen Beweis für die Existenz einer Schöpfung durch Gott finden konnte, entschied man, dass es diesen auch nicht geben könne. Es wurden alle Ereignisse als Zufall deklariert und der Sinn des Lebens als reiner Überlebenskampf gesehen. Da es ein Weiterleben nach dem Tod oder gar Wiedergeburt nicht gab, gingen die Menschen in der Ausbeutung der Natur so weit, dass das Gleichgewicht der Natur ins Wanken geriet. Durch den Rhythmus von 500 Jahren bewegt sich die Menschheit jetzt wieder in ein neues Zeitalter.

Dieser Umbruch wird sich in allernächster Zeit auf diesem Planeten genauso dramatisch ereignen wie der am Ende des Mittelalters. Mehr noch: Es kommt nicht nur der Umbruch der 500 Jahre zum Tragen, sondern gleichzeitig auch derjenige der 2000. Dies ist der Grund, warum in deiner Praxis so viele Klienten sind, die sich auf der Suche befinden. Die Unzufriedenheit, die diese Menschen spüren, wird über kurz oder lang auf alle Menschen übergreifen. 500 Jahre habt ihr ein rein spirituelles und weitere 500 Jahre ein rein materialistisches Weltbild gehabt. Was glaubst du wohl, was jetzt passiert?«

»Wir werden ein Weltbild schaffen, das gleichzeitig spirituell und materialistisch ist«, spekulierte ich.

»Ganz genau. Und ohne dieses Weltbild, das du noch nicht hast, bin ich nicht in der Lage, dir den Sinn deines Lebens näher zu bringen.«

»Das verstehe ich nicht, du kannst mir doch dieses Weltbild einfach erklären«, erwiderte ich verständnislos.

»Das kann ich leider nicht«, erwiderte Ella. »Unsere Kommunikation ist auf deinen Glaubenssätzen über die Natur der Realität aufgebaut. Ich gebe dir energetisch nur ein andeutendes Verständnis, da ich gar nicht in der Lage wäre, mich in deiner Raum-Zeit-Welt zu bewegen. Wir sind durch eine Art Zwischendimension miteinander verbunden, wobei du meine Informationen simultan in einem Augenblick erhältst und dein Gehirn diese Informationen in für dich wahrnehmbare physische Modalitäten bringt, die eine bestimmte zeitliche Dauer haben. Das Bild, das du von mir siehst, und die Stimme, die du hörst, sind Projektionen oder Illusionen deines Unbewussten.«

»Dann siehst du also gar nicht so aus, wie ich dich sehe?«, fragte ich enttäuscht.

»Nein, Joe, ich sehe überhaupt nicht aus. Ich bin weder Frau noch Mann noch überhaupt etwas, was du dir vorstellen kannst. Verstehst du jetzt, warum ich dir deine Frage nicht so einfach beantworten kann?«

»Ich glaube ja«, war meine zurückhaltende Antwort. »Du kannst nur ein Verständnis herüberbringen, das für mich logisch wäre.«

»Genau, und was ich dir zu sagen habe, wäre für dich nicht logisch, zumindest jetzt noch nicht.«

»Ja, aber wie komme ich weiter, Ella?«

»Wir werden dich einige Erfahrungen machen lassen und bereits vorhandene nutzen, um damit das nötige Verständnis nach und nach aufzubauen. Es wird ein ständiges Wechselspiel zwischen Erlebnissen in deiner äußeren Welt und unseren Gesprächen geben. Die Begegnungen mit anderen Menschen werden so ausgesucht, dass du die Chance hast, von deren Verständnis zu profitieren. Mach dich also bereit, die Botschaft der Menschen, die dir scheinbar zufällig begegnen, wahrzunehmen. Manchmal musst du ihnen auch etwas helfen, bevor sie dir deine Botschaft geben können. Und jetzt sollten wir unsere Sitzung beenden, wenn du keine Fragen mehr hast.«

Ich hatte tausend Fragen, aber ich wusste trotzdem nicht, was ich fragen sollte. Ich sagte also: »Tschüss, Ella, bis bald«, und erwachte aus meiner Trance.

In der darauf folgenden Zeit versuchte ich, in allem, was sich ereignete, eine tiefere Bedeutung zu sehen. Jeden Satz, den man mir sagte, hätte ich am liebsten sofort notiert. Sobald ich jemandem begegnete, war mein erster Gedanke, was dieser mir wohl zu sagen hatte. Ich empfand diese Art zu lernen als enorm stressig, zumal ich immer versuchte, jedem Menschen, der mir begegnete, zu helfen, damit er mir seine Botschaft auch geben konnte. Ich glaube, ich muss zu der Zeit einen seltsamen Eindruck auf die Leute in meinem Umfeld gemacht haben. Auf jeden Fall gab ich nach nicht einmal einer Woche frustriert auf.

In der nächsten Sitzung mit Ella wollte ich meinen Frust erst einmal so richtig herauslassen. Ich war stinksauer, dass Ella mir einen so bescheuerten Entwicklungsweg vorgeschlagen hatte. Doch kaum war ich in Trance und spürte die Nähe von Ella, war in mir nur noch Liebe. Ohne dass unser Gespräch überhaupt angefangen hatte, erkannte ich, dass der Fehler bei mir lag. Außerdem war mir plötzlich wieder meine Eigenverantwortung bewusst. Niemand, auch nicht Ella, hatte Schuld an irgendetwas, das mir passierte. Mit diesen Gefühlen nahm ich den Kontakt auf und sagte wie immer: »Hallo, Ella.«

»Hallo, Joe. Weißt du mittlerweile, warum du es dir so schwer gemacht hast?«, fragte mich Ella direkt.

»Ich glaube ja – ich habe der vermeintlichen Botschaft so viel Gewicht gegeben, dass ich überhaupt nicht registrierte, was die Leute eigentlich von mir wollten. Ich habe weiterhin versucht, ihnen meine Hilfe aufzuzwingen, obwohl sie gar kein Interesse daran hatten.«

»Richtig, Joe. Die Botschaft, die im Verlauf des Gespräches irgendwann gekommen wäre, wurde von dir selbst verhindert, indem du dem Gespräch nicht seinen natürlichen Verlauf gelassen hast. Du hast im Ansatz einen Austausch mit den anderen Personen unterbunden, da du annahmst, sie seien nur gekommen, um dir deine Botschaft zu geben. Doch so funktioniert die Welt nicht. Erinnere dich: Ich habe dir mal gesagt, dass jeder Mensch jedes Ereignis in seinem Leben selbst hervorbringt. So wie du die Lage eingeschätzt hast, wären die Begegnungen mit anderen Menschen allein von dir geschaffen worden. Du kannst jedoch keine Realität für andere Menschen gestalten. Wer immer dir begegnet, hat diese Begegnung selbst geschaffen. Das Ereignis hat dann für jeden von euch eine Bedeutung.

Lass es mich dir anhand eines Vergleiches erklären. Stell dir vor, du bist Musiker. Du willst jetzt mit deinem Instrument ein Lied spielen. Es macht dir sehr viel Freude, dieses Lied zu spielen, und jetzt, mitten im Lied, kommt ein anderer Musiker hinzu, der ein anderes Instrument spielt und das gleiche Lied spielen möchte.«

»Das macht doppelt Spaß«, war meine Antwort.

»Stell dir vor, eine ganze Band kommt zu dir und spielt mit dir dein Lied, aber nicht, damit du mehr Freude an deinem Lied hast, sondern weil sie alle ihre eigenen Gründe haben, dieses Lied zu spielen. Jeder kommt nur für sich allein. Verstehst du, was ich damit sagen will?«

»Heißt das, dass sich alle Menschen nur die Realität gestalten, die sie erleben wollen?«, fragte ich zweifelnd.

»Leider nicht«, begann Ella zu erklären. »Ihr realisiert die Welt nicht mit eurem Willen. Es ereignen sich auf der Welt sehr viele Dinge, die kein Mensch erleben will.«

»Kriege, Vergewaltigungen, Missbrauch«, fügte ich hinzu.

»Solche Erlebnisse will sich niemand gestalten«, stimmte Ella mir zu.

»Und warum erleben wir sie dann?«, wollte ich wissen. »Nehmen wir zum Beispiel kleine Kinder, die direkt nach ihrer Geburt ermordet werden. Warum erleben sie das? Die können sich das noch nicht selbst geschaffen haben.«

»Leider doch«, widersprach mir Ella. »Die Ursache dieser Realitätsgestaltung kann in ihrer Vergangenheit liegen.«

»Das verstehe ich nicht«, gab ich an.

»Stell dir vor, du glaubst an das hinduistische Ursache- und Wirkungsprinzip. Du glaubst also an Karma. Stell dir weiterhin vor, du hast in deinem Leben jemanden getötet. Jetzt gibt es aufgrund deines Glaubens nur eine einzige Möglichkeit, wie dein nächstes Leben ablaufen kann: Du wirst selbst getötet und erlebst am eigenen Leib, was du einem anderen Menschen zugefügt hast. Möglicherweise glaubst du auch daran, dass du eine gewisse Wahlmöglichkeit hast, wie diese Tötung aussehen kann. Aufgrund dieses Glaubens würdest du möglicherweise ein nächstes Leben wählen, in dem du es schnell hinter dich bringen willst. Diese Entscheidung und dein Glaube würden dann dein nächstes Leben bestimmen.«

»Ich würde dieses Leben also nicht realisieren, weil ich es will«, fasste ich zusammen, »sondern weil ich glauben würde, es erleben zu müssen.«

»Genauso ist es«, stimmte Ella zu. »Aber kommen wir wieder zu unserem Thema zurück. Versuch das nächste

Mal, wenn du mit Menschen zusammentriffst, die Begegnung ganz normal ablaufen zu lassen und dir erst hinterher Gedanken darüber zu machen. Und bedenke auch, dass die Botschaft nicht unbedingt verbal sein muss. Meistens ist sie es nämlich nicht. Das Ereignis an sich stellt die Botschaft dar.«

»Das verstehe ich nicht«, erwiderte ich verwundert.

»Du wirst es mit der Zeit selbst erkennen«, meinte Ella. »Alles, was ich dir jetzt sagen könnte, wäre niemals so tief greifend wie die eigene Erkenntnis. Du hättest keine Chance, dein Ziel zu erreichen, wenn ich dir, wie im Schulunterricht, alles vorkauen würde.«

»Gut, ich werde es weiterversuchen. Ich danke dir, Ella.«

»Ich danke auch dir, Joe. Tschüss.«

Nach dieser Sitzung war mir vieles etwas klarer, aber es wurden auch wieder neue Fragen aufgeworfen. Ich versuchte, den Kopf klar zu bekommen, und ermahnte mich, nicht zu vergessen, um was es eigentlich ging. Ich wollte doch ursprünglich wissen, wer ich war, und den Sinn des Lebens erkennen. Ich beschloss, in den nächsten Tagen mein eigentliches Ziel im Auge zu behalten.

Die Tage vergingen, und ich hatte immer noch nicht das Gefühl, eine Botschaft bekommen zu haben. Alles war ganz normal. Meine Klienten kamen mit ganz normalen Problemen, und meine Freunde sagten auch nichts anderes als sonst. Normalerweise war Viktoria immer der Mensch, von dem ich am meisten lernen konnte. Sie war die ganze Zeit, in der ich mich mit Ella unterhielt, damit beschäftigt, ihr Konzept für die innere Berufung auszubauen, wie sie es nannte. Zurzeit stand sie an dem Punkt, dass sie sich Gedanken über Persönlichkeitsbildung machte. Sie versuchte, Menschen zu helfen, ihre unterschiedlichen Rollen zu erkennen, die sie in Beruf und Freizeit spielten.

»Die meisten Menschen«, erklärte Viktoria, »halten Dienst für Dienst und Schnaps für Schnaps. Das hat zur Folge, dass sie in ihrem Beruf nicht das tun, was ihnen Spaß macht, sondern das, was sie glauben, tun zu müssen. Die Folgen, die sich daraus ergeben, sind mangelnde Motivation und Unzufriedenheit – über die allerdings nicht ernsthaft nachgedacht wird, da man ja sowieso glaubt, es wäre nun einmal nicht zu ändern.

Wenn die Leute aber ihre Stärken und Interessen einmal genauer untersuchen würden, dann würde vielen von ihnen auffallen, dass sie damit auch Geld verdienen könnten. Sie würden aufhören, die Rolle zu spielen, die von der Firma oder den Kunden erwartet wird, und anfangen, mehr sie selbst zu sein.«

Da war es wieder, dachte ich: »Sie selbst sein«? Das könnte etwas damit zu tun haben, wer ich bin. Ich hörte weiter aufmerksam zu.

»Die Leute würden sich dadurch viel wohler fühlen und wahrscheinlich gar keinen großen Unterschied zwischen Beruf und Privatleben sehen.«

Viktoria hatte noch unheimlich viel zu diesem Thema zu sagen, doch ich war nicht mehr in der Lage, ihr konzentriert zuzuhören.

Meine Gedanken kreisten nur noch um den einen Satz, den sie gesagt hatte: »Die Leute würden anfangen, mehr sie selbst zu sein, wenn sie ihre Rollen, die von der Gesellschaft erwartet werden, aufgeben könnten.«

Jetzt wurde mir auch klar, dass die Botschaft, die meine Klienten für mich hatten, die ganze Zeit wie auf einem Präsentierteller vor mir gelegen hatte. Ich hatte sie bloß nicht wahrgenommen, weil ich etwas anderes suchte. Seltsamerweise hatten die meisten meiner derzeitigen Klienten eigentlich das gleiche Problem. Ich hatte das verbindende Element bisher nur nicht erkannt. Sie alle wollten festgefahrene Verhaltensweisen ändern, mit denen sie nicht einverstanden waren. Einige sagten sogar, dieses Verhalten passe nicht zu ihnen. Es sei, als ob sie in dem Augenblick jemand anders wären.

Natürlich, das musste es sein: Diese Leute spielten alle eine Rolle und merkten es nicht. Sie identifizierten sich mit der Rolle, die sie spielten. Ich musste sofort mit Ella reden.

Wieder einmal saß ich in meinem Sessel und war total aufgeregt. Ich versuchte, mich erst einmal zu beruhigen, denn ich wusste ja, dass ich ein Gespräch mit Ella nur im absoluten Ruhezustand haben konnte. Nach einer Weile fiel ich dann in Trance und fand mich in der Gedankenwelt wieder, die ich für die Gespräche mit Ella in meiner Fantasie aufgebaut hatte.

Es war eine seltsame Mischung zwischen dem schottischen Hochland und dem Klima der Kanarischen Inseln. Wir trafen uns immer auf einer Steilklippe, die fast senkrecht etwa 100 Meter ins Meer abfiel. Oben auf dieser Klippe wuchs wunderbar saftiges, frisches Gras, darüber ragten ein paar vereinzelte alte Laubbäume. Es wehte ein angenehmer, leichter Wind, und es schien die Sonne. Insekten oder ähnliches Getier hatte ich mir selbst erspart. So konnte ich hier oben wirklich entspannen, ohne dass irgendetwas auf mir herumkrabbelte oder sonst irgendwie störte. Straßen gab es natürlich auch nicht. Nein, ich war ganz allein mit Ella und der Natur. Wir saßen für gewöhnlich auf zwei Gartenstühlen an einem massiven Eichentisch.

Als ich kam, saß Ella schon am Tisch. Sie musste offensichtlich auf mich gewartet haben.

»Nun, Joe, wie ich sehe, bist du ein Stück weitergekommen.«

»Ich denke schon«, antwortete ich. »Die Menschen spielen in ihrem Leben verschiedene Rollen und glauben, sie seien selbst diese Rolle, die sie verkörpern.«

»Richtig, das hast du gut erkannt – und welche Rollen spielst du?«

Ich war erst einmal verblüfft. Es war mir noch gar nicht in den Sinn gekommen, dass ich auch verschiedene Rollen spielen könnte.

»Ich weiß nicht. Kannst du es mir sagen?«, fragte ich Ella.

»Könnte ich, doch im Moment würdest du mir nicht glauben und versuchen, alles von dir zu weisen.«

»Das müssen ja schlimme Rollen sein«, sagte ich erschrocken.

»Deine Rollen sind nicht schlimm. Es sind ganz normale Dinge, die du tust, aber du würdest dich im Moment noch selbst abwerten, wenn du sie erkennen würdest. Zu einem späteren Zeitpunkt wirst du dich besser akzeptieren können, und diese Rollen werden dir dann bewusst. Es wird dadurch sehr gravierende Veränderungen in deinem Leben geben.«

Diese Antwort war nicht ganz das, was ich zu Beginn unserer Sitzung erwartet hatte. Jetzt spielte ich irgendwelche Rollen in meinem Leben, die für meine Unzufriedenheit verantwortlich waren, und konnte dies nicht ändern.

»Warum spiele ich denn überhaupt solche Rollen?«, fragte ich Ella.

»Joe, ich bin froh, dass du diese Frage stellst. Die Akzeptanz dir selbst gegenüber, von der ich eben sprach, hängt auch zu einem großen Teil von deinem Verständnis der Hintergründe ab.

Zu Beginn deines Lebens weißt du noch ganz genau, wer du bist. Mit dem Beginn ist nicht notwendigerweise deine Geburt gemeint, sondern der Zeitpunkt, zu dem dein Geist den neuen physischen Körper in Besitz nimmt. Wenn ich hier von einem Zeitpunkt rede, weißt du natürlich, dass ich diesen Sprachgebrauch für dich benutze, um dir das Verständnis zu erleichtern, um das es geht. In Wirklichkeit gibt es natürlich keine Zeit, das weißt du. Es ist nur ein Konstrukt eurer physischen Welt, an das ihr euch alle mehr oder weniger haltet.«

»Mehr oder weniger?«, fragte ich verwundert.

»Ja, Joe, aber lass uns ein anderes Mal darüber reden. Jetzt sollten wir die Frage nach dem Grund für die Übernahme deiner Rollen besprechen.«

»Okay, du hast Recht«, stimmte ich zu.

»Gut, wir waren am Beginn deines physischen Lebens«, fuhr Ella mit ihrer Erklärung fort. »Dieser Beginn liegt individuell irgendwo zwischen Zeugung und Geburt. Mit individuell meine ich, dass sich jeder Mensch zu dem Zeitpunkt inkarniert, an dem es für ihn am nützlichsten ist. Es hängt sehr stark von seinem Lebensziel ab, das er in diesem Leben verfolgen will.

Du kannst es dir so vorstellen: Du hast, bevor du überhaupt ein physisches Wesen wirst, ein bestimmtes Ziel, das du erreichen möchtest. Du musst allerdings beim Übergang ins physische Leben das Tor der Unbewusstheit passieren. Das bedeutet, dass du dich, wenn du erst einmal Mensch bist, nicht mehr erinnern kannst, was du eigentlich wolltest.

Zu diesem persönlichen Lebensziel kommt noch ein allgemeines hinzu, dem die gesamte Menschheit folgt. Jetzt überlege dir einmal, Joe, wie du es erreichen kannst, dass du trotz der Geburt und des damit verbundenen Vergessens dein Ziel ansteuerst.«

»Keine Ahnung, ich wüsste nicht, wie das funktionieren sollte«, antwortete ich ratlos.

»Dann werde ich es dir sagen. Sobald du den physischen Körper in Besitz genommen hast, beginnst du, das Weltbild deiner Eltern anzunehmen. Das bedeutet, du lernst die Denkweise deiner Eltern kennen und machst sie zu deiner eigenen. Je intensiver du dich mit ihnen identifizieren willst, desto früher gehst du in den Körper.«

»Ja, aber warum tue ich denn das?«, hakte ich verständnislos nach.

»Dafür gibt es zwei Gründe«, antwortete Ella. »Zum einen hast du durch diese Maßnahmen die Möglichkeit, auf ganz bestimmte Schwierigkeiten im Leben zu stoßen, welche durch die besagte Denkweise deiner Eltern sehr wahrscheinlich auftreten werden und …«

»Moment, Ella«, unterbrach ich sie, »willst du damit sagen, dass ich die Schwierigkeiten in meinem Leben freiwillig hinnehme?«

»Mehr noch: Du erschaffst sie dir wie alles andere auch«, entgegnete Ella.

»Aber warum mache ich mir Schwierigkeiten?«

»Diese Schwierigkeiten«, erklärte Ella, »ergeben zusammen mit deinen Charaktereigenschaften bestimmte Sehnsüchte und Wünsche, durch die du unbewusst automatisch auf dein Lebensziel hinläufst. Du musst das jetzt nicht alles verstehen, wir werden, wenn die Zeit gekommen ist, wieder darauf zurückkommen.«

»Okay, Ella, das ist der eine Grund. Du sagtest aber eben, es gebe zwei Gründe.«

»Ja, der zweite Grund ist ein rein weltlicher. Du wächst als hilfloses Kind in einer Welt auf, in der du nicht allein ohne deine Eltern lebensfähig wärest. Du bist also zunächst ganz von ihnen abhängig, und das merkst du auch sehr schnell. Durch die gleiche Denkweise in einer Gruppe kommt es zu einem stärkeren Zusammenhalt, der das Überleben des Einzelnen zu allen Zeiten sicherer macht. Und mehr noch: Denk einmal an die Zeit, in der du schon ein paar Jahre älter bist. Um in deiner Familie ohne große Probleme leben zu können, musst du dich so verhalten, dass es von den anderen akzeptiert wird. Wolltest du dir alles merken, was du tun kannst und was nicht, wärst du zwar dadurch für die Standardsituationen handlungsfähig, aber du wärst nie in der Lage, eine noch nie da gewesene Situation entsprechend dem Familiengeist zu meistern. Verstehst du? Durch diese akzeptierte Denkweise wirst du auch in solchen Situationen vermeintlich richtig handeln.«

»Ich glaube, jetzt geht mir ein Licht auf. Ich nehme deshalb eine Rolle in meinem Leben an, weil ich nur dadurch zur Familie gehören kann.«

»Ja, und du merkst als Kind auch sehr schnell, dass du geliebt wirst, wenn du dich an die Rolle hältst, und dass du bestraft wirst, wenn nicht. Ihr nennt diesen Vorgang Erziehung.«

»Aha, ich spiele also die Rolle, die mir meine Familie zugedacht hat«, fasste ich für mich zusammen.

»Und nicht nur die«, korrigierte mich Ella. »Nur der erste große Abschnitt deines Lebens spielt sich in deiner Familie ab. Danach kommen der Kindergarten, die Schule, der Verein, der Beruf, die eigene Familie usw.«

»Und überall spiele ich verschiedene Rollen?«, fragte ich ungläubig.

»Nicht nur eine, sondern viele«, bestätigte Ella. »Du bist scheinbar immer jemand anders, wenn du mit anderen Menschen zusammenkommst. Es kommen die gleichen Mechanismen zum Tragen wie in der Familie. Wenn du die gleiche Denkweise akzeptierst, wirst du anerkannt, und wenn nicht, gemieden.«

»Aber das würde ja bedeuten, dass ich überall, wo ich hingehe, mein Fähnchen nach dem Wind hinge und keine eigene Meinung hätte«, gab ich zu bedenken.

»So kannst du das nicht sehen. Sehr wohl gibt es Meinungsverschiedenheiten und Konfrontationen, ohne dass du dafür bestraft oder abgelehnt würdest, aber immer nur dann, wenn der andere Mensch es, genau wie du, für richtig hält, dass man sich gegenseitig kritisiert oder Meinungsverschiedenheiten diskutiert. Ihr denkt in so einem Fall also nicht einfach das Gleiche, sondern ihr habt die gleichen Werte im Leben. Verstehst du, was ich meine?«

»Ich glaube ja«, antwortete ich. »Menschen verstehen sich dann, wenn sie die gleichen Charaktereigenschaften für richtig und wichtig halten. Ist das nicht der Fall, fehlt die gemeinsame Verständigungsbasis.«

»Ganz genau. Und was passiert nun mit deinen Charaktereigenschaften, wenn du längere Zeit in einer bestimmten Menschengruppe bist?«, bat mich Ella zu überlegen.

»Ich passe mich ihr an, um dazuzugehören.«

»Ganz genau, Joe, und sie sich dir. Das geschieht natürlich nur, wenn ihr in eurer Sichtweise nicht zu weit auseinanderliegt. Wenn es keine gemeinsame Basis gibt, wirst du nicht zu der Gruppe gehören wollen, oder wenn du aus beruflichen Gründen dazu gezwungen bist, wirst du ein Außenseiter bleiben, der von den anderen gemieden wird. Verstehst du nun, was mit den Rollen gemeint ist und wie sie entstehen?«

»Ja, ich denke schon.«

»Dann lass uns dieses Gespräch für heute beenden«, schlug Ella vor.

»Vielen Dank, Ella.«

»Vielen Dank, Joe. Mach's gut.«

Die nächsten Tage verliefen erst einmal ziemlich ruhig. Ich hatte das Gefühl, von meiner geistigen Entwicklung eine Pause zu brauchen. Irgendwie erschien mir diese Arbeit als zu schwierig. Ich hatte es mir fürwahr wesentlich einfacher vorgestellt. Im Prinzip wollte ich doch einfach nur glücklich und zufrieden leben. Warum so ein Riesenaufwand, nur um herauszubekommen, wer ich bin? Ich hätte doch auch einfach so leben können wie die ganze Zeit bisher. Aber das stimmte nicht so ganz. Auch bevor ich mit Ella anfing und vor der Zeit mit Seth war ich nicht wirklich glücklich gewesen. Irgendetwas fehlte immer.

Bei diesen Überlegungen bekam ich plötzlich ein komisches Gefühl. Es war dem Gefühl sehr ähnlich, das ich immer hatte, wenn ich Ellas Nähe spürte. Und da war sie auch schon. Ich konnte sie zwar nicht sehen, aber einigermaßen deutlich hören und vor allem fühlen. Unsere Kommunikation war zwar nicht so gut wie in Trance, aber dafür, dass ich im absoluten Wachzustand war, fand ich sie gut genug.

Ich sagte: »Hallo, Ella«, und bekam auch gleich, wie schon gewohnt, meine Antwort.

»Hallo, Joe, wir werden unsere Verbindung mit der Zeit immer mehr verbessern, sodass du auch im normalen Bewusstseinszustand mit mir reden kannst, wenn du willst. Ich bin jetzt gekommen, um dir zu sagen, warum ich damals überhaupt in euren Träumen erschienen bin. Ihr habt zu dieser Zeit beschlossen, einen Weg zu finden, wie man rund um die Uhr glücklich sein kann, und das täglich. Diese Frage werden sich in allernächster Zeit immer mehr Menschen stellen. Das liegt auch an dem großen Umbruch, von dem ich dir erzählt habe – die 500 und die 2000 Jahre, erinnerst du dich? Für einige Menschen muss allerdings erst alles noch viel schlimmer werden, damit dies geschieht«, erklärte Ella. »Damit es einfacher und schneller geht, haben sich viele

Menschen auf der Welt entschlossen, durch ihr Leben Beispiele zu geben, um andere zu motivieren, es ihnen gleichzutun. Nur durch das Vorleben einer glücklicheren Lebensweise kann erreicht werden, dass die negativen Ereignisse, die manche Menschen zum Aufwachen bräuchten, nicht allzu drastisch sein müssen. Zu diesen Pionieren gehört ihr beide auch, du und Viktoria. Der Weg dorthin wird nicht immer der einfachste sein. Aber sei dir bewusst, dass ich immer für dich da sein werde und dass du jederzeit aussteigen kannst.«

Mit diesen Worten verschwand Ella wieder, so, wie sie gekommen war, ohne eine Antwort von mir abzuwarten. Was Ella da sagte, gab mir schwer zu denken. Sie sagte es zwar, als wäre es nichts Besonderes, aber ich fühlte mich dabei ziemlich unwohl.

Negative Ereignisse sollten passieren, und wir sollten Pioniere sein, die dafür sorgen sollten, dass es nicht gar zu schlimm würde. Die Sache gefiel mir nicht. Ich überlegte mir ernsthaft, ob ich aussteigen sollte, so wie Ella es angedeutet hatte. Aber was wäre, wenn ich das tun würde? Sollte es wirklich irgendwelche negativen Ereignisse geben, dann könnte es sicherer sein, von Anfang an dabei zu sein. Und aussteigen könnte ich ja immer noch. Ich beschloss also weiterzumachen.

An den darauf folgenden Tagen beschäftigten mich wieder die Rollen, die Menschen in ihrem Leben spielten. Was mir besonders auffiel, war die Tatsache, dass Menschen nach wirklich gravierenden Veränderungen ihrer Persönlichkeit auch meistens über kurz oder lang ihren Bekanntenkreis veränderten. Oft gingen sogar Partnerschaften auseinander, weil sich beide nicht mehr richtig verstanden.

Es schien also alles so zu sein, wie Ella mir es gesagt hatte. Wenn einer der beiden sich so stark verändert hatte, dass sich die Werte in seinem Leben wandelten, war er nicht mehr bereit, die alte Rolle zu spielen, und es gab sehr schnell keine gemeinsame Basis mehr. Wenn sich hier nicht einer von beiden dem anderen wieder anpasste, ging die Beziehung meist auseinander. Man spielte seine Rolle also nicht auf Teufel komm raus, nur um dazuzugehören, sondern nur, wenn sie mit den eigenen Werten übereinstimmte.

In den darauf folgenden Tagen hatte ich noch einige Erkenntnisse, die alle darauf hinausliefen, dass die Rollen, die man spielt, allesamt der eigenen Persönlichkeit entsprechen und keine wirkliche Schauspielerei sind. Sicher spielt man, aber man spielt immer sich selbst. An den Rollen allein konnte ich also nicht erkennen, wer ich war. Es gab keinen bemerkenswerten Unterschied zwischen mir und der Rolle – nicht so, dass ich hätte sagen können, hier ist der Schauspieler und dort seine Rolle. Ich beschloss, mit Ella Kontakt aufzunehmen, um ihr zu sagen, dass ich so nicht weiterkäme.

Ich hatte schon eine Vorahnung und richtete mich auf eine längere Sitzung ein. Als ich wieder in meiner Fantasiewelt Platz genommen hatte, hörte ich hinter mir Stimmen, die näher kamen. Als ich mich umdrehte, wagte ich meinen Augen nicht zu trauen: Ella kam mit einem Mann zu mir, den ich ganz eindeutig als Albert Einstein erkannte. War ich jetzt ganz übergeschnappt?

»Nein, du bist nicht übergeschnappt!«, begrüßte mich Ella. »Hallo, Joe.«

»Hallo, Ella, und hallo … ähm, Albert.«

»Joe, mach dir keine Gedanken, dies ist nicht wirklich Albert Einstein«, erklärte Ella. »Ich habe dir doch gesagt, dass auch ich nicht diejenige bin, die du zu sehen glaubst. Was du siehst, ist nichts anderes als eine visuelle Kommunikation. Ich habe natürlich mitbekommen, dass du dich mit den Botschaften deiner Welt etwas schwertust. Deshalb habe ich Albert mitgebracht.«

»Ich verstehe nicht recht, Ella, was hat denn Albert Einstein damit zu tun?«

»Mit den Botschaften nichts, aber mit dem, was ich dir mitteilen möchte, schon. Denk einmal nach: Was verkörpert für dich Albert Einstein?«

»Für mich war er immer die Versinnbildlichung von Physik«, erwiderte ich.

»Ganz genau, Joe, darum geht es.«

»Wie bitte, bekomme ich jetzt Physikunterricht?«, fragte ich amüsiert.

»So könntest du es sehen«, meinte Ella. »Die Schwierigkeiten, die du beim Erkennen der Botschaften hast, lassen sich vermeiden, wenn du die wahre physikalische Natur deiner Realität besser verstehst.«

»Wenn dem so ist«, sagte ich scherzhaft, »dann lass uns mit dem Unterricht beginnen, Albert.«

Als Albert Einstein zu reden begann, war ich zuerst doch erschrocken. Er wirkte so echt, seine Stimme, seine Bewegungen und die Gestiken, die er benutzte, waren so verblüffend einsteinisch, dass ich mir die ganze Zeit vergegenwärtigen musste, dass er nicht echt war.

»Gut, Joe«, fing Einstein an, »was weißt du über den Aufbau von Materie?«

»Materie besteht aus kleinsten Teilchen, so genannten Protonen, Elektronen und Neutronen, die sich in verschiedenen Konstellationen miteinander verbinden und dadurch die verschiedenen Elemente bilden.«

Mann, ich war richtig stolz auf diese Antwort.

»Und aus was sind die Protonen usw. zusammengesetzt?«, wollte Einstein wissen.

Ha, das wusste ich auch. »Aus den so genannten Quarks.«

»Und aus was setzen sich diese zusammen?«, hakte Einstein nach.

»Das sind die kleinsten Teilchen, oder zumindest hat man noch keine kleineren gefunden«, antwortete ich ratlos.

»Das ist richtig«, erwiderte Einstein. »Trotzdem wissen die Naturwissenschaftler, woraus diese Quarks bestehen. Du weißt von meinen Theorien nicht besonders viel, aber eine Formel ist dir haften geblieben.«

»$E = mc^2$«, sagte ich wie aus der Pistole geschossen.

»Richtig, Joe, und was bedeutet diese Formel?«

»Na ja, es ist die Umrechnungsformel, wie sich Masse in Energie umrechnen lässt«, antwortete ich. »Die Masse multipliziert mit dem Quadrat der Lichtgeschwindigkeit ergibt die Energie.«

»Ja, aber was bedeutet denn das?«, wollte Einstein wissen.

»Ah so, du meinst, dass Masse eigentlich Energie ist.«

»Ja, genau das meine ich«, bestätigte Einstein. »Wenn man sich die Quarks einmal genauer anschaut, erkennt man, dass diese sich schon teilweise wie Energie verhalten. Sie bilden also sozusagen das Bindeglied zwischen Materie und Energie.«

»Gut, das habe ich verstanden, aber wozu muss ich das wissen?«

»Das wirst du gleich merken, Joe«, meinte Einstein. »Nach den Theorien unserer Wissenschaft soll die Materie und damit auch die Energie aus reinem Zufall entstanden sein und dann auch rein zufällig die kompliziertesten Formen hervorgebracht haben. Genau so zufällig soll dann auch das Leben entstanden sein und dann schließlich der Mensch mit seinem Bewusstsein. Weißt du, Joe, wie wahrscheinlich alle diese Zufälle wären?«

»Es ist also nicht alles zufällig entstanden, willst du mir sagen?«

»Ganz genau«, stimmte Einstein zu. »Du hast einmal von mir gehört, dass ich nur aus einem einzigen Grund meine ganzen Theorien entwickelt habe – nämlich um zu beweisen, dass nicht alles Zufall gewesen sein kann. Erinnere dich, das war ursprünglich auch die Aufgabe der Wissenschaftler, bevor sie sich mehr um die Verbesserung der Lebensqualität für die Menschen gekümmert haben.«

»Ja, und was ist herausgekommen, Albert?«, wollte ich begierig wissen.

»Ich kann sagen, dass ich es in meiner letzten Theorie, bevor ich starb, geschafft habe. Es gibt ein Lebensprinzip, das hinter dem so genannten Zufall steht.«

»Welches?«, drängte ich weiter.

»Bewusstsein«, sagte Albert. »Bewusstsein. Es ging nicht das Bewusstsein aus der Materie hervor, sondern die Materie aus dem Bewusstsein. Genauer gesagt, ist Materie oder Energie nichts anderes als Bewusstsein. Alles ist Bewusstsein, Joe. Überlege mal – Leben könnte nie aus etwas Totem entstehen, das sagt einem doch schon der gesunde Menschenverstand.«

»Ich glaube, da ist was dran. Das habe ich kapiert, nur in welchem Zusammenhang steht denn jetzt das Verstehen der Botschaften mit dieser Erkenntnis?«, fragte ich verwundert.

»Du willst wissen, wer du bist, Joe. Ganz global gesagt, bist du Bewusstsein, und zwar ein ganz bestimmtes. Denk noch mal darüber nach – eure Wissenschaftler sagen, alles ist Energie. Du hast jetzt verstanden, dass Energie Bewusstsein ist. Jetzt sage mir, was ist dein Körper?«

»Im Grunde genommen Energie«, sagte ich, »also eigentlich Bewusstsein.«

»Und Bewusstsein lebt«, fügte Einstein hinzu.

»Ah ja, also ist mein Körper lebendes Bewusstsein. Albert, ich glaube, ich verstehe endlich: Ich bin mein Körper.«

»Ja, aber nicht nur, Joe«, korrigierte mich Einstein. »Wie sieht es denn mit deinen Gedanken aus? Sind die nicht auch Bewusstsein?«

»Und ob, natürlich«, stimmte ich zu.

»Und dein Geist und deine Emotionen?«

»Die natürlich auch.«

»Jetzt denke nach: Wir sprechen von deinen Emotionen und deinem Körper. Als was kannst du diese noch betrachten?«

»Ich weiß nicht«, gab ich ratlos zurück.

»Du kommst nur nicht drauf«, sagte Einstein. »Es sind Ereignisse. Die einen spielen sich in der Zeit ab und die anderen im Raum.«

»Was sind denn Ereignisse im Raum?«, hakte ich nach.

»Gegenstände zum Beispiel, sie haben eine gewisse zeitliche Dauer, wobei Ereignisse in der Zeit eine bestimmte räumliche Dauer haben.«

»Das muss ich jetzt nicht unbedingt verstehen, oder?«, fragte ich nach.

»Nein, Joe, nicht unbedingt. Verstehen solltest du nur, dass Ereignisse und Gegenstände beide ein und dasselbe sind, nämlich Bewusstsein. Was also macht man mit Ereignissen?«, wollte Einstein wissen.

»Man erlebt sie«, war meine Antwort.

»Und weiter, wenn diese Ereignisse Bewusstsein sind, wessen Bewusstsein ist das wohl?«

»Mein Bewusstsein natürlich«, sagte ich selbstverständlich.

»Und würdest du sagen, du bist dein Bewusstsein?«, fragte mich Einstein.

»Ja, natürlich würde ich das«, antwortete ich.

»Wer bist du dann, wenn du daran denkst, dass deine Ereignisse dein Bewusstsein sind?«

»*Ich bin, was ich erlebe.*«

»Genau, Joe, du hast es verstanden«, meinte Einstein trocken.

»Was habe ich verstanden?«, fragte ich ganz aufgeregt.

»Du hast verstanden, wer du bist.«

»Moment mal, wie, wie …«

»Ganz ruhig, Joe – du bist, was du erlebst! Fertig.«

»Ist das die Antwort, nach der ich so lange gesucht habe?«, fragte ich ungläubig.

»Ja«, antworteten Einstein und Ella im Duett.

»Jetzt musst du nur noch richtig verstehen, was mit Erleben gemeint ist, und du hast es vollständig kapiert«, meinte Einstein.

»Ich wusste doch, dass da noch ein Haken ist«, dachte ich bei mir.

»Überlege mal: Erlebst du nur deinen Körper, deine Gedanken und deine Emotionen?«, fragte mich Einstein.

»Natürlich nicht, sonst würde ich ja von der Welt nichts mitbekommen«, gab ich zur Antwort.

»Also, was erlebst du noch?«, hakte Einstein nach.

»Na, einfach alles, was ich erlebe.«

»Ganz genau, Joe. Und mach dir bewusst, dass auch diese Erlebnisse Bewusstsein sind und leben.«

»Heißt das, dass diese Ereignisse Leben von meinem Leben sind, dass ich also diese Ereignisse selbst bin?«, fragte ich verwundert.

»Richtig, Joe. Du bist die Ereignisse, du bist gleichzeitig Schöpfer und das Geschaffene zugleich, und du erschaffst dich in jedem Augenblick neu.«

»Moment mal, das kann nicht sein. An den Ereignissen sind doch auch noch andere Menschen beteiligt. Es sind doch nicht nur meine eigenen«, wandte ich ein.

»Ja, glaubst du denn wirklich, du wärst getrennt von den anderen?«, erwiderte Einstein. »Ihr seid eins, und ihr erschafft die Ereignisse gemeinsam. Manchmal sind viele Menschen daran beteiligt, zum Beispiel beim Wetter. Bei anderen Ereignissen sind eher wenige Menschen beteiligt, bei einem Streit zwischen zwei Menschen beispielsweise.«

»Bin ich auch der Streit?«, wollte ich wissen.

»Natürlich, Joe, du bist alles, was du erlebst«, bestätigte Ella Einsteins Worte. »Du spiegelst dich in den Ereignissen wie in einem lebendigen Spiegel. Sie zeigen dir alles, was für dich wichtig ist. Deine Werte, deine Überzeugungen, deine Gefühle und Gedanken, einfach alles, was du bist, zeigt sich in den Ereignissen deiner äußeren Welt. Glaubst du, dass du jetzt die Botschaften deiner Welt besser deuten kannst?«, fragte mich Ella.

»Ich glaube schon«, antwortete ich zuversichtlich.

»Und was deine Rollen betrifft, die du spielst«, fügte Ella noch hinzu, »solltest du nicht überlegen, wo der Unterschied zwischen dir und deinen Rollen ist, sondern, was deine Rollen über dich aussagen. Wenn du bist, was du erlebst, dann bist du logischerweise auch deine Rollen. Sie sind also, kurz gesagt, ebenfalls nur Spiegel deiner Persönlichkeit.«

»Das muss ich jetzt erst einmal alles verdauen«, sagte ich zu den beiden. »Ich möchte mich für heute verabschieden. Es war echt toll mit euch. Ich glaube, die Sache beginnt mir langsam Spaß zu machen. Tschüss, Ella und Albert.«

Ich sah die Welt von nun an mit anderen Augen. Alles war lebendig. Sogar der Boden, auf dem ich ging, gehörte zu meinem lebendigen Selbst. Ich ging sozusagen auf mir selbst spazieren. Ich bekam eine ganz andere Einstellung zu den Dingen, die ich vorher nur als tote Gegenstände gesehen hatte.

Und dann waren da noch die Ereignisse, die ja auch lebten. Zeitliche Abläufe hatten auf einmal eine ganz andere Bedeutung – sie waren lebendig. Ich verstand, dass die Ereignisse in meinem Leben, die ich früher als negativ empfunden hatte, nicht wirklich schlecht sein konnten. Sie waren Teil von meinem Leben und somit mit Sicherheit nicht überflüssig für mich. Ich sah diese Ereignisse jetzt mit viel mehr Respekt und erkannte zugleich, dass ich niemandem für irgendetwas eine Schuld geben konnte. Alles bekam eine andere Bedeutung für mich, denn alles war ja, wie ich erkannte, ein lebendiger Spiegel meiner selbst.

Es blieb für mich nur eine Frage offen: *Wenn ich bin, was ich erlebe, wie bestimme ich, was ich erlebe?*

Botschaft 2

Viktoria ging es an diesem Tag nicht so gut. Sie machte sich viele Gedanken über unsere finanzielle Situation. Und diese Gedanken waren ausschließlich negativer Natur. Sie waren geprägt von Existenzangst. Sie versuchte, unternehmerisch zu denken und zu überlegen, wie sie ihre neue Dienstleistung anbieten könnte.

Aber mit ihrer Kreativität war an diesem Tag nicht viel los. Die Existenzangst dominierte und verhinderte jeden konstruktiven Gedanken. Viktoria versuchte, einen klaren Kopf zu bekommen, konnte ihre Sorgen jedoch nicht verdrängen. Noch schlimmer wurde es, als sie die Post öffnete und einen Brief vom Finanzamt vorfand. Sie wurde aufgefordert, die Gewerbesteuer der letzten sieben Jahre nachzuzahlen.

Viktoria bat mich an diesem Abend, Ella zu fragen, warum sie solch große Existenzängste habe. Ich willigte ein und begab mich gleich in meine Trancewelt. Ella war bereits an unserem Treffpunkt und wartete auf mich. Sie wusste natürlich, warum ich kam, und begann sofort, mir die Ursache für Viktorias Schwierigkeiten zu erklären.

»Der Grund für Viktorias Probleme liegt ursächlich in einem menschlichen Instinkt begründet«, begann Ella zu erklären.

»Ist die Existenzangst uns Menschen bereits angeboren?«, fragte ich verwundert.

»Das ist sie«, stimmte Ella zu. »Ihr Menschen habt Angst vor dem Verhungern und dem Erfrieren. Diese Angst bringt euch dazu, Vorräte für den Winter anzulegen und dafür zu sorgen, dass ihr einen warmen Schlafplatz habt. In der Frühzeit des Menschen war dieser Instinkt für euch überlebensnotwendig.«

»Dann haben wir noch die gleichen Instinkte wie in der Frühzeit?«, fragte ich skeptisch.

»So ist es«, betonte Ella noch einmal. »An euren Instinkten hat sich in den letzten hunderttausend Jahren nichts Nennenswertes geändert. Sie bestimmen noch heute die Grundlagen eurer Gefühle.«

»Dann hat Viktoria wirklich Angst zu verhungern oder zu erfrieren?«, fragte ich ungläubig.

»Grundsätzlich schon«, meinte Ella. »Aber das ist momentan nicht wirklich ihr Problem.«

»Jetzt verstehe ich gar nichts mehr«, sagte ich verwirrt. »Du sagtest eben, dass ihr Problem in diesem Instinkt begründet liegt.«

»Ich sagte, ihr Problem läge in einem Instinkt begründet«, korrigierte mich Ella. »Ich sagte jedoch nicht, dass es ihr Überlebenstrieb ist. Sie hat in Wirklichkeit ein ganz anderes Problem: Sie hat Angst, von der Gesellschaft ausgegrenzt zu werden, wenn sie kein Geld mehr hat.«

»Sie hat Angst, ausgegrenzt zu werden?«, fragte ich erstaunt.

»Das hat sie«, bestätigte Ella. »Sehr große sogar! Ihr Menschen seid in eurem Ursprung Rudeltiere. Ihr habt neben dem Überlebenstrieb auch einen Herdentrieb. Aus diesem Instinkt geht die Angst hervor, aus dem Rudel ausgegrenzt zu werden. Auch dieser Instinkt war in der Frühzeit des Menschen notwendig. Allein konnte man in der rauen Welt der Urzeit noch nicht überleben. Deshalb hat jeder Mensch immer noch Angst davor, ausgegrenzt zu werden. Diese Angst bringt euch dazu, euch innerhalb der gesellschaftlichen Normen zu bewegen.«

»Und was hat Viktorias aktuelles Problem damit zu tun?«, fragte ich ahnungslos.

»Viktoria hat auf einer sehr tiefen psychischen Ebene Angst davor, aus eben diesen gesellschaftlichen Normen herauszufallen. Sie folgt einem regelrechten inneren Zwang, in eurer Gesellschaft wertvoll sein zu müssen. Sie glaubt, dass nur die Wertvollen sicher sein können vor Ausgrenzung.«

»Ich denke, das kann ich ihr ausreden«, meinte ich und wollte die Sitzung schon beenden.

»Das wird nicht so einfach, wie du dir das vorgestellt hast«, hielt mich Ella zurück. »Viktoria hat eine innere Realität geschaffen, welche die Auflösung dieses Musters stark erschwert.«

»Was ist das für eine innere Realität?«, wollte ich wissen.

»Sie hat sich einen inneren Gegner geschaffen, den sie ihr Ego nennt«, antwortete Ella.

»Sie hat ihr Ego selbst erschaffen?«, fragte ich verwundert.

»Sie sieht ihr Ego als eine von ihr abgespaltene Persönlichkeit, und ihr Unbewusstes leistet dieser Anweisung Folge. Es ist, als würde auf der Showbühne jemand hypnotisiert, er sei das Ego. Dieser Mensch würde sich dann genauso verhalten, wie sich Viktorias Ego nun verhält.«

»Moment, Ella, heißt das, dieses Ego gibt es eigentlich gar nicht?«, fragte ich fast ein wenig angegriffen. »Sie bildet sich das nur ein?«

»Ich würde es nicht Einbildung nennen, sondern innere Realität«, antwortete Ella. »Genau wie eure äußere Realität ist auch die innere von euch selbst geschaffen.«

»Heißt das, dass Menschen, die keine Ahnung von ihrem Ego haben, auch tatsächlich keins haben?«, fragte ich ungläubig.

»Was in der fernöstlichen Philosophie als Ego bezeichnet wird, ist ein Erklärungsversuch bestimmter Verhaltens- und Denkstrukturen. Diese Strukturen entstammen tief verwurzelten Gehirnarealen in jedem von euch, in denen eure Instinkte beheimatet sind. Eure Instinkte führen zum Beispiel unter bestimmten Bedingungen zu egoistischem Verhalten. Dieses Verhalten schreibt die fernöstliche Philosophie dem Ego zu.«

»Dann ist das also im Grunde genommen dasselbe, was du mir über den Überlebenstrieb und den Herdentrieb erklärt hast?«, fragte ich nach, um sicherzustellen, dass ich es richtig verstanden hatte.

»Im Grunde genommen schon. Um alle Verhaltens- und Denkmuster zu verstehen, die dem Ego zugeordnet werden, müssten wir jedoch noch einen dritten Instinkt hinzunehmen. Es ist der Vergnügungstrieb. Viktorias aktuelle Schwierigkeiten haben jedoch nicht viel mit dem Vergnügungstrieb zu tun. Ich schlage daher vor, dass wir uns ein anderes Mal darüber unterhalten.«

»Da bin ich ganz deiner Meinung«, stimmte ich zu. »Was ich aber noch nicht ganz verstehe, ist, warum ich Viktoria nicht auf einfachste Weise helfen kann, den Denkfehler zu verstehen, dass sie ausgegrenzt wird, wenn sie kein Geld mehr hat.«

»Es ist leider nicht ganz dasselbe, ob sie ihre Schwierigkeiten ihren instinktiven Verhaltens- und Denkmustern oder ihrem Ego zuschreibt. Viktorias Denkweise hat sich, wie gesagt, zu einer inneren Realität entwickelt. Ihr Unterbewusstsein hält sich an diese innere Realität. Wie würdest du dich verhalten, wenn du das Ego in ihrem Unterbewusstsein wärst?«, fragte mich Ella.

»Keine Ahnung. Ich denke, ich würde mit mir reden lassen und meinen Denkfehler einsehen«, antwortete ich.

»Was versucht Viktoria seit über zehn Jahren mit ihrem Ego anzustellen?«, fragte Ella weiter.

»Nichts Gutes, befürchte ich.«

»Sie versucht, es zu bekämpfen und aufzulösen. Sie macht ihr Ego für alles Negative in ihrer Person verantwortlich. Wie würdest du dich fühlen, wenn du dieses Ego wärst?«, fragte Ella erneut.

»Ich hätte entweder mächtig Angst vor Viktoria oder mächtige Wut, weil sie mir die ganze Schuld für ihre Negativität in die Schuhe schieben wollte. Gleichzeitig müsste ich um mein Leben kämpfen«, stellte ich fest.

»Wird Viktorias Ego mit euch kooperieren, wenn es darum geht, ihre Angst vor Ausgrenzung loszulassen? Was meinst du?«

»Ganz sicher nicht!«, erkannte ich. »Ich als ihr Ego würde überhaupt nicht mit ihr reden, so wie sie die letzten zehn Jahre versucht hat, mich umzubringen.«

»Viktoria wird also blockieren, wenn du versuchst, dieses Problem mit ihr zu lösen. Sie wird immer blockieren, wenn du etwas an ihrer Angst verändern willst. Sie schreibt diese Angst dem Ego zu. Das schafft ihre innere Wirklichkeit. Alles, was sie dem Ego zuschreibt, wird sich nicht so einfach verändern lassen. Ihr Ego wird diese Veränderung immer blockieren.«

»Das kann ich dem Ego nicht übel nehmen«, stimmte ich zu.

»Wie du siehst, fällt es dir nicht schwer, diese innere Realität als Modell der Wirklichkeit anzunehmen und darin zu denken. Du weißt glücklicherweise bewusst, dass es nur eine Denkweise ist, die sich in deinem Unterbewusstsein verselbstständigt. Würdest du es jedoch nicht wissen, wäre diese Vorstellung für dich genauso Realität wie für Viktoria.«

»Und wie kann ich Viktoria jetzt helfen?«, fragte ich ratlos.

»Hilf ihr, ihre innere Realität als Modell der Psyche zu erkennen. Mach ihr bewusst, dass es keine Wirklichkeit ist. Erkläre ihr, dass die Verhaltensweisen, die sie bisher dem Ego zugeschrieben hatte, tief verwurzelte evolutionäre Überbleibsel aus der Urzeit sind.«

»Aber entstehen dabei nicht die gleichen Schwierigkeiten?«, wandte ich ein. »Dann erschafft sie ja schon wieder eine innere Realität.«

»Sie muss eine innere Realität erschaffen. Sie kann nicht leben ohne innere Realität – genauso wenig wie sie ohne äußere Realität leben kann«, antwortete Ella. »Die Frage ist nicht, ob sie eine innere Realität erschafft, sondern vielmehr, welche. Die innere Realität der Instinkte lässt sich sehr gut nutzen, um das Ziel zu erreichen, rund um die Uhr glücklich sein zu können. Doch dazu werden wir noch einiges an Gesprächen führen. Was die innere Realität der Instinkte stark von der des Egos unterscheidet, ist die Tatsache, dass die Instinkte geschaffen wurden, um das Überleben zu sichern. Die Instinkte arbeiten also für Viktoria und nicht wie das Ego gegen sie. Die Instinkte haben ausschließlich positive Absichten. Sie wollen ihr Überleben, ihre Zugehörigkeit zum Rudel und ihr Vergnügen absichern. Dabei gehen sie lediglich veraltete Wege, die dem modernen Menschen gelegentlich Schwierigkeiten bereiten. Die Welt hat sich sehr viel schneller verändert, als die Instinkte dieser Veränderung folgen konnten. Daher gibt es manchmal Anpassungsschwierigkeiten. Doch die Instinkte wollen sich durchaus anpassen. Damit haben wir es hier nicht mit einem Gegner zu tun wie beim Ego, sondern mit Verbündeten.

Wenn die Instinkte von Viktoria erkennen, dass gar keine tatsächliche Gefahr einer Ausgrenzung besteht, wenn sie kein Geld mehr hat, werden sie sich gegen diese Erkenntnis nicht wehren. Sie werden sicherlich feiern!«

»Ich sollte also mit Viktoria über die Vorstellung des Egos reden und diese Vorstellung korrigieren«, stellte ich zusammenfassend fest.

»Genau das solltest du tun«, stimmte Ella zu. »Erst wenn sie diese innere Realität verändert hat, wird sie in der Lage sein, ihr Problem umfassend in den Griff zu bekommen. Es gibt jedoch noch ein paar weitere Vorstellungen, die Viktoria im gleichen Aufwasch korrigieren könnte. Viktoria hat neben der inneren Realität ihres Egos auch eine sehr nachteilige Vorstellung von ihrem Unterbewusstsein. Sie hat es unterteilt in den alten Weisen, das innere Kind, den Eremiten und viele Persönlichkeitsanteile, die für bestimmte Verhaltensmuster verantwortlich sind. Diese verhalten sich, als würden sie in einer Firma zusammenarbeiten.

Wenn das innere Kind zum Einsatz kommt, fühlt sie sich wie ein Kind und hat nur noch Kindergefühle. Diese Gefühle hätte sie nicht, wenn sie nicht diese Vorstellung als innere Realität akzeptiert hätte. Auch bringt der alte Weise Nachteile, weil sie in diesen Wesenszügen nicht wirklich weise ist, sondern es sich nur einbildet und dann den Aussagen des alten Weisen blind vertraut. Ihr Eremit will sich immer in die Einsamkeit zurückziehen und sich selbst finden. Dieses Motiv kollidiert mit ihrem Herdentrieb, der zur Aufgabe hat, Einsamkeit unter allen Umständen zu vermeiden. Viktoria hat diese Kollision bisher immer ihrem Ego vorgeworfen.

Die nachteiligste innere Realität entsteht jedoch durch die Aufteilung ihres Unterbewusstseins in verschiedene Persönlichkeitsanteile. Bedingt durch diese Aufteilung kommt es zu inneren Zielkonflikten zwischen den Persönlichkeitsanteilen. Die Anteile kämpfen um ihren Willen. Jeder will sich durchsetzen. Es gibt die gleichen Probleme, wie sie auch innerhalb einer Firma entstehen. Durch ihren Beruf weiß Viktoria, dass in einer großen Firma der Anteil an produktiver Arbeit auf ca. zwanzig Prozent sinkt. Achtzig Prozent gehen für innerbetriebliche Organisation drauf. Und genau das Gleiche geschieht in Viktorias Psyche. Achtzig Prozent ihrer geistigen Fähigkeiten werden für die Administration genutzt. Das bedeutet, sie nutzt letztendlich nur zwanzig Prozent ihrer geistigen Möglichkeiten tatsächlich produktiv. In den anderen achtzig Prozent gibt es ständig Konflikte zwischen den Persönlichkeitsanteilen. Sie verhalten sich wie Menschen. Sie sind beleidigt und reden nicht mehr miteinander. Sie melden sich krank, und die Arbeit bleibt liegen. Sie arbeiten vielfach gegeneinander statt miteinander.

Wenn du also mit Viktoria über ihr Ego reden willst, dann solltest du ihr Unterbewusstsein gleich mit einbeziehen.«

»Du siehst mich geschockt!«, antwortete ich Ella. »Diese Vorstellung von den Persönlichkeitsanteilen hat sie von mir«, gab ich zu.

»Ich weiß«, antwortete Ella schmunzelnd.

»Aber ich habe doch die gleiche Vorstellung. Wie soll ich das mit Viktoria ändern? Was ist denn überhaupt richtig?«, fragte ich ratlos.

»Es gibt, wie bereits erwähnt, kein Richtig. Ihr braucht eine innere Realität. Sie sollte jedoch so beschaffen sein, dass sie euch hilft und euch nicht im Wege steht.«

»Und was wäre zum Beispiel solch eine innere Realität?«, fragte ich wissbegierig.

»Lass mich diese Frage mit einem kleinen Gedankenspiel beantworten«, schlug Ella vor. »Hast du, bevor ich es gesagt habe, gespürt, wie sich jetzt gerade im Moment deine Füße anfühlen?«

»Das habe ich nicht«, stellte ich fest.

»Aber jetzt fühlst du sie. Du fühlst sie, weil du deine

Aufmerksamkeit bewusst darauf gelenkt hast. Eben war es dir also noch unbewusst, und jetzt ist es bewusst. Wer fühlt jetzt deine Füße? Dein Unterbewusstsein oder dein Bewusstsein?«

»Mein Bewusstsein natürlich«, antwortete ich.

»Und wer hat eben deine Füße gefühlt, als es dir noch nicht bewusst war? War es dein Unterbewusstsein? Und wenn es dein Unterbewusstsein war und jetzt dein Bewusstsein – wo ist dein Unterbewusstsein jetzt? Fühlt es die Füße immer noch, oder macht es irgendetwas anderes?«

»Keine Ahnung«, sagte ich verwirrt.

»Lass mich dir noch eine weitere Frage stellen«, bat Ella. »Wenn dir drei Amerikaner begegnen, die alle drei extrem freundlich sind, wie denkst du dann über die Amerikaner?«

»Ich denke, dass die Amerikaner alle extrem freundlich sind«, antwortete ich.

»Dafür genügen dir drei Leute?«, fragte Ella skeptisch.

»Irgendwie schon«, stimmte ich nachdenklich zu.

»Du verallgemeinerst aber schnell«, sagte Ella lächelnd. »Was meinst du, hast du eben bewusst verallgemeinert oder unbewusst?«

»Es war wohl eher unbewusst«, stellte ich fest. »Als du mich darauf angesprochen hast, erkannte ich erst, dass ich verallgemeinert hatte.«

»Und wer hat jetzt verallgemeinert? Dein Bewusstsein oder dein Unterbewusstsein?«, fragte Ella nach.

»Mein Unterbewusstsein hat verallgemeinert«, stellte ich fest.

»Und was macht dein Unterbewusstsein jetzt, nachdem du erkannt hast, dass deine Verallgemeinerung etwas voreilig war?«

»Es nimmt sie zurück«, stellte ich fest.

»Warum sollte dein Unterbewusstsein das tun?«, fragte Ella.

»Keine Ahnung«, antwortete ich nachdenklich.

»Versuchen wir noch etwas anderes«, schlug Ella vor. »An was erinnerst du dich, wenn du Zuckerwatte riechst?«

»Ich denke an Jahrmarkt«, sagte ich, ohne nachdenken zu müssen.

»Wer hat jetzt an den Jahrmarkt gedacht? Dein Unterbewusstsein oder dein Bewusstsein?«, wollte Ella von mir wissen.

»Das ist schwer zu sagen«, stellte ich fest. »Der Jahrmarkt war einfach plötzlich da. Ich war mir eigentlich schon direkt bewusst, dass Zuckerwatte mich an Jahrmarkt erinnert. Es war also mein Bewusstsein.«

»Was wäre gewesen, wenn du mit Viktoria sehr in ein Gespräch vertieft gewesen wärst, als du die Zuckerwatte gerochen hast? Hättest du dann auch bewusst an Jahrmarkt gedacht?«

»Vermutlich nicht«, erwiderte ich. »Ich hätte nur unbewusst daran gedacht.«

»Ist es also nicht einfach das Gleiche wie mit deinen

79

Füßen?«, fragte mich Ella. »In dem Moment, wo du deine Aufmerksamkeit bewusst auf etwas Bestimmtes lenkst, erlebst du es auch bewusst, und wenn nicht, bleibt es unbewusst. Wenn du bewusst verallgemeinerst, ist es dein Bewusstsein. Wenn du bewusst assoziierst, wie eben mit der Zuckerwatte, ist es dein Bewusstsein. Bist du sicher, dass es überhaupt ein anderes Bewusstsein in dir gibt? Bist du sicher, dass es ein Unterbewusstsein gibt?«

»Du bringst mich zum Zweifeln«, stimmte ich zu.

»Das so genannte Unterbewusstsein ist eine innere Realität, genau wie die des Egos«, begann Ella zu erklären. »Leider hat auch diese Realität den Nachteil, dass es eine Trennung zwischen Bewusstsein und Unterbewusstsein gibt. Dadurch kann es zu inneren Konflikten zwischen den beiden kommen. Das muss nicht sein. Das so genannte Unterbewusstsein ist in Wirklichkeit nichts anderes als eine andere Denkweise. Genauer gesagt sind es drei verschiedene Denkweisen, die ihr Menschen meistens dem Unterbewusstsein zuschreibt. Ihr denkt generalisierend, wie eben mit den drei Amerikanern, weiterhin denkt ihr assoziierend, wie bei der Zuckerwatte, und ihr denkt intuitiv. Wann immer Menschen kreativ werden, schalten sie dazu ihre Intuition ein. Ihr sucht zum Beispiel eine Lösung für ein schwieriges technisches Problem. Wenn ihr das Problem präzise genug definiert, fängt euer Gehirn an, Lösungen zu suchen. Dabei geht ihr intuitiv völlig andere Wege als verstandesorientiert. Ihr durchforstet euren gesamten Erfahrungsschatz in einem Moment. Ihr kritisiert dabei niemals eine Lösung. Sobald ihr das verstandesorientiert tut, ist der Suchprozess gestoppt. Ihr findet intuitiv viele Lösungen. Viele davon sind jedoch völlig unrealistisch, weil sie nicht den Vorgaben der physischen Realität folgen. Intuitiv haltet ihr euch bei eurer Suche nämlich nicht an eure Vorstellung des Machbaren. Es ist euch völlig egal. Für die Bewertung der Lösungen ist nicht die Intuition, sondern der Verstand zuständig.

Nun sieht es so aus, als wäre die Intuition eine Denkweise eures Unterbewusstseins. Das ist sie jedoch nicht. Wenn ihr euch eine Frage stellt und eurer Intuition lauscht, dann merkt ihr, dass ihr das Bewusstsein selbst seid, das diese Lösungen sucht. Genauso merkt ihr, dass ihr selbst generalisiert oder assoziiert. Ihr müsst nur eure Aufmerksamkeit auf diese Denkweisen richten.«

»Dann haben wir gar kein Unterbewusstsein?«, fragte ich verwundert.

»Das habt ihr nicht«, bestätigte Ella meine Frage. »Ihr habt vier verschiedene Denkweisen, die ihr mehr oder weniger bewusst benutzt. Ihr denkt immer in diesen vier Denkweise gleichzeitig. Da ihr nicht so viele Dinge gleichzeitig bewusst wahrnehmen könnt, kommt es euch so vor, als gäbe es noch ein anderes Bewusstsein in euch. Doch das ist nicht der Fall. Es ist immer euer Bewusstsein, das diese vier verschiedenen Gedanken verfolgt.«

»Und da uns der Verstand am besten vertraut ist, identifizieren wir uns mehr mit dem Verstand als mit der Intuition oder der Assoziation«, stellte ich fest.

»Genauso ist es. Ihr könnt jederzeit die anderen drei Denkweisen genauso bewusst nutzen. Ihr seid also eine Einheit – eine Einheit, die vier verschiedene Denkweise gleichzeitig ablaufen lässt. Bewusst ist euch immer diejenige, auf die ihr eure Aufmerksamkeit lenkt. Die anderen laufen so lange unbewusst ab, bis ihr hinschaut. Dadurch entsteht jedoch noch lange kein eigenständiges Bewusstsein unterhalb eures Bewusstseins.«

»Wir sind also unser Bewusstsein und unser Unterbewusstsein in einem«, stellte ich abschließend fest. »Das fühlt sich tatsächlich ziemlich gut an.«

»Ihr werdet merken, dass es sich nicht nur gut anfühlt, sondern auch zur Nutzbarkeit eures vollständigen geistigen Potenzials führt. Doch darüber sollten wir uns später unterhalten. Ich würde vorschlagen, dass du jetzt erst einmal mit Viktoria redest. Ich wünsche dir viel Erfolg dabei.«

»Vielen Dank für dieses interessante Gespräch.«

»Mach's gut, Joe, liebe Grüße an Viktoria.«

Als ich aus meiner Trance zurück war, erzählte ich Viktoria erst einmal alles, was Ella gesagt hatte. Sie war skeptisch und tat sich schwer, den Glauben an ihr Ego einfach so aufzugeben. Schließlich ließ sie sich jedoch davon überzeugen, da viele ihrer Probleme mit dem Ego erst existierten, seit sie angefangen hatte, an ihr Ego zu glauben.

Als sie diesen Glauben losgelassen hatte, war es sehr einfach, die Angst vor der Ausgrenzung zu bearbeiten. Es kam ihr sehr unrealistisch vor, dass alle Welt sie ausgrenzen würde, nur weil sie kein Geld mehr hatte. Sie dachte an einige unserer Freunde und Bekannten, die Sozialhilfeempfänger waren. Auch die wurden nicht ausgegrenzt – zumindest nicht von den Menschen, die wir zu unserem Freundeskreis zählten. Viktoria hatte also nicht wirklich etwas zu befürchten. Sie fühlte sich an diesem Abend durch diese Erkenntnis wieder richtig gut und sprühte nur so vor Ideen, wie sie unternehmerisch tätig werden könnte.

Am nächsten Tag kam eine Frau in meine Praxis, die von sich selbst sagte, sie sei krankhaft eifersüchtig. Sie war mit ihrem Mann allein zu Hause, als das Telefon klingelte. Ihr Mann stand auf und sagte schnell: »Ich gehe schon, Schatz.«

Blitzschnell schoss ihr ein Gedanke durch den Kopf, den sie kaum bewusst bemerkte: »Warum ist er so schnell aufgestanden? Könnte es eine andere Frau sein?«

Sie begann, ein schwaches Gefühl von Eifersucht zu entwickeln und wurde sehr wachsam. Von nun an konnte ihr Mann machen, was er wollte – sie nahm alles zum Anlass, ihre Eifersucht weiter zu steigern. Sprach er am Telefon besonders leise, konnte sie sich schon denken, warum. Sprach er laut, wollte er ihr etwas vormachen. Ging er in ein anderes Zimmer, um sie nicht zu stören, war ja wohl klar, wer am Telefon war. Setzte er sich direkt neben sie, wollte er besonders schlau sein und sie in Sicherheit wiegen. Sprach er lange, konnte er sich nicht lösen. War das Telefonat verdächtig kurz, war es garantiert »die andere«. Diese Frau war wirklich eine Gefangene ihrer Eifersucht. Egal, wie sehr sie sich anstrengte, ruhig zu bleiben, ihre Gefühle waren stärker.

Hinter ihrer Eifersucht steckte das Muster, aus Sicherheitsgründen immer gleich vom Schlimmsten auszugehen. Sie hatte panische Angst, ihren Mann zu verlieren, und genau das stellte sie sich unentwegt vor.

Ihr war zwar klar, dass dies die beste Methode dazu war, ihren Mann zu verlieren, doch sie konnte ihr Verhalten nicht ändern. Sie machte ihrem Mann das Leben zur Hölle. Sie wollte jegliche Gefahr sofort im Keim ersticken. Das war ihr Ziel. Leider ging sie in ihrer Angst so weit, dass sie die selbst erfundenen Situationen für die Wahrheit hielt. Ihr Kopf sagte ihr zwar, dass es nicht so war, aber ihr Gefühl war stärker.

Ich griff ihr Sicherheitsbedürfnis auf und führte sie wieder zu ihrer ursprünglichen Zielsetzung zurück. Sie wollte doch eigentlich mit der Eifersucht ihre Beziehung sichern.

Als ihr das klar wurde, empfand sie ihre Vorgehensweise als völlig daneben. Ihr wurde klar, dass sie vernünftige Alternativen brauchte, mit denen sie ihre Beziehung tatsächlich sichern könnte. Vor allem wurde ihr dabei klar, dass sie mit der Gefahrenvermeidung zu weit ging. Sie wollte jede noch so unrealistische Gefahr vermeiden. Dabei vergrößerte sie die Gefahr des Verlassenwerdens immer mehr, statt sie einzudämmen.

Ich konnte ihr helfen, eine etwas realistischere Einschätzung der Gefahren vorzunehmen, indem ich sie bat, die Situation aus der Sicht eines neutralen Beobachters zu betrachten. Zwar verschwand ihre Eifersucht dadurch nicht völlig, kam aber auf den realistischen Boden der Tatsachen zurück.

Ich selbst hatte im Gespräch mit dieser Klientin das Gefühl, dass sie irgendeine Botschaft für mich mitbrachte. Ich wusste nur noch nicht, welche.

Nachdem die Patientin gegangen war, nahm ich wieder einmal auf meinem Trancesessel Platz und bereitete mich auf ein Gespräch mit Ella vor. Als ich an unseren Treffpunkt kam, hatte ich gleich ein komisches Gefühl. Irgendwie sah es so aus, als würde die gesamte Landschaft vibrieren. Und da passierte es auch schon. Ella verschwand plötzlich vor meinen Augen und tauchte gleich wieder an einem anderen Ort auf. Sie war jedes Mal anders gekleidet und schien auch immer ein anderes Alter zu haben. Dann erschien sie sogar als Mann, wobei trotzdem immer deutlich zu sehen war, dass es Ella war.

Während ich mir Gedanken darüber machte, warum sie das wohl tat, bemerkte ich, dass sich auch die gesamte Umgebung permanent veränderte. Und nicht genug damit – sogar ich selbst schien nicht immer der Gleiche zu bleiben. Die Ereignisse um mich herum veränderten sich immer schneller, je mehr ich mich darüber wunderte. Ich versuchte, einen klaren Gedanken zu fassen, und konzentrierte mich darauf, wie Ella normalerweise aussah. Es war sehr anstrengend, aber es gelang mir schließlich, und Ella blieb sie selbst. Die Umgebung veränderte sich immer noch, aber Ella und ich wenigstens nicht mehr.

»Erinnere dich genau daran, wie alles hier normalerweise aussieht!«, bat mich Ella.

Ich schloss meine Augen und konzentrierte mich auf meine Klippe und das grüne Gras. Als ich die Augen wieder öffnete, war alles wieder normal. Erleichtert fragte ich Ella, was los gewesen sei.

»Joe, du hast soeben eine Kostprobe erhalten, wie deine Realität aussehen würde, wenn du die Ereignisse in deinem Leben nicht sorgfältig auswählen würdest.«

»Was, dieses Chaos?«, fragte ich entsetzt. »Alles hat sich ständig verändert, sogar die Zeit.«

»Ja, Joe, so würde es aussehen, wenn du dich nicht unbewusst auf eine bestimmte Realität in einer bestimmten Zeit einstellen würdest«, erklärte Ella. »Du erlebst die Realität, auf die du deine Wahrnehmung konzentrierst«, antwortete Ella.

»Was genau heißt das?«, fragte ich verwirrt.

»Durch die Konzentration deiner Aufmerksamkeit auf bestimmte wahrscheinliche Ereignisse stellst du deine Wahrnehmung auf diese ein. Nun ist deine Wahrnehmung nicht nur Empfänger, sondern auch Sender der neuen Realität. Du stellst dich so gründlich auf diese Realität ein, dass du alles andere nicht mehr wahrnimmst. Es ist so, als wärst du ein Außerirdischer, der sich auf die Erde beamt und direkt auf einer Straßenkreuzung landet. Nach seiner Rückkehr zu seinem Heimatplaneten erzählt er seinen Freunden, auf der Erde gebe es kaum Vegetation, viel Lärm und Gestank, und alle würden ständig in komischen Kisten herumfahren. Du würdest an seiner Stelle glauben, alle Plätze der Erde seien so. Verstehst du, genau das passiert mit dir, wenn du dich auf eine bestimmte Realität einstellst.«

»Aber wie passiert es, dass ich mich auf eine bestimmte Realität einstelle?«, fragte ich verwirrt.

»Es gibt mehrere Gründe, warum du deine Aufmerksamkeit auf eine bestimmte Realität fokussierst. Ich kann dir diese Gründe momentan leider noch nicht alle nennen, da dir die Grundlagen dazu fehlen. Wie du weißt, basiert unsere Kommunikation auf deinem Verständnis der Welt. Lass uns also Schritt für Schritt vorgehen, um das notwendige Verständnis aufzubauen«, schlug Ella vor.

»Kannst du mir denn wenigstens ein paar der Faktoren nennen, mit denen ich meine Realität gestalte?«, fragte ich.

»Dein Wille hat zum Beispiel einen großen Einfluss auf deine Realität«, antwortete Ella. »Wenn du etwas willst, schaust du natürlich dorthin. Wenn du jedoch etwas vermeiden willst, schaust du auch genau auf die

Realität, die du vermeiden willst. Und das ist leider sehr häufig der Fall. Damit erlebst du sehr häufig genau das, was du eigentlich vermeiden willst.«

»Dann sollte der Schwerpunkt meiner Gedanken auf dem liegen, was ich mir wünsche«, schlussfolgerte ich.

»Das wäre theoretisch der direkte Weg zur Wunscherfüllung«, bestätigte Ella.

»Das klingt, als ob es ganz einfach wäre«, sagte ich erfreut.

»Leider ist es in der Praxis nicht ganz so einfach«, bremste Ella meinen Enthusiasmus. »Dein Wille ist mit vielen psychischen Prozessen verbunden.«

»Mit welchen Prozessen?«, hakte ich wissbegierig nach.

»Die kann ich dir leider momentan noch nicht nennen, da dir, wie gesagt, die Grundlagen in deinem Verständnis fehlen. Ich kann dir momentan nur sagen, was grundsätzlich für die Gestaltung deiner Realität verantwortlich ist.«

»Und was ist das?«, fragte ich neugierig.

»Deine Gedanken«, antwortete Ella. »*Du erlebst, was du denkst.* Von dieser Regel gibt es keine Ausnahme«, fügte Ella hinzu.

»Ist das die nächste Botschaft, Ella?«, fragte ich wachsam.

»Das ist sie. Deine Realität entspricht in allen Einzelheiten deinen Gedanken. Albert Einstein würde jetzt sagen, dass die Ereignisse, die du erlebst, Bewusstsein sind, genau wie deine Gedanken. Der Unterschied zwischen Ereignissen und den Gedanken liegt in der Dimension, in der sie existieren. Es ist so ähnlich, wie wenn du das Gleiche in Deutsch und in Englisch sagst. Verstehst du? Es ist nur eine andere Sprache. Alles, was ihr Menschen denkt, wird absolut identisch in die äußere Realität umgesetzt, und zwar exakt so, wie ihr es denkt.«

»Das würde ja heißen, dass ich nur zuversichtlich an ein Ereignis denken muss, das ich gerne realisieren möchte, und schon wird die Realität das widerspiegeln«, sagte ich skeptisch.

»So einfach ist es leider nicht, wie gesagt. Die Realität wird deine Gedanken ganz exakt widerspiegeln. Wenn du also zuversichtlich an ein Ereignis denkst, wird die Realität genau diese Zuversicht widerspiegeln. Es wird also etwas passieren, was dich zuversichtlich stimmt. Mehr aber auch nicht.«

»Das ist doch Mist!«, erklärte ich für mich ungewöhnlich emotional.

»Ich würde das an deiner Stelle gar nicht so negativ sehen«, wandte Ella ein. »Stell dir mal vor, alle deine Ängste würden sich immer sofort realisieren. Wie sähe die Welt aus, wenn das so wäre?«

»Die Menschheit wäre schon längst ausgestorben«, stellte ich fest.

»Stattdessen realisiert sich die Angst ganz exakt in deiner Außenwelt«, erklärte Ella. »Es geschieht nicht, wovor du Angst hast, es geschieht etwas, das dir erneut Angst macht – mehr aber auch nicht. Wenn du beispielsweise Angst vor einem Autounfall hast, dann wirst du damit nicht den Unfall realisieren, sondern lediglich ein Ereignis, das erneut die Angst vor dem Unfall aufkeimen lässt.

Verstehst du? Deine Gedanken werden ganz exakt und vollständig von den Ereignissen widergespiegelt. Die Ereignisse und die Gedanken sind eins. Sie existieren nur auf verschiedenen Daseinsebenen.

Nehmen wir noch ein weiteres Beispiel: Viktoria hatte Angst vor dem finanziellen Ruin. Damit erschuf sie die Rückforderung der Gewerbesteuer seitens des Finanzamtes. Das Ereignis stellte exakt die gleichen Inhalte wie ihre Gedanken dar. Alles sieht momentan noch so aus, als ob ihr dieses Geld, das ihr nicht zur Verfügung habt, bezahlen müsst. Alles in allem für Viktoria ein Grund, Angst zu haben. Wenn Viktoria ihre Ängste weiterhin im Griff hat, werdet ihr noch einmal um diese Rückzahlung herumkommen. Viktoria wird unter Zuhilfenahme eines Steuerberaters Einspruch einlegen, und diesem Einspruch wird seitens des Finanzamtes stattgegeben. Das Ereignis war also lediglich eine Widerspiegelung der Angst – nicht mehr und nicht weniger.

Aber nicht nur in der äußeren Realität erlebte sie, was sie dachte. Auch ihr Ego war ein Gedankenkonstrukt, das sie innerlich sehr intensiv erlebte. Dieses Erleben ging so weit, dass sie körperliche Probleme bekam, deren Ursprung in ihrer Vorstellung über das Ego lag. Ihr erlebt, was ihr denkt, und zwar in allen Erlebnisterritorien. Ob Innenwelt oder Außenwelt, von dieser Regel gibt es, wie gesagt, keine Ausnahme.

Das war auch die Botschaft deiner Eifersuchtsklientin. Sie erlebte ihre Eifersucht. Alles sah für sie so aus, als würde ihr Mann fremdgehen. Er konnte tun und lassen, was er wollte.«

»Wie kann ich also dafür sorgen, dass ich die richtigen Gedanken denke?«, wollte ich wissen.

»Genau damit werden wir uns als Nächstes beschäftigen«, versprach Ella.

Botschaft 3

Es vergingen ein paar Tage, in denen ich immer wieder an meine Eifersuchtsklientin denken musste. Ich verstand zunächst nicht, wieso ich das eigentlich tat – bis ich intuitiv spürte, dass in diesem Erlebnis noch eine versteckte Botschaft für mich lag, die ich noch nicht verstanden hatte.

Diese Frau hatte mir deutlich gezeigt, dass sie erlebte, was sie dachte. Sie erlebte in ihrer subjektiven Einschätzung der Welt jede Situation als Bestätigung für die Untreue ihres Mannes. Klar war auch, dass die Gefahr, ihren Mann auf dieses Art und Weise verlieren zu können, von ihrer Realität widergespiegelt wurde. Aber was hatte das Ganze mit der nächsten Botschaft zu tun?

Die dritte Botschaft sollte etwas damit zu tun haben, wie ich meine Gedanken positiv gestalten könnte, hatte mir Ella gesagt. Was sollte ich aus der Situation mit meiner Eifersuchtsklientin diesbezüglich lernen? Sie schaffte es ja nicht wirklich, ihre negativen Gedanken zu kontrollieren. Ich hatte sie in unserem Gespräch lediglich dazu bringen können, die ganze Geschichte ein wenig realistischer zu sehen.

Ich beschloss, mit dem Grübeln aufzuhören und es mir leicht zu machen. Ich frage einfach Ella, dachte ich mir. Ich setzte mich also wieder in meinen Sessel und fiel in Trance. Ich weiß noch, wie ich zu unserem geistigen Treffpunkt ging und mich fragte, ob Ella mir wohl überhaupt eine Antwort geben würde. Als ich dann ankam, spürte ich wieder die unbeschreibliche Liebe, die von ihr ausging. Meine Bedenken waren auf einmal wie weggeblasen. Ella kam fröhlich über die Wiese zu mir und begrüßte mich sehr herzlich.

»Hallo, Joe, du brauchst keine Bedenken zu haben, dass ich dich für faul halte. Wenn du Fragen an mich hast, werde ich sie dir immer beantworten, gleich, wie überflüssig sie auch immer sein mögen. Es ist vollkommen in Ordnung, wenn du mich alles fragst, was du wissen willst. Du weißt, unsere Kommunikation läuft über dein Verständnis, und ich kann dir nur etwas mitteilen, wenn du deine Aufmerksamkeit auf ein bestimmtes Thema richtest.«

»Danke, Ella. Ich komme nicht dahinter, was für eine Botschaft diese Frau für mich hatte.«

»Dann lass uns einmal gemeinsam überlegen«, schlug Ella vor.

»Diese Frau war nicht in der Lage, ihre Gedanken ausschließlich positiv zu gestalten«, sagte ich.

»Und warum nicht?«, fragte mich Ella.

»Ihre Eifersucht war stärker«, erwiderte ich.

»Richtig, und was ist Eifersucht?«, hakte Ella nach.

»Die Angst, etwas oder jemanden zu verlieren«, meinte ich.

»Ganz genau. Was ist Angst, Joe?«

»Eine Illusion, denke ich.«

»Ja, und woran erkennst du diese Illusion?«

»Am Gefühl, würde ich sagen.«

»Genau das ist der Punkt, Joe«, sagte Ella, als müsste ich jetzt alles verstanden haben.

»Wie? Was ist der Punkt?«

»Na, das Gefühl, Joe. Die dritte Botschaft hat etwas mit dem Gefühl zu tun. Überlege mal genau. Die erste hieß: *Ich bin, was ich erlebe.* Darauf folgte die zweite mit: *Ich erlebe, was ich denke.* Die nächste Botschaft beginnt doch ganz leicht erkennbar mit: *Ich denke, was ich …*«

»Die dritte Botschaft heißt also: *Ich denke, was ich fühle?*«, schlussfolgerte ich.

»Ja, das ist es, Joe. Der Kandidat hat 1000 Punkte.«

»Jetzt wird mir ihre Botschaft klar, Ella: Sie wollte zwar anders denken, aber ihr Gefühl der Eifersucht war stärker.«

»Richtig, Joe, ihr Gefühl war die Verlustangst. Dieses Gefühl ist ein sehr starker Wahrnehmungsfilter. Wenn du Eifersucht fühlst, wirst du automatisch alle Ereignisse als Bestätigung für deine Eifersucht sehen. Und diese Bestätigung verstärkt wiederum dein Gefühl. Dein Gefühl wird also zu einer selbsterfüllenden Prophezeiung.«

»Es entsteht ein Teufelskreis«, wurde mir klar. »Das

Gefühl lässt mich alle Ereignisse im Blickwinkel dieses Gefühls erleben, was wiederum das Gefühl verstärkt und mich wiederum alles durch diese Wahrnehmungsbrille erleben lässt. Auf diese Weise steigere ich mich in das Gefühl und in diese Realität hinein. Sehe ich das richtig?«

»Du hast den Nagel auf den Kopf getroffen«, lobte mich Ella. »Diese Wahrnehmungsbrille lässt es nicht zu, die Dinge mit anderen Augen zu sehen, und so konnte deine Klientin keine andere Beurteilung der Situation vornehmen, als dass ihr Mann sie betrügt.

Wenn du eine vorhandene Wahrnehmung ändern willst, kannst du das Gefühl verändern. Genau das hast du mit ihr gemacht, als du ihr halfst, die Situation realistisch zu beurteilen. Auf diese Weise entstand ein neues Gefühl. Dieses neue Gefühl bestimmt jetzt ihre Denkweise.

»Wenn du nichts dagegen hast, sollten wir diese Sitzung für heute beenden«, schlug Ella plötzlich vor. »Es stehen wieder Ereignisse in deiner Außenwelt an, die dir helfen sollen, weitere wichtige Dinge zu verstehen.«

»Kannst du mir diese Erkenntnisse nicht einfach sagen, Ella?«

»Ich kann dir vieles sagen, aber urteile selbst. Hättest du die dritte Botschaft so leicht verstanden, wenn deine Eifersuchtsklientin nicht gewesen wäre?«

»Wahrscheinlich nicht«, gab ich zu.

»Mit Sicherheit nicht«, meinte Ella. »Dieser Weg der

Erkenntnis, den du jetzt gehst, birgt durch das Erleben der Ereignisse eine ganz andere Qualität in sich als beispielsweise ein Schulunterricht. Denk doch einfach einmal an ein praktisches Beispiel. Du sollst beispielsweise einen Schrank nach Gebrauchsanweisung zusammenbauen. Diese Gebrauchsanweisung kannst du zehn Mal lesen oder sogar auswendig lernen, du wirst mit dem Schrank trotzdem deine Schwierigkeiten haben.«

Ella hatte hier ein wirklich gutes Beispiel gewählt, denn bei so einer Arbeit fluchte ich für gewöhnlich permanent, weil es so wie beschrieben nie funktionierte.

»Wenn du allerdings den Schrank einmal mit deinen eigenen Händen aufgebaut hast«, fuhr Ella fort, »wirst du es auch nach Jahren wieder problemlos hinkriegen.«

»Ich glaube, ich weiß, was du meinst, Ella. Ich freue mich schon auf die Erfahrungen in meiner Außenwelt.«

»Gut, bedenke dabei immer: Wenn die physische Welt keinen Sinn für dich hätte, würde sie für dich auch nicht existieren. Tschüss, Joe, und liebe Grüße an Viktoria.«

»Mach's gut, Ella, bis bald.«

An den darauf folgenden Tagen ereignete sich eigentlich überhaupt nichts Besonderes. Viktoria und ich gingen unserer Arbeit nach, trafen Freunde in unserer Freizeit und hatten eine gute Zeit. Während die Ereignisse so an mir vorüberzogen, merkte ich nichts von irgendwelchen Fügungen, durch die ich etwas Neues erfahren konnte.

Erst in der nächsten Sitzung mit Ella würde ich erkennen, um was es eigentlich ging. Es gab in diesem Zusammenhang mehrere wichtige Situationen, die allesamt für sich selbst wenig Bedeutung zu haben schienen, aber zusammen ergaben sie eine ganz klare Botschaft. Wir trafen zum Beispiel Ira, eine langjährige Freundin von Viktoria, die uns in der Seth-Zeit sehr intensiv begleitet hatte. Es war damals sehr erstaunlich, dass Ira immer die gleichen Entwicklungsprozesse durchmachte wie Viktoria. Sie ging einen völlig anderen Weg und entwickelte sich trotzdem ganz parallel zu ihr. Ihr Weg ging über die Natur. Sie wandelte oft stundenlang durch den Wald – wie der Druide Miraculix bei Asterix und Obelix. Die Natur war für sie die Universallösung für all ihre Probleme.

Viktoria und ich gingen oft mit ihr zusammen in den Wald und genossen dort den Zauber der Natur, den sie uns enthüllte. Es war fantastisch, welchen positiven Einfluss die Natur auf unser Wohlbefinden hatte, wenn wir ihr auf Iras Art begegneten. Zu dieser Zeit beschäftigten wir uns intensiv mit den Energien, die wir durch Seth kennen gelernt hatten. Und so sahen wir in jeder Missstimmung, die wir zu dieser Zeit hatten, eine Energieblockade. Durch die Energien der Natur, die Ira für uns offenbarte, lösten sich diese Blockaden im Handumdrehen. Wir hatten Ira, seit wir aufgehört hatten, mit Seth zu kommunizieren, kaum noch gesehen. Unsere Wege passten einfach nicht mehr richtig zusammen.

Als wir sie an einem dieser Tage trafen, ging es ihr gerade nicht so gut. Sie hatte beruflichen Stress und musste eine Entscheidung treffen, die ihr sehr schwerfiel. Ihr Kopf sagte das Gegenteil von dem, was ihr Herz sagte, und sie wusste einfach nicht, was richtig war. Sie spürte, dass sie den Beruf, den sie bislang ausgeübt hatte, nicht mehr machen wollte. Aber ihr Verstand sagte ihr, dass sie von irgendetwas leben müsse. Ihr war noch nicht so ganz klar, was sie eigentlich genau machen wollte. Doch eines war sicher: Sie musste aus ihrem alten Beruf heraus.

Nach einem längeren Gespräch zwischen Viktoria und ihr entschied sie, das zu tun, was ihr Gefühl ihr geraten hatte. Sie war überzeugt, dass dies in jedem Fall die richtige Entscheidung war, da sie ihren Gefühlen eine übersinnliche Bedeutung zumaß. Sie war überzeugt, dass es Botschaften von oben seien und sie diesen vertrauen müsse. Sie nannte es »Urvertrauen ins Leben«. Ira war überzeugt, dass ihr Leben von einer höheren, allwissenden Macht gelenkt würde und dass sie von dieser immer Zeichen bekam, was sie tun sollte. Und so entschied sie, ihren Job zu kündigen, ohne genau zu wissen, wie es weitergehen würde.

Das nächste Ereignis, das in diesem Zusammenhang wichtig war, war ein Telefonat mit Beate, einer befreundeten Therapeutin. Bei ihr war Beziehungsstress angesagt. Sie lebte in einem Dreiecksverhältnis und schaffte es nicht, sich von ihrem Freund zu lösen, obwohl ihr Verstand ihr sagte, dass es für sie keine andere Chance gab. Sobald sie aber mit ihrem Freund zusammen war, hatte sie das Gefühl, dass dieser sie noch immer oder sogar noch mehr liebte als früher. Obwohl dieser immer wieder sagte, dass er seine andere Freundin nicht aufgeben werde, konnte sie sich damit nicht abfinden. Auch sie war genau wie Ira der Meinung, das Gefühl habe immer Recht. Sie folgte also ihrem Gefühl und fiel von einer Krise in die nächste. Ich versuchte, ihr am Telefon zu helfen, was mir aber nicht so recht gelang. Mir war klar, dass ihr Problem, keinen klaren Schlussstrich ziehen zu können, in ihren Gefühlen lag. Aber so sehr wir uns auch bemühten, das dem Gefühl zu Grunde liegende Muster zu durchbrechen, es gelang einfach nicht. Sie dachte ganz eindeutig, was sie fühlte. Doch dieses Wissen half mir nicht weiter. Wir konnten dieses Gefühl nicht ändern.

Am darauf folgenden Tag hatte ich wieder ein Gespräch mit Ella geplant. Ich wollte sie fragen, wie ich die dritte Botschaft praktisch anwenden könnte oder ob es sich nur um eine Zwischenstation handelte, mit der man allein eigentlich gar nichts anfangen könnte.

Was ich bis dahin noch nicht wusste, war, dass unsere Sitzung recht kurz werden würde. Nach unserer üblichen Begrüßung fragte mich Ella, ob ich die Botschaften der letzten Tage verstanden hätte.

Ich fragte sie: »Welche Botschaften?«

»Erinnere dich an Ira und Beate«, bat mich Ella. »Beide hatten etwas gemeinsam.«

»Ja, beiden ging es momentan nicht so gut«, erwiderte ich.

»Hast du nicht bemerkt, dass sie beide sehr gefühlsbetont leben? Beide halten ihre Gefühle für unfehlbar«, entgegnete Ella.

»Ja, das ist mir aufgefallen. Besonders bei Beate. Wir haben noch versucht, diese Gefühle zu verändern, aber ohne Erfolg. Deshalb wollte ich dich auch fragen, wie man die dritte Botschaft praktisch anwenden kann.«

»Du wirst es erleben, Joe, und zwar sehr bald. Aber jetzt möchte ich dir noch ein paar Hintergrundinformationen geben. Beate und Ira können nämlich ihre Gefühle nicht so leicht verändern oder sich gegen sie entscheiden. Sie sind beide davon überzeugt, dass das Gefühl immer Recht hat. Durch diese Denkweise geben sie ihrem Verstand gar keine Chance, korrigierend einzugreifen. Bei Beate kommt noch erschwerend hinzu, dass sie sich ohne die Orientierungshilfe, sich immer nach ihren Gefühlen zu richten, sehr verloren und haltlos fühlen würde. Sie vertraut ihrem Verstand nicht. Und damit steht sie nicht allein. Viele Menschen sagen, dass man, wenn Gefühl und Verstand sich widersprechen, immer das tun sollte, was das Gefühl sagt. Das sei immer richtig. Wenn dies wirklich wahr wäre, bräuchtest du keinen Verstand, er wäre sogar schädlich für dich. Du hast aber einen Verstand, um über deine Gefühle nachzudenken.

Deine Gefühle wurden aus einer positiven Absicht

heraus geschaffen, doch das kann schon gewesen sein, als du drei Jahre alt warst. Dass diese Kindergefühle in der Welt der Erwachsenen nicht unbedingt nützlich sein müssen, liegt auf der Hand. Tust du hier kritiklos, was dein Gefühl sagt, handelst du wie ein Dreijähriger. Wenn dir beispielsweise dein Vater, als du drei warst, verbot, seine Bücher zu nehmen, und du immer ein schlechtes Gewissen bekamst, wenn du ein Buch in die Hand nahmst, so hätte sich daran bis heute nichts geändert, wenn du nicht irgendwann über dieses schlechte Gefühl nachgedacht und neu entschieden hättest. Du hast dich beim Untersuchen deiner Gefühle oft über ihren Sinn gewundert, der in deinem jetzigen Alter zum Un-Sinn wurde.

Das soll allerdings jetzt nicht bedeuten, dass dein Verstand wichtiger wäre als deine Gefühle. Verstand und Gefühl sollten sozusagen als gleichberechtigte Partner zusammenarbeiten. Und jetzt sollten wir die Sitzung beenden. Du wirst heute noch eine wichtige Begegnung haben, die dir die praktische Bedeutung der dritten Botschaft klarmachen wird. Also viel Erfolg und tschüss, bis morgen.«

»Tschüss, Ella«, sagte ich gleichzeitig überrascht und neugierig auf die vorhergesagte Begegnung.

Ich war sehr gespannt, ob ich wirklich an diesem Tag noch diese Begegnung haben würde. Ich hatte an diesem Tag noch zwei Klienten, von denen die zweite zum ersten Mal zu mir kam. Sie hieß Nora und war selbst

Therapeutin. Sie hatte sich darauf spezialisiert, Frauen zu helfen, die in ihrer Kindheit sexuell missbraucht worden waren.

Bevor sie zu mir kam, hatte sie schon mehrere Jahre Therapie hinter sich, darunter zwei Jahre in einer psychiatrischen Klinik. Sie wurde dort eingeliefert wegen unkontrollierter Wutanfälle, insbesondere wegen eines Vorfalls, bei dem sie ihren damaligen Ehemann mit einem Messer angegriffen und lebensgefährlich verletzt hatte.

Sie hatte inzwischen geglaubt, von diesen Wutanfällen geheilt zu sein. Doch es war vor kurzem wieder passiert. Sie schrie aus unerklärlichem Grund, aus heiterem Himmel, ihren neuen Lebensgefährten an und hätte ihn, wie sie sagte, umbringen können. Danach fühlte sie sich total schmutzig und hatte furchtbare Schuldgefühle. Da sie der klassischen Psychotherapie nicht mehr vertraute, kam sie zu mir, um es mit NLP zu versuchen. Als sie kam, war mir klar, dass sie die Begegnung war, von der Ella geredet hatte. Ich beschloss daher, mich auf ihre Gefühle zu konzentrieren.

»Wie fühlten Sie sich bei dem letzten Wutanfall, Nora?«, begann ich das Gespräch.

»Na wie schon – wütend natürlich«, fühlte sich Nora sofort angegriffen.

»Und außer der Wut, was war da noch?«, wollte ich wissen.

»Das fragen Sie mich?«, meinte Nora angefressen. »Ich

102

bin doch zu Ihnen gekommen, damit Sie genau das herausfinden!«

Sie war sehr aggressiv und erwartete wohl von mir, dass ich jetzt mit NLP ihre Probleme wegzaubern sollte. Ich kannte dieses Verhalten schon von vielen anderen Therapeuten, die unbewusst mit mir einen Machtkampf veranstalten wollten. Es ging dabei immer um den Wert ihrer eigenen Arbeit. Sie konnten sich selbst mit ihren eigenen Methoden nicht helfen, und es wäre ihnen einerseits sehr recht gewesen, wenn ich es mit NLP auch nicht schaffen würde. Sonst würde das nämlich für sie bedeuten, dass ihre eigene Arbeit schlechter wäre als meine – glaubten sie zumindest. Ich klärte also zuerst einmal die Fronten und sagte ihr, dass ich nicht in der Lage sei, ihr Problem zu lösen. Niemand könne das, außer sie selbst. Außerdem machte ich sie auf den Machtkampf aufmerksam, den sie mit mir veranstalten wollte, was sie allerdings vehement abstritt. Doch das war nicht wichtig. Es ging mir nicht darum, Recht zu haben, sondern auf einer vernünftigen Grundlage mit ihr zusammenzuarbeiten.

Nach dieser Klärung hörte sie dann auch auf mit ihrer aggressiven Art, denn sie wollte es jetzt auf keinen Fall so aussehen lassen, dass ich Recht hätte. Nachdem ich ihr auch gesagt hatte, dass ich der Meinung sei, jede Therapieform habe ihre Stärken und Schwächen, und dass ich es toll fände, dass sie den Mut habe, eine andere Methode auszuprobieren, wurde sie merklich zugänglicher. Ihr wurde plötzlich wieder klar, warum sie eigentlich gekommen war und dass ihr Problem wirklich wichtiger war als sinnloser Konkurrenzkampf. Wir begannen also wieder von vorne, und ich fragte wieder nach ihren Gefühlen, wenn sie wütend wurde.

»Also, Nora, wie fühlen Sie sich, wenn Sie wütend sind?«

»Na wütend halt, ich merke sonst nichts anderes«, meinte sie ratlos.

»Dann gehen Sie bitte einmal in dieses Gefühl der Wut hinein«, bat ich sie, »aber bitte, ohne sie nach außen herauszulassen und auch ohne sie zu unterdrücken. Erleben Sie die Wut voll und ganz. Fühlen Sie einfach nur: Ja, ich bin wütend, und wie wütend! Lassen Sie dieses Gefühl an Ihnen vorüberziehen, ohne es festzuhalten. Gefühle sind wie Wolken im Wind: Sie ziehen für gewöhnlich an einem vorbei, und es kommt etwas anderes hinterher, entweder eine andere Wolke oder Sonnenschein.«

Nora kämpfte eine Zeit lang gegen die Wut an, obwohl sie wirklich versuchte, es nicht zu tun, aber die Gewohnheit forderte ihren Tribut. Schließlich gelang es ihr doch, sich ganz und gar auf ihr Gefühl einzulassen, ohne irgendetwas anderes dabei zu denken. Sie erlebte jetzt zum ersten Mal wirklich ihre Wut. Bisher hatte sie diese immer auf jemand anders projiziert oder die Wut so lange unterdrückt, bis sie plötzlich explodierte. In solch einer Situation war sie sehr selbstzerstörerisch. Sie malträtierte sich dann so lange selbst, bis sie völlig fertig war. Diesmal erlebte sie die Wut, ohne sich selbst oder andere niederzumachen. Nach einer Minute brach sie plötzlich in Tränen aus.

Ich fragte sie mitfühlend: »Was ist jetzt für ein Gefühl da?«

»Ich habe schreckliche Angst, und ich fühle mich so minderwertig. Ich bin der letzte Abschaum!«, sagte Nora, von sich selbst angewidert.

»Wo kommen diese Gefühle her?«

»Ich weiß es nicht. Ich kann es mir nicht erklären«, meinte Nora verzweifelt.

»Sehen Sie, während Sie dieses Gefühl spüren, einmal nach oben, ob da ein Bild, vielleicht eine Erinnerung ist, die mit diesem Gefühl zu tun hat«, bat ich Nora.

»Da ist kein Bild. Da ist nur ein großes schwarzes Loch. Ich hasse dieses Loch!«, sagte Nora sehr aggressiv.

»Was symbolisiert dieses Loch? Wer oder was ist es wirklich, was Sie hassen?«, hakte ich nach.

»Ich glaube, es ist ein böser Mann. Ich habe schreckliche Angst vor ihm«, meinte Nora.

Wir mussten die Sitzung an dieser Stelle unterbrechen, denn Nora war zunächst nicht mehr in der Lage, einen klaren Gedanken zu fassen. Sie verhielt sich wie ein kleines, verängstigtes Kind, das etwas so Schreckliches erlebt hatte, dass man es kaum noch beruhigen konnte. In unserem nachfolgenden Gespräch erzählte sie mir, dass sie außer den Wutanfällen noch ein Problem hätte, über das sie bisher mit niemandem gesprochen hatte. Sie schämte sich zu sehr deswegen und glaubte auch, dass ihre Klientinnen dafür mit Sicherheit kein Verständnis aufbringen würden.

Ihr Problem war, dass sie sich jedes Mal sexuell erregt fühlte, wenn sie etwas über Kindesmissbrauch las oder hörte. Sie fühlte sich gleichzeitig erregt und zutiefst beschämt. Sie erklärte auch weiter, dass sie sich auf Therapie mit Frauen, die Missbrauchserlebnisse gehabt hatten, nur deshalb spezialisiert hatte, weil sie glaubte, durch die ständige Konfrontation mit dem Problem irgendwann ihr eigenes Problem lösen zu können.

»Ich glaube, das hat irgendetwas mit meiner Wut zu tun, deshalb musste ich es Ihnen jetzt einfach sagen«, erklärte Nora abschließend.

»Warum glauben Sie, dass es etwas mit ihrer Wut zu tun hat?«, wollte ich wissen.

»Ich hatte bei diesem schwarzen Loch sehr ähnliche Gefühle, wie wenn ich etwas über Kindesmissbrauch höre«, erklärte Nora.

»Glauben Sie, wir könnten weitermachen und herausfinden, wo der Zusammenhang ist?«

»Ich will es auf jeden Fall versuchen«, willigte Nora ein.

»Dann erinnern Sie sich wieder an dieses schwarze Loch. Fühlen Sie die Gefühle, die damit zusammenhängen, genau wie bei der Wut. Vermeiden Sie die Gefühle nicht, und Sie werden sehr schnell erkennen, was dahinter steht.«

»Joe, ich habe das Gefühl, dieses Loch zieht mich an und will mich verschlingen!«, sagte Nora panisch.

»Bleiben Sie ganz ruhig, Nora! Denken Sie daran, dass dieses schwarze Loch nur eine Vorstellung ist. Lassen Sie einfach los, und gehen Sie in das Loch hinein.«

»Das schaffe ich nicht. Ich kann das nicht!«, schrie Nora vor Angst.

»Okay, dann stellen Sie sich vor, Sie seien nur Zuschauer, und Sie sähen aus sicherer Distanz ganz ruhig zu, wie eine Frau, die genauso aussieht wie Sie, in dieses Loch hineingeht.«

»Ich sehe in diesem Loch meine Tante, als sie noch jung war. Ich hasse diese Frau. Ich habe sie immer gehasst«, sagte Nora voller Abscheu.

»Was sehen Sie noch?«

»Ich selbst bin da erst fünf Jahre alt, und meine ganze Familie hasst mich. Ich fühle mich so elend! Ich möchte sterben!«, erklärte Nora und brach in Tränen aus.

»Bleiben Sie außerhalb des Loches!«, bat ich sie noch einmal. »Sie sind nur Zuschauer. Was passiert weiter?«

»Nichts mehr, die Kleine hat einfach nur noch Angst und fühlt sich wie der letzte Dreck. Ich möchte zu ihr gehen und sie trösten«, erklärte Nora.

»Dann gehen Sie zu ihr, nehmen Sie die Kleine in den Arm, und geben Sie ihr alles, was sie braucht.«

Sie saß fast eine Viertelstunde da wie in Trance. Man sah ihr an, dass sie dort, wo sie war, etwas Schockierendes erleben musste. Als sie dann schließlich die Augen wieder öffnete, sagte sie:

»Ich weiß jetzt, was damals passiert ist. Ich bin mit fünf Jahren von meinem eigenen Opa missbraucht worden, und ich fand das damals sehr schön. Ich spürte, dass damit irgendetwas nicht in Ordnung war, weil es immer hinter verschlossenen Türen stattfand und mein Opa immer sagte, ich solle es niemandem erzählen. Wir hätten uns halt ganz besonders lieb, und das sollte unser Geheimnis bleiben. Aber ich fand es ja auch schön. Er hat mir niemals wehgetan oder mit mir wirklich Sex gemacht. Wir haben uns nur angefasst.

Eines Tages aber erwischte uns meine Tante. Sie regte sich so sehr auf, dass ich nur spürte, dass wir etwas ganz Schlimmes getan hatten. Aber das wirklich Schlimme kam erst hinterher: Meine Tante überzeugte die ganze Familie, dass ich Schuld an der ganzen Sache hatte. Ich weiß auch nicht, wie sie das geschafft hat. Ich denke, sie hat es getan, um ihren eigenen Vater zu schützen und sich ihr Bild von ihm zu erhalten. Ich denke, dass sie auch aus dem gleichen Grund die anderen so leicht überzeugen konnte. Auf jeden Fall traf mich die ganze Verachtung der gesamten Familie. Und auch mein Opa ging mir aus dem Weg und verhielt sich mir gegenüber sehr abweisend. Ich war ihm plötzlich nichts mehr wert. ›Was habe ich getan, ich muss der letzte Dreck sein‹, ging mir damals ständig durch den Kopf. Ich hielt es zu Hause nicht länger aus und lief weg. Ich kann mich nicht mehr daran erinnern, was ich tat und wo ich war, aber nach fünf Tagen wurde ich von der Polizei aufgegriffen und nach Hause gebracht. Ich weiß noch, dass ich damals schwer krank war und ins Krankenhaus kam.

Als ich herauskam, verhielt man sich bei mir zu Hause, als ob nie etwas geschehen wäre. Man wusste wohl nicht, wie man mit der Situation umgehen sollte, und entschied einfach, den Mantel der Verschwiegenheit darüber auszubreiten. Ich muss das alles sehr gründlich verdrängt haben. Nur die Gefühle, von meiner Familie nicht erwünscht zu sein, und die Schuldgefühle blieben. Auch die Wut, die ich auf meine Tante hatte, hat sich seit dieser Zeit nie mehr gelegt. Ich hasse sie immer noch, sie hat mein ganzes Leben versaut.«

Jetzt war ziemlich klar, was mit Nora los war. Durch dieses traumatische Erlebnis war sie zum Teil in ihrer Entwicklung in dieser Zeit stecken geblieben. Sie wurde mit dieser Situation nicht fertig und entwickelte sich deshalb so weiter, als ob es diese Situation nie gegeben hätte. Ihre Persönlichkeit spaltete sich gewissermaßen. Während sie zum einen Teil erwachsen wurde, blieb die Fünfjährige immer in der Zeit stecken, die sie nicht verarbeiten konnte. Wenn jetzt durch irgendeinen Umstand die Gefühle der Fünfjährigen angesprochen wurden, handelte Nora, wie sie es als Kind auch getan hätte. Sie rastete in ihrer Panik aus, da sie keinen anderen Weg sah, sich zu schützen.

»Wie hängen Ihre Wutanfälle, deretwegen Sie in Behandlung waren, mit diesem Ereignis zusammen?«, fragte ich Nora.

»Das erste Mal, wo ich total ausgeflippt bin, hatte mein damaliger Mann meine damals fünfjährige Tochter auf dem Schoß und spielte mit ihr. Ich kam gerade zur Tür herein und sah sie. Ich weiß nur noch, dass ich total ausrastete und nach einem Brotmesser griff. Ich habe ihm mit diesem Messer in den Hals gestochen und ihn lebensgefährlich verletzt. Danach wurde ich in eine psychiatrische Klinik eingeliefert, und man nahm mir mein Kind weg. Es lebt seitdem bei meinem Exmann. Ich muss in dem Moment, als ich zur Tür hereinkam, totale Angst gehabt haben, dass es meiner Tochter genauso gehen würde wie mir. Ich wollte sie doch nur schützen. Als mein neuer Lebensgefährte vor kurzem zum ersten Mal meiner Tochter begegnete – er hatte sie wirklich nur nett angesprochen –, ging es mir genauso. Ich hatte Angst und wollte sie beschützen.«

»Nora, gehen Sie bitte wieder zurück zu dem Mädchen, das Sie einmal waren, und geben Sie ihm alles, was es braucht, um erwachsen zu werden.«

»Es braucht Liebe und Verständnis und auch viel Zärtlichkeit«, meinte Nora.

»Geben Sie es ihm, und lassen Sie Ihr Leben danach noch einmal an sich vorbeiziehen, als ob Sie damals schon das Wissen von heute gehabt hätten. Begleiten Sie Ihr Kind in sich, solange es das braucht, und geben Sie ihm wirklich alles, was es benötigt, um glücklich zu sein.«

Nora entspannte sich nach einer Weile, und man merkte, dass sie sich mit sich selbst versöhnte. Ihr Kind in ihr erkannte wohl, dass es keine Schuld hatte und doch liebenswert war. Nach einer Weile öffnete Nora wieder die Augen und sagte:

»Es ist erwachsen geworden und dann mit mir verschmolzen. Ich kann jetzt seine Liebe fühlen. Ich glaube, ich habe soeben meine Wut besiegt.«

»Wie wäre es, wenn Sie etwas über Kindesmissbrauch lesen würden?«, wollte ich wissen.

»Es ist mir irgendwie egal – ich meine, ich finde es nach wie vor abscheulich, aber ich habe nicht mehr diese unangenehmen Gefühle wie vorher.«

»Keine Erregung oder Schuld?«, hakte ich nach.

»Nein, nichts dergleichen. Ich danke Ihnen, Joe.«

»Informieren Sie mich bitte, wie es in der nächsten Zeit läuft. Ich möchte Ihnen noch abschließend sagen, dass ich es toll finde, wie Sie alles gemeistert haben. Wir sprechen uns also telefonisch, wenn Sie einverstanden sind.«

Sie war einverstanden. Nach drei Monaten rief sie mich an und sagte mir, dass sie beabsichtige, wieder zu heiraten. Ihr kam das alles wie ein böser Traum vor, der längst keine Macht mehr über sie hatte.

Ich hatte für mich nach dieser Sitzung verstanden, wie sehr unsere Gefühle unser Erleben, unser Denken und Handeln beeinflussen. Selbst wenn uns diese Gefühle oder die Hintergründe, die zu ihnen geführt haben, nicht bewusst sind, sind sie trotzdem voll aktiv bei der Gestaltung unserer Realität. Mir war klar, dass in diesem Fall das Motto »das Gefühl hat immer Recht« wirklich nicht gelten konnte. Diese Schuld- und Wutgefühle von Nora beeinflussten ihr Leben auf solch negative Weise, dass ihr wirklich niemand geraten hätte, sie solle tun, was ihr Gefühl ihr sagte. Aber obwohl sie jahrelang gegen diese Gefühle ankämpfte, bestimmten sie doch voll und ganz ihr Leben. Jetzt, da sie ihre Gefühle verändern konnte, fing ihr Leben neu an. Das war also die praktische Anwendung der dritten Botschaft. Sie hatte tatsächlich gedacht, was sie fühlte, und entsprechend gehandelt. Nach diesem Erlebnis war ich fasziniert davon, wie Ella die Ereignisse in meinem Leben erschaffen konnte, damit ich die Botschaften verstand.

Ich lag gerade im Bett und dachte vor dem Einschlafen noch etwas darüber nach, als ich Ella um mich spürte.

»Hallo, Joe«, hörte ich Ella auch schon sagen. »Ich möchte gerne etwas klarstellen.«

»Hallo, Ella, um was geht es?«

»Du glaubst, dass ich für die Ereignisse, die passiert sind, verantwortlich bin, aber das stimmt nicht. Du hast dieses Ereignis geschaffen, genau wie alles andere in deinem Leben auch.«

»Ja, aber du hast doch heute Morgen schon gesagt, ich würde eine wichtige Begegnung haben, ich dachte, du hättest das für mich arrangiert.«

»Da muss ich dich enttäuschen, Joe. Ich wusste heute Vormittag zwar schon, dass dieses Ereignis passieren würde, aber nur, weil es sehr wahrscheinlich war, dass du die Konzentration deiner Gedanken nicht mehr ändern würdest. Aufgrund deiner neugierigen Gefühle in Bezug auf die praktische Bedeutung der dritten Botschaft hast du dieses Ereignis aus der unendlichen Fülle der Realitäten herausgefiltert.

Erinnere dich: Deine Gefühle sind Wahrnehmungsbrillen, durch die du eine ganz bestimmte Wahrscheinlichkeit wahrnimmst. Die Gefühle lassen dich nicht nur eine Situation aus einem bestimmten Blickwinkel betrachten, wie es bei deiner eifersüchtigen Klientin war, sie zeigen dir auch ganz eindeutig, welche Ereignisse du mit deiner inneren Wahrnehmung anvisiert hast. Aber lass uns morgen ausführlich darüber sprechen. Für den Augenblick wollte ich dir nur sagen, dass nicht ich, sondern du selbst dieses Ereignis geschaffen hast. Also schlaf gut! Wir sprechen uns morgen.«

»Gute Nacht, Ella, oder wenn du so etwas nicht hast, dann gute Zeit. Aber das hast du ja auch nicht.«

»Ist schon gut, Joe, ich weiß, was du sagen willst. Ich liebe dich auch.«

Ich war etwas verlegen und sagte nur: »Tschüss, Ella.«

Als ich am Morgen aufwachte, begann ich mich zu fragen, warum Ella eigentlich nicht einfach letzte Nacht zu mir gekommen war, anstatt unser Gespräch auf heute zu vertagen. Aber vielleicht sollte ich ja wieder irgendwelche speziellen Erfahrungen machen, bevor wir weitersprachen. Ich war also sehr gespannt, was der heutige Morgen mit sich bringen würde. Es passierte jedoch einfach nichts. Zumindest hatte ich nichts erkannt.

Gegen Mittag beschloss ich, den Kontakt zu Ella wiederherzustellen. Ich setzte mich also in meinen Sessel. Ich hatte die Augen kaum geschlossen, da sah ich Ella auch schon. Wir waren nicht in meiner üblichen Trancewelt, sondern einfach im Nichts. Ella stand vor mir, ohne Hintergrund und ohne Boden unter den Füßen. Sie lächelte mich an und begrüßte mich mit »Hallo, Joe.«

»Hallo, Ella«, erwiderte ich den Gruß.

»Wir haben schon einmal darüber gesprochen, dass wir dein Kommunikationsmodell immer weiter verbessern werden«, begann Ella zu erklären. »Deshalb habe ich jetzt auch nicht mehr gewartet, bis du deine Trance eingenommen hast. Wir können uns mittlerweile in deinem fast normalen Bewusstseinszustand unterhalten. Du musst dazu nur in einer guten emotionalen Verfassung sein.«

»Bedeutet das, dass ich Kontakt zu dir aufnehmen kann, wann und wo immer ich will?«, fragte ich begeistert nach.

»Genau das, Joe, längere Sitzungen werden wir nach wie vor in altbekannter Weise durchführen, doch zwischendrin, zum Beispiel bei deiner Arbeit, werden wir öfter miteinander kommunizieren können. Spontan aufkommende Fragen werden wir ab sofort gleich klären.

Zu deiner Überlegung heute Morgen möchte ich dir mitteilen, dass wir zwar auch im Traum miteinander kommunizieren könnten, doch die Informationen wären dann an diesen speziellen Bewusstseinszustand gekoppelt, und es würde dir schwerfallen, alles wieder aus deinem Gedächtnis abzurufen. Mit den Möglichkeiten, die sich jetzt durch unsere spontane Kommunikation ergeben haben, ist ein Traumkontakt sowieso hinfällig geworden.

Aber zurück zu gestern Abend. Wir hatten darüber gesprochen, dass deine Gefühle etwas mit der Erschaffung der Ereignisse zu tun haben, die du erlebst. Das kann falsch verstanden werden. Deine Gefühle erschaffen die Ereignisse nicht. Sie zeigen dir aber an, worauf sich deine Wahrnehmung richtet.«

»Kann ich meine Wahrnehmung und damit meine Realität nach meinen Wünschen gestalten, wenn ich meine Gefühle in Ordnung bringe?«, hakte ich nach, denn so hatte ich das bisher verstanden.

»Nein, Joe. Die Gefühle, die etwas mit zukünftigen Ereignissen zu tun haben, sind nur Reaktionen auf das, was du in der Zukunft bereits jetzt unbewusst wahrnimmst. Du kannst zwar diese Gefühle verändern, aber dadurch ändert sich an deiner Wahrnehmungsrichtung nichts.«

»Du redest von den Gefühlen, die mit der Gestaltung

115

meiner Zukunft etwas zu tun haben. Haben nicht alle Gefühle etwas damit zu tun?«, fragte ich verwirrt.

»Es gibt viele Gefühle, die sich auf die Vergangenheit beziehen«, begann Ella zu erklären. »Noras Gefühle beispielsweise kamen aus der Vergangenheit und nicht aus der Zukunft. Diese Gefühle stellen oft Wahrnehmungsbrillen dar – ganz einfach deshalb, weil du in der Vergangenheit bestimmte Erfahrungen gemacht hast und nun erwartest, dass es in Zukunft genauso laufen könnte.

Wenn du an die Zukunft denkst, bekommst du jedoch Gefühle, die dir deine Wahrnehmungsrichtung anzeigen. Du wirst genau die gleichen Gefühle wieder bekommen, wenn du das Ereignis, das du in der Zukunft wahrnimmst, tatsächlich erlebst.«

»Und meine Wahrnehmung richte ich auf eine bestimmte Wahrscheinlichkeit ein und nehme dann nur noch diese wahr, obwohl eigentlich eine unendliche Vielzahl von Ereignissen da ist?«, fragte ich zweifelnd nach.

»Richtig, Joe. Was dir helfen kann, deine Realitätsgestaltung bewusst etwas besser nachvollziehen zu können, ist, deine Gefühle genau differenzieren zu können. Die meisten Menschen tun so, als gäbe es nur zwei Gefühle, nämlich Gut oder Schlecht. Doch deine Gefühlsqualitäten sind sehr differenziert. Du kannst dich beispielsweise bedroht fühlen oder akzeptiert. Du kannst dich im Recht oder schuldig fühlen. Du kannst dich machtvoll fühlen oder machtlos.

Es gibt eine unendliche Vielzahl verschiedener Gefühle, die du meist jedoch nicht bewusst beachtest. Jedes Gefühl birgt eine große Menge an Information in sich. Das Gefühl kann dir, wie gesagt, als Information darüber dienen, worauf sich deine Wahrnehmung unbewusst richtet und warum sie dies tut. Über das Gefühl kannst du erfahren, welche Absicht deinem Denken zugrunde liegt und auf welchem Entwicklungsstand deines Bewusstseins dieses Gedankenmuster entstanden ist.

Tu doch einfach mal so, als ob du ein Gefühl in die Hände nehmen könntest, als ob es eine Kugel wäre. Du wirst erstaunt sein, dass sich mit der Zeit zwischen den Händen scheinbar etwas befindet.«

»Es fühlt sich wie ein Luftpuffer an«, sagte ich fasziniert.

»Konzentriere dich jetzt auf das Gefühl und spüre, was es ist«, bat mich Ella. »Mit etwas Übung wird es dir gelingen, dem Gefühl Fragen zu stellen und von deiner inneren Stimme eine Antwort zu bekommen. Das Wichtigste beim Fragen ist, mit diesem Gefühl respektvoll umzugehen. Auf diese Weise gelingt es meist sehr schnell, die Wahrnehmungsrichtung und die Absicht des zu Grunde liegenden Gedankenmusters herauszubekommen. Du kannst also mit ein wenig Geschick an deinen Gefühlen erkennen, welche Ereignisse auf dich zukommen. Deshalb solltest du sie differenzieren können.«

»Ah ja, und das Verstehen meiner Gefühle macht es

einfacher, etwas verändern zu können, wenn ich mit der Realität, die ansteht, nicht zufrieden wäre?«, erkannte ich.

»Schlaues Kerlchen, genauso ist es«, stimmte Ella zu. »Und jetzt üben wir noch ein wenig, deine Gefühle zu verstehen. Versuch mal wieder, ein Gefühl in deine Hände zu nehmen.«

»Was für eins soll ich denn nehmen?«

»Ganz egal, Joe. Es geht jetzt nur ums Üben. Ich würde dir vorschlagen, dass wir uns zunächst nur darauf konzentrieren, welche Absicht in deinen Gefühlen enthalten ist. Das ist sehr viel schwieriger, als die Wahrnehmungsrichtung zu erkennen. Wenn du das gelernt hast, ist das andere auch kein Problem mehr. Vor allem lässt sich damit besser üben. Du solltest jetzt ein Gefühl nehmen, das du nicht verstehst«, empfahl Ella.

»Da habe ich was – es ist das Lampenfieber, das ich habe, wenn ich vor einer großen Gruppe von Menschen einen Vortrag halten soll.«

»Gut, dann nimm dieses Gefühl jetzt so richtig in die Hände! Stell dir vor, es wäre eine feste Kugel, die dieses Gefühl verkörpert.«

»Ich kann es tatsächlich fühlen, Ella.«

»Schön! Denk jetzt daran, dass es dein Gefühl ist. Das heißt, es ist Leben von deinem Leben. Frage es jetzt nach seiner Absicht, dem Grund, warum es erscheint, wenn du Vorträge hältst.«

»Ich kann es tatsächlich hören oder eigentlich fühlen.

Richtig, ich höre es nicht, ich weiß einfach die Antwort«, meinte ich fasziniert.

»Es ist das Fühlen, woher du deine Informationen beziehst. Dieser Kanal ist etwas ungewohnt für dich. Deshalb meinst du, es einfach zu wissen«, erklärte mir Ella.

»Das Gefühl sagt, es will mir helfen, volle Leistung zu bringen, aber das kann nicht sein. Es blockiert mich doch viel eher.«

»Denk daran, Joe, Absicht und Verhalten sind nicht miteinander zu verwechseln. Frage das Lampenfieber doch einmal, wie es das macht, dir volle Leistung zu geben«, schlug Ella vor.

»Es sagt, es wird von mir aufgefordert, zu kommen und stärker zu werden. Ich frage es mal, wie ich es dazu auffordere. Es sagt, durch ein anderes Gefühl. Durch die Angst.«

»Angst vor was?«, wollte Ella wissen.

»Angst vor dem Versagen, sagt es.«

»Was passiert denn genau, wenn du Angst hast?«, hakte Ella nach.

»Es glaubt, ich brauche jetzt volle Leistung, um diese gefährliche Situation zu überleben. Was redet es denn da für einen Quatsch?«, sagte ich ärgerlich.

»Joe, das sind die Informationen, die es von dir mitgeteilt bekommt«, erklärte mir Ella. »Du kommunizierst mit diesem Gefühl normalerweise nur gefühlsmäßig. Du hast bei einem Vortrag offensichtlich die gleiche

Angst, wie du sie in einer lebensgefährlichen Situation haben würdest. Das Gefühl verlässt sich auf diese Information und sorgt dafür, dass du körperlich leistungsfähig bist. Das heißt, es schüttet Adrenalin aus, was deine Konzentrationsfähigkeit schwächt, während deine Muskeln unter 380 Volt stehen.«

»Jetzt verstehe ich. Und wenn ich durch die Aufregung noch nervöser werde, gebe ich damit die Anweisung, noch mehr Adrenalin auszuschütten. Ein Teufelskreis also.«

»Verstehst du dieses Gefühl jetzt, Joe?«

»Ich denke schon. Um hier etwas zu verändern, ist es also wirklich sinnvoll, mein Gefühl erst einmal deutlicher zu verstehen.«

»Genauso ist es«, stimmte Ella mir zu.

»Und wie mache ich das?«, wollte ich wissen.

»Als Erstes, indem du das Gefühl deutlich differenziert wahrnimmst und dir anschließend Gedanken über seine Bedeutung machst. Gefühle sind Ausdruck deiner Überzeugungen. Du fühlst Angst, wenn du von einer möglichen Gefahr überzeugt bist. Du fühlst dich schuldig, wenn du glaubst, unrecht gehandelt zu haben. Du fühlst dich anerkannt, wenn du glaubst, die Voraussetzungen hierfür zu erfüllen. Du fühlst dich machtlos, wenn du überzeugt bist, dein Ziel nicht erreichen zu können.

Diese Überzeugungen werden mit der Zeit zu Glaubenssätzen, die du bald für die Wahrheit hältst. Deine

Gefühle geben dir einen starken Handlungsimpuls, der dich normalerweise unbewusst gemäß deiner Glaubenssätze handeln lässt. Indem du deine Gefühle bewusst verstehst, hast du die Chance, die Richtigkeit der zu Grunde liegenden Glaubenssätze zu überprüfen und gegebenenfalls hier korrigierend einzugreifen.«

»Heißt das, ich kann die Gefühle verändern, indem ich den Glaubenssatz überprüfe, den das Gefühl ausdrückt?«, fragte ich nicht ganz sicher.

»Natürlich, Joe, nichts anderes hast du doch mit Nora gemacht. Nora hat erst einmal ihre Gefühle wirklich wahrgenommen, dann habt ihr die Ursache dieser Gefühle herausgefunden und schließlich die zu Grunde liegende Überzeugung überprüft, die darin bestand, dass sie glaubte, sie sei schlecht und wertlos. Nora erkannte sehr schnell, dass das kleine Mädchen in ihr nicht schuldig sein konnte, und löste damit den Glaubenssatz auf. Damit waren auch alle damit zusammenhängenden Gefühle weg.«

»Und die kommen auch nicht wieder?«, fragte ich sicherheitshalber.

»Natürlich nicht«, bestätigte Ella. »Ihr habt ja nicht irgendetwas getan, was nur eine Zeit lang wirkt, sondern ihr habt ihre zu Grunde liegende Einstellung verändert. Das bedeutet, dass ihr Gefühl so lange bleiben wird, wie sie den Glaubenssatz bewusst nicht verändert.«

»Wenn also ein Glaubenssatz mein Gefühl bestimmt, dann bestimmt er doch auch automatisch meine

Wahrnehmungsausrichtung, oder?«, fragte ich nach, um sicherzugehen.

»Ja, natürlich. Wenn du etwas Bestimmtes für die Wahrheit hältst, schaust du natürlich auch mit einer bestimmten Erwartung in die Zukunft. Damit beeinflussen deine Glaubenssätze deine Wahrnehmung und gleichzeitig deine Realitätsgestaltung.«

»Über diese Glaubenssätze möchte ich mich gerne noch mit Viktoria unterhalten«, sagte ich.

»Nur zu, wenn du mich brauchst, richte deine Aufmerksamkeit einfach nach innen, und ich werde da sein. Auch mitten im Gespräch mit Viktoria.«

»Ich danke dir, Ella, bis bald.«

»Wann immer du willst – tschüss.«

Botschaft 4

Am Abend dieses Tages sprach ich noch mit Viktoria über die neuen Informationen von Ella. Wir hatten den so genannten Glaubenssätzen schon vorher große Bedeutung beigemessen. Doch bezog sich das immer nur auf unser subjektives Erleben. Dass diese Glaubenssätze direkte Auswirkungen auf die äußeren Ereignisse in unserem Leben haben mussten, war uns bislang nicht klar gewesen. Die Einsicht eröffnete uns völlig neue Möglichkeiten, die wir allerdings nur ahnen konnten.

Mir fiel ein, dass die Krise mit Seth ebenfalls ein Problem gewesen war, dessen Ursache in Glaubenssätzen lag. Viktoria glaubte damals, sie hätte keine Macht mehr über sich selbst. Sie war überzeugt, dass die Energien, mit denen sie arbeitete, über sie bestimmten, und schlimmer noch: Sie glaubte, diese Energien wollten ihre Seele aus ihr herausreißen. Das Resultat waren Todesängste der schlimmsten Sorte. Diese Energien waren ja allgegenwärtig. Man musste sich permanent, Tag und Nacht gegen sie wehren. Ich kann sagen, dass es die schwierigste Sache war, die mir als Therapeut je untergekommen ist.

Viktoria arbeitete mit mir Tag und Nacht daran, die

Kontrolle über sich selbst zurückzugewinnen. Es schien lange Zeit hoffnungslos. Nach einer Woche und medikamentöser Unterstützung hatten wir gelegentlich wieder einige Stunden Schlaf. Viktorias Zustand stabilisierte sich langsam wieder, indem sie mit NLP-Techniken ihren Einfluss auf ihre Ängste und Gefühle Schritt für Schritt zurückgewann. Nach mehr als zwei Monaten hörten die Kontrollverlustängste langsam auf. Sie hatte ihr Leben wieder im Griff.

Zurückblickend konnte ich jetzt sagen, dass die Ursache ihrer Probleme in einem Glaubenssatz lag. Sie war überzeugt, machtlos zu sein und glaubte, die Energien könnten mit ihr machen, was sie wollten. Was wir durch unsere Arbeit im Endeffekt erreichten, war eine Veränderung dieses Glaubenssatzes.

Uns wurde klar, dass wir uns mit dem Thema Glaubenssätze genauer beschäftigen sollten. Durch meine NLP-Ausbildung wusste ich einiges über die Entstehung und die psychischen Auswirkungen von Glaubenssätzen, was Viktoria jetzt brennend interessierte.

»Der Beginn eines Glaubenssatzes besteht darin, dass ich eine Vermutung anstelle«, begann ich zu erklären. »Diese Vermutung wird dann im Laufe der Zeit immer wieder bestätigt, was dazu führt, dass ich sie wirklich glaube. Ein Glaubenssatz ist demnach eine bestätigte Vermutung.«

»Und was führt zu dieser Vermutung?«, hakte Viktoria nach.

»Dafür kann es viele Gründe geben. Möglicherweise hat mir jemand etwas gesagt, was sich für mich logisch anhörte. Oder ich habe unbewusst verallgemeinert. Mir begegnen drei rothaarige Frauen, die alle drei viel Temperament haben, und ich verallgemeinere, dass alle rothaarigen Frauen viel Temperament haben. Ich werde dreimal von meinen Eltern als Kind ausgeschimpft, weil ich mich zu viel gefreut habe und dabei zu laut war. Ich verallgemeinere, dass ich mich nicht zu viel freuen darf.

Eine Vermutung entsteht aber auch, wenn ich eine Situation intuitiv beurteile und glaube, eine gewisse Gesetzmäßigkeit des Lebens darin zu erkennen. Meistens ist mir diese intuitive Denkweise jedoch nicht bewusst. Der Glaubenssatz entwickelt sich also vollkommen auf der unbewussten Ebene.«

»Kannst du dazu ein Beispiel geben?«, bat mich Viktoria.

»Ich erlebe als Kind beispielsweise, wie meine Mutter immer den Fernseher angewidert umschaltet, wenn etwas über Sex im Fernsehen kommt. Ich erkenne darin intuitiv, dass Sex etwas Schlechtes sein muss.«

»Was passiert jetzt genau, wenn solch eine Vermutung entstanden ist?«, wollte Viktoria wissen.

»Ich betrachte die Welt durch die Brille dieser Vermutung«, antwortete ich. »Ich will wissen, ob sie richtig ist oder nicht. Ich überprüfe meine Vermutung natürlich nicht wissenschaftlich objektiv, sondern werde durch meine Gefühle dabei beeinflusst. Wenn ich beispielsweise Angst habe, dass mein Partner mich verlassen könnte, was letztendlich auch eine Vermutung ist, werde ich die Situation durch diese Angst hindurch sehen. Aus Sicherheitsgründen werde ich dann möglicherweise vom Schlimmsten ausgehen, damit ich die Gefahr im Ansatz bereits erkennen und eliminieren kann.«

»Das bedeutet aber, dass du in allen Situationen, in denen du eine Gefahr nicht ausschließen kannst, eine Bestätigung für deine Annahme findest«, fasste Viktoria erschrocken zusammen.

»Leider ja!«, stimmte ich zu. »Und die Gefahr kann man fast nie ganz ausschließen. Auf diese Art und Weise entstehen sehr viele negative Überzeugungen.«

»Und wie ist das mit positiven Überzeugungen?«, wollte Viktoria wissen.

»Sehr viel schwieriger«, antwortete ich ehrlich. »Eine positive Überzeugung würden wir nur allzu gerne glauben. Wir suchen bewusst auch nach Bestätigungen. Doch auch hier wollen wir häufig die Gefahr ausschließen, dass unsere Überzeugung vielleicht doch nicht stimmt. Es entstehen dadurch Zweifel. Leider sind diese Zweifel ebenfalls Vermutungen, bei denen wir nach der Gefahr Ausschau halten, dass die Zweifel begründet sein könnten.«

»Offenbar hat die Natur dem Negativen mehr Gewicht gegeben als dem Positiven«, stellte Viktoria fest.

»Es sieht leider so aus«, stimmte ich zu. »Was noch

hinzukommt, ist der Austausch mit anderen Menschen. Wenn sie das Gleiche glauben wie wir, ist dies eine immense Bestätigung. Glauben sie es nicht, weckt dies natürlich wieder Zweifel. Sind erst einmal Zweifel geweckt, wird es schwer, einen Glaubenssatz zu entwickeln.«

»Was jetzt noch hinzukommt, ist, dass die Glaubenssätze unsere Wahrnehmung beeinflussen, die ja bekanntlich unsere Realität gestaltet«, ergänzte Viktoria.

»Und dadurch wird der Glaubenssatz natürlich nochmals bestärkt«, erkannte ich. »Wir erleben ja dadurch permanent Bestätigungen dafür, dass unser Glaube tatsächlich wahr ist.«

»Er entsteht also, weil ich die Situation subjektiv nach meiner Vermutung beurteile, und wird aufrechterhalten, weil die Ereignisse, die ich dadurch erschaffe, ihn immer wieder erneut bestätigen«, fasste Viktoria zusammen.

»Genauso muss es funktionieren«, stimmte ich zu. »Deshalb halten wir unsere Glaubenssätze immer für die absolute Wahrheit. Wir glauben, dass wir an unserer Realität sehen können, was richtig ist und was nicht. Wir nehmen sie als Beweis für die Wahrheit, wir streiten uns sogar mit anderen Menschen über diese Wahrheiten. Alle glauben, sie wüssten die Wahrheit, und lassen sich nicht davon überzeugen, dass es nicht so ist.«

»Sie erleben alle, was sie glauben«, meinte Viktoria.

»Jetzt wird mir das klar!«, sagte ich aufgeregt. »Du

sagtest, sie erleben, was sie glauben. Die zweite Botschaft lautete: *Ich erlebe, was ich denke.* Die dritte heißt: *Ich denke, was ich fühle.* Dann muss die vierte heißen: *Ich fühle, was ich glaube.* Mein Glaube bestimmt also mein Fühlen und Denken und damit die Realität, die ich erlebe.«

»Du hast das System erkannt, Joe«, schaltete sich plötzlich Ella unerwartet in das Gespräch ein. »Wir kommen jetzt an eine sehr wichtige Botschaft. Aber es wird nicht die letzte sein.«

Ein paar Tage später traf ich mich mit Alex. Wir hatten zusammen studiert und waren seitdem gute Freunde. Wir trafen uns regelmäßig und telefonierten mindestens einmal wöchentlich. Alex hatte mir einen Artikel aus dem *Spiegel* mitgebracht, von dem er meinte, er würde mich bestimmt interessieren. In diesem Artikel ging es hauptsächlich um Placebos. Aber man höre und staune, es ging auch um die Macht des Glaubens. Mir war klar, dass ich diesen Artikel mit meiner Neugier wie ein Magnet angezogen hatte. Er kam wieder einmal genau zur richtigen Zeit. Ich beschäftigte mich mit Glaubenssätzen, und rein »*zufällig*« fielen mir Informationen darüber in die Hände. Im Wesentlichen ging es in diesem Artikel darum, dass die Wirkung, die Placebos haben, im Glauben an das Medikament begründet liegt. Aber nicht nur der Glaube des Patienten sei hier von Bedeutung, sondern auch der des Arztes. Es würden aus diesem Grunde so genannte Doppelblindversuche in Kliniken durchgeführt, wo weder Arzt noch Patient von einem Versuch eine Ahnung hätten. Bei diesen Versuchen sei oft kein nennenswerter Unterschied zwischen Placebo und Medikament festzustellen. Sind die Ärzte von dem Versuch jedoch unterrichtet, verschlechtern sich die Ergebnisse erheblich. Die Suggestivkraft der Ärzte ist hier anscheinend von ganz entscheidender Bedeutung. Ein Abschnitt dieses Artikels lautete:

Steward Wolf von der University of Oklahoma berichtet über einen Patienten, dessen Asthma auf erprobte Medikamente nicht anspricht. Als der Arzt von einer Pharmafirma Proben eines neuen, vielversprechenden Mittels bekommt, probiert er es gleich bei dem Asthmatiker aus. Die Symptome verschwinden umgehend, kommen aber, als Wolf die Medikation stoppt, sofort zurück. Er versucht es mit einem Placebo, doch die Krankheitszeichen bleiben. Etliche Male wiederholt er den Wechsel von Wirkstoff zum Placebo und zurück, jedes Mal hilft nur das Mittel. Nunmehr sicher, ein wirksames Pharmakon für den Asthmatiker gefunden zu haben, bittet der Arzt die Herstellerfirma um Nachschub. Zu seinem Erstaunen erfährt er, das Unternehmen habe ihm vorher wegen fälschlich gemeldeter Bedenklichkeiten gar keine Arznei, sondern nur ein Placebo geschickt.

(Aus: »Wundersames Nichts«, Der Spiegel 45/1994)

Die Macht des Glaubens wird auch anhand vieler Wunderheilungen deutlich. Allein im französischen Wallfahrtsort Lourdes hat ein 25-köpfiges Medizinerkommitee bis heute 65 unerklärliche Gesundungen zweifelsfrei als Wunderheilungen abgesegnet.

Auf Grund dieses Textes erinnerte ich mich an die Phänomene, über die ich während meiner Zeit als Hypnosetherapeut gelegentlich gehört hatte. In vielen Hypnosestudien treten zuweilen erstaunliche Phänomene auf, die mit unserem alten naturwissenschaftlichen Weltbild nicht zu erklären sind. So wurde zum Beispiel Menschen in Hypnose suggeriert, sie seien Beethoven – und sie sollten eine Sonate komponieren. Es waren Menschen, die gerade mal etwas Klavier spielen konnten. Die Ergebnisse waren umwerfend. Die komponierten Stücke wurden von nicht eingeweihten Musikern eindeutig für unbekannte Werke des Meisters erklärt.

Des Weiteren wird von Fällen berichtet, wo Menschen plötzlich in unbekannten Sprachen zu reden begannen, die sie unmöglich zuvor hatten lernen können. In einem Fall wurde von Sprachforschern zufällig eine alte Sprache identifiziert, von der es nur Schriftzeichen gab und von deren Aussprache man keine Ahnung hatte. Und dies alles nur, weil der Proband für die Dauer der Hypnose bereit war, die ihm suggerierten Glaubenssätze anzunehmen.

Mir wurde jetzt erst richtig bewusst, welche Bedeutung Glaubenssätze für meine Realität haben mussten. Im Grunde genommen war es ganz einfach, meine Wünsche in Erfüllung gehen zu lassen. Ich musste nur einen Weg finden, um an die richtigen Dinge glauben zu können. Bei diesen Überlegungen spürte ich, dass Ella mit mir reden wollte. Ich fühlte auch, dass es ein längeres Gespräch sein würde, und entschied, in Trance zu gehen.

Es erschien alles ganz normal in meinem Tranceland. Die Wiese war grün und saftig wie immer. Die Bäume wiegten sich langsam im Wind. Die Sonne schien, es war einfach alles wie immer. Und doch hatte ich das seltsame Gefühl, dass irgendetwas anders war.

Ich kam zu der Stelle, wo wir uns immer trafen, und wollte mich setzen. Auf einmal passierte etwas Unglaubliches: Ich fiel durch den Stuhl hindurch, einfach so. Ich konnte den Stuhl nicht berühren, weder mit meiner Hand noch mit meinem Körper. Meine Hand ging einfach durch ihn hindurch. Ich war total verblüfft. Auch der Tisch verhielt sich nicht anders. Ich konnte durch ihn hindurchgehen.

Während ich so dastand und versuchte, in meiner Vorstellung alles in Ordnung zu bringen, merkte ich, dass ich die Blumen meiner Wiese nicht mehr riechen konnte. Ich fand den Duft sonst immer so herrlich. Ich spürte auch keinen Wind, obwohl die Bäume sich durch ihn bewegten.

Was ging hier vor, und wo war Ella? Ich ging über die Wiese und wollte einen Baum anfassen. Da bemerkte ich, dass ich gar nicht über die Wiese ging, sondern irgendwie durch sie hindurch. Ich spürte auch gar keine Unebenheiten. Ich ging wie auf einer Wolke. Irgendwie war der Boden fest und doch nicht fest. Die Grashalme gingen einfach so durch meine Füße hindurch. Ich gelangte an einem Baum an und versuchte, ihn vorsichtig und konzentriert anzufassen. Nichts! Ich griff ins Leere. Ich konnte es kaum fassen: Nichts hier konnte ich anfassen. Ich sah mir meine Hände an: Sie schauten ganz normal aus. Da schoss mir plötzlich ein Gedanke durch den Kopf:

»Kann ich mich überhaupt selbst fühlen?«

Auch das konnte ich natürlich nicht. Das war vielleicht komisch. Ich griff durch mich selbst hindurch. »Wenn ich offensichtlich keinen Körper hier habe, kann ich ja auch nicht verletzt werden«, dachte ich mir. Ich nahm meinen Mut zusammen und ging an den Rand meiner Klippe. Würde ich da hinunterspringen können? Es waren immerhin über 100 Meter. Ich überzeugte mich noch einmal davon, dass ich wirklich keinen Körper hatte, indem ich mich einfach einen Meter in den Boden hineinsinken ließ. Was soll's, dachte ich mir, ich bin ja in Trance, und das ist nicht die Realität. Mein Herz hätte normalerweise bis zum Hals schlagen müssen, aber ich konnte nicht einmal mein eigenes Herz spüren.

Ich sprang und sah mich durch die Luft gleiten. Ich überschlug mich in der Luft, konnte aber all dies nicht fühlen, sondern nur sehen. Schließlich schlug ich lautlos in den Boden ein. Nichts, nichts tat mir weh oder war verletzt. Ich hatte plötzlich ein total starkes Gefühl von absoluter Freiheit. Ich konnte hier alles anstellen, ohne mir wehzutun.

»Moment mal«, dachte ich, »wenn ich die Klippe hinunterspringen kann, dann geht es vielleicht auch nach oben.« Gesagt – getan, ich sprang eine 100 Meter hohe Klippe hoch. Es war ein fantastisches Gefühl. Durch das Gelingen dieses Vorhabens bestärkt, entschied ich mich, es mit dem größten Traum aller Träume zu versuchen: Ich wollte fliegen wie ein Vogel im Wind. Ich konzentrierte mich auf den leicht bewölkten Himmel und breitete meine Arme aus, schon flog ich dem Himmel entgegen. Die Erde unter mir wurde immer kleiner. Ich flog durch die Wolken und fühlte mich frei wie ein Vogel.

Nach einer Weile dachte ich, es wäre schön, den Wind zu spüren, oder die Beschleunigungskräfte, wenn ich eine Kurve flog. Aber man kann halt nicht alles haben. Nach einer weiteren Weile entschied ich, wieder zurückzufliegen. Irgendwie machte es nicht mehr so richtig Spaß. Im Grunde genommen fühlte ich ja gar nicht, dass ich flog. Ich konnte es nur sehen. Es war, als ob ich mir im Kino einen Film anschaute.

Als ich von meinem Ausflug zurückkam, sah ich Ella schon von weitem an unserem Treffpunkt. Sie hatte auf unserem Tisch eine herrliche Mahlzeit angerichtet. Ich freute mich, sie zu sehen, und wollte mich gerade zu ihr setzen, als ich bemerkte, dass dies immer noch nicht ging. Mir war klar, dass ich von den guten Sachen auf unserem Tisch nichts anfassen, geschweige denn essen konnte.

Nein, schön war es nicht, so ganz ohne Körper zu sein. Ich fragte also Ella, ob sie diesen Zustand nicht beenden könne.

»Hast du verstanden, um was es geht?«, fragte mich Ella.

»Ich denke, du wolltest mir zeigen, wie es ist, wenn man keine Grenzen mehr hat, wenn man alle Freiheit der Welt hat.«

»Hier geht es um etwas anderes, Joe: Bist du in der Lage, so irgendetwas zu verändern oder zu gestalten?«

»Nein, ich kann ja nicht einmal etwas anfassen«, erwiderte ich.

»Und fühlst du dich frei dabei?«, wollte Ella wissen.

»Ganz und gar nicht! Es ist mir sehr schnell langweilig geworden.«

»Jetzt stell dir mal vor, du könntest in deiner äußeren Realität auch nichts anfassen. Was würde dir fehlen?«

»Was mir am meisten fehlen würde, ist Zärtlichkeit. Das ist ein furchtbarer Gedanke. Keine Berührung mehr. Noch nicht einmal den Boden unter den Füßen zu spüren, nichts. Ich könnte nichts anfassen, nichts bewegen, nichts verändern.«

»Und genau dafür hast du einen Körper«, erklärte Ella.

»Ella, ich glaube, ich wusste das bisher gar nicht so richtig zu schätzen. Danke für diese Erfahrung!«

»Aber es geht um noch mehr. Du hast, bevor wir mit unserer Arbeit angefangen haben, eine Seite im Seth-Buch gelesen, auf der sinngemäß stand, dass alles, was ihr Menschen erschafft, nur durch euren Körper geschaffen werden kann. Und damit war nicht das Erschaffen mit euren Händen gemeint. Er meinte die Gestaltung der Realität, wie wir sie hier besprochen haben, über Glaubenssätze und Wahrnehmung. Verstehst du, ohne deinen Körper kannst du auch keine Ereignisse erschaffen.«

»Mein Körper ist demnach das Bindeglied zwischen meinem Geist und der äußeren Realität?«, wollte ich mich vergewissern, dass ich richtig verstanden hatte.

»So kannst du es sehen, Joe. Über deinen Körper nimmst du deine Realität in der dir bekannten Weise wahr. Ich habe dir früher schon einmal gesagt, dass deine Wahrnehmung zugleich Empfänger und Sender deiner Realität ist. Damit waren deine körperlichen Wahrnehmungen gemeint.«

Nach dieser Sitzung wurde mir langsam klar, dass ich auf verschiedenen Wahrnehmungsebenen lebte. Die Glaubenssätze sind rein geistiger Natur. Die Emotionen bilden die Verbindung zwischen Geist und Körper. Die äußere Realität, die meine Glaubenssätze widerspiegelt, wird durch die Wahrnehmung meines Körpers erschaffen. Glaube, Wahrnehmung und Außenwelt sind ein und dasselbe in einer jeweils anderen Sprache der Realität. Genau das hatte Ella mir doch schon einmal erklärt.

Mir war jetzt eines klar: Wenn ich in meinem Leben etwas verändern wollte, dann ging es über die Glaubenssätze am leichtesten. In meiner Außenwelt durch Handeln oder Manipulation etwas zu verändern, brauchte ich erst gar nicht zu probieren. Das hatte ich schon das ganze Leben versucht. Logisch gesehen hatte ich gar keine realistische Chance, auf diese Weise etwas in großem Stil zu verändern. Die äußere Realität war ja nur eine Widerspiegelung meiner Glaubenssätze, und wenn ich die nicht veränderte, tat es meine Realität auch nicht.

Sicherlich hatte ich in meinem Leben sehr viele Probleme erfolgreich gemeistert. Es änderte sich allerdings nicht wirklich etwas. Die Probleme verlagerten sich nur auf einen anderen Lebensbereich. In der Medizin nennt man so etwas Symptomverschiebung. Die eine Krankheit verschwindet, und eine andere entsteht gleichzeitig neu.

Es war kein Wunder, dass ich so viele Probleme in meinem bisherigen Leben gelöst hatte: Ich hatte ja genug davon. Sie wurden in Wirklichkeit nicht weniger, sie wurden nur anders. Ironischerweise könnte man eine Formel daraus machen, die lautet: Die Summe der Probleme ist immer konstant.

Nein, dieser Weg funktionierte bestimmt nicht, um das Ziel zu erreichen, rund um die Uhr glücklich zu sein.

In den nächsten Tagen deckten Viktoria und ich sehr viele unbewusste Glaubenssätze auf. Einer der bemerkenswertesten beschäftigte sich mit unserer Figur.

Während Viktoria ständig bemüht war abzunehmen, versuchte ich, mit wahren Fressorgien einige Pfunde zuzulegen. Wir waren beide nicht sehr erfolgreich in unseren Bemühungen. Bei Viktoria stellte sich ein wahres Phänomen ein. Sie aß am Tag nur noch ein, zwei Äpfel und nahm nicht ab. Sie legte sogar noch Gewicht zu. Sie wollte es zuerst nicht glauben, aber die Waage war nicht kaputt. Bei mir zeigte sie nämlich wieder einmal weniger an als normal. Viktoria musste sehr viel Wasser in ihrem Körper eingelagert haben, anders war das nicht zu erklären. Aber warum tat ihr Körper das? Sie machte Nulldiät und aß über eine Woche überhaupt nichts, sie trank nur Wasser. Als sie sich auf die Waage stellte, hatte sie trotzdem kein Gramm abgenommen. »Das geht nicht mit rechten Dingen zu«, dachte ich.

Umso erstaunter waren wir, als wir den zu Grunde liegenden Glaubenssatz endlich aufgedeckt hatten. Sie hatte schlicht und ergreifend den pauschalen Glaubenssatz: »*Essen macht dick*.« Nicht: »Wenn man zu viel isst, wird man dick«, sondern einfach: »Wenn man isst, wird man dick – egal, wie viel man isst.«

Ihr war natürlich sofort klar, dass dieser Glaubenssatz Quatsch mit Soße war. Sie entschied sich, ab sofort zu glauben, Essen sei notwendig, um dem Körper alles zu geben, was er zum Leben brauchte. Von diesem Tag an nahm Viktoria plötzlich ab. Es war kaum zu glauben, die vier Kilo, die ihr so lange riesige Probleme bereitet hatten, verschwanden, ohne dass sie sich darum kümmern musste. Auch ihre Essgewohnheiten änderten sich total. Schmeckten ihr vorher fast nur Sachen, die viele Kalorien hatten, war sie jetzt ganz wild auf Salat und Gemüse. Wir hatten den Glaubenssatz durch das Aufdecken gleichzeitig verändert, und damit änderte sich ihre gesamte Realität.

Es funktionierte also, was Ella uns erzählt hatte. Viktoria schwebte in allen Wolken. So leicht hatte sie es sich nicht vorgestellt, ihre Pfunde zu verlieren. Seit sie 14 Jahre alt war, hatte sie um ihre Figur gekämpft. Doch die Freude währte nicht sehr lange. Nach ein paar Wochen stellte sie sich wieder einmal nichts ahnend auf die Waage. Sie war geschockt: Sie hatte die ganzen vier Kilo wieder zugenommen. Was war passiert? Funktionierte es doch nicht mit den Glaubenssätzen? Ich konnte es nicht glauben und beschloss, sofort mit Ella zu reden. Ella bat mich, in Trance zu gehen, um die erforderliche Qualität der Informationsübertragung zu gewährleisten. Ich war momentan emotional nicht gut genug drauf, um im normalen Bewusstseinszustand zu kommunizieren. Als ich Ella in meinem Tranceland traf, wurde ich gleich wieder ruhiger. Ella begrüßte mich mit den Worten:

»Ihr seid gerade dabei, eine wichtige Erfahrung zu machen.«

»Was für eine Erfahrung?«, wollte ich wissen.

»Ihr wundert euch, wieso Viktorias Gewicht zuerst herunterging und dann, als sie sich am meisten freute, wieder zu steigen begann.«

»Und ob wir uns wundern!«, war meine vorwurfsvolle Antwort.

»Joe, hast du denn überhaupt keine Ahnung, warum das passiert sein könnte?«

»Ich denke, es liegt entweder daran, dass der Glaubenssatz, den wir geschaffen haben, nicht länger wirkt, oder es gibt in Viktorias Persönlichkeit irgendeinen Einwand. Letzteres halte ich für wahrscheinlich.«

»Damit liegst du gar nicht so schlecht«, stimmte Ella zu. »Es gibt etwas, das dagegen spricht. Es ist für dich nicht so leicht nachzuvollziehen, denn du bist in diesem Punkt gänzlich anders gestrickt.«

»In welchem Punkt?«, hakte ich nach.

»Viktoria hat einen Glaubenssatz, der den Erfolg, den ihr schon erreicht hattet, wieder rückgängig gemacht hat.«

»Wie denn das?«, fragte ich frustriert. »Und vor allem, warum, um alles in der Welt?«

»Den vollen Umfang dieses Grundes kann ich dir momentan noch nicht mitteilen. Aber das Wichtigste daran ist ihr Glaube, sie dürfe ihre Ziele nicht so einfach erreichen.«

»Das kann doch wohl nicht wahr sein! Warum darf sie das nicht?«, fragte ich entrüstet.

»Sie glaubt, dass sie nicht selbst entscheiden kann, ob sie es wert ist, diesen Wunsch erfüllt zu bekommen«, erwiderte Ella.

»Bist du da sicher? Ist unsere Kommunikation in Ordnung? Bilde ich mir das vielleicht alles nur ein?«, fragte ich zweifelnd.

»Frage Viktoria selbst!«, schlug Ella vor. »Wir sehen uns danach wieder.«

Bei der nächsten Gelegenheit fragte ich Viktoria, ob sie sich vorstellen könnte, einen Glaubenssatz zu haben, der etwas damit zu tun hatte, dass sie nicht so einfach abnehmen durfte, weil sie es nicht wert war.

»Und ob ich mir das vorstellen kann!«, sagte Viktoria zu meiner Überraschung. »So bin ich erzogen worden.«

»Wie meinst du das?«, fragte ich verwundert.

»In meiner Familie war es normal, dass man nicht selbst bestimmen konnte, ob man wertvoll ist«, erklärte Viktoria. »Nur wenn ich das bin, habe ich auch das Recht, mir meine Wünsche zu erfüllen. Wenn ich mir das richtig überlege, habe ich, wenn ich ein Ziel erreichen wollte, die meiste Zeit damit verbracht, mir zuerst von anderen Menschen bestätigen zu lassen, dass ich es auch wert bin, diesen Wunsch erfüllt zu bekommen.«

»Dann könnte es also tatsächlich sein, dass du aus diesem Grund wieder zugenommen hast«, stellte ich fest.

»Das könnte ich mir vorstellen«, meinte Viktoria frustriert.

»Wenn das so ist, dann sollten wir diesen Glaubenssatz auflösen«, meinte ich entschieden.

Viktoria nickte, und ich begann, ihr einige Fragen zu stellen, um den Glaubenssatz zu widerlegen.

»Warum glaubst du denn, dass andere erst deinen Wert bestätigen müssen, bevor du dir einen Wunsch erfüllen kannst?«

»Joe, ich weiß ganz genau, dass ich nicht bewusst so denke. Aber mein Gefühl sagt, es ist so, weil ich mir den Wert nicht selbst geben kann. Denn das wäre anmaßend.«

»Wer kann dir denn dann den Wert geben, die anderen Menschen?«, hakte ich nach.

»Im Grunde genommen auch nicht«, erklärte Viktoria. »Eigentlich kann das nur Gott.«

»Und woher weißt du, dass Gott der Meinung ist, dass du es jetzt verdient hast?«, wollte ich wissen.

»Wenn mir andere Menschen meinen Wert bestätigen, oder wenn es mir einfach zufällt, dann hat Gott es so gewollt.

Joe, ich hätte nie geglaubt, dass ich so etwas glaube. Ich habe mich eigentlich schon als Vierzehnjährige von der katholischen Kirche distanziert und denke im Grunde genommen ganz anders. Aber ich spüre, dass ich innerlich tatsächlich so fühle, wie ich es gesagt habe.«

»Offenbar gibt es einen Unterschied, ob man etwas unbewusst glaubt oder bewusst«, bemerkte ich. »Gott bestimmt also, ob du etwas wert bist oder nicht. Wie macht er denn das? Woran erkennt er es denn?«

»Da kommt was ganz Unangenehmes«, sagte Viktoria und verzog dabei das Gesicht. »Er erkennt es daran, wie sehr man sich bemüht hat. Das bedeutet, er erkennt es eigentlich genau daran, wie sehr ich gelitten habe, um es zu bekommen. Das ist der Hammer!«, erklärte Viktoria beeindruckt. »In meiner Familie wurde es tatsächlich als große Leistung angesehen, wenn man viel aushalten konnte. Man durfte zwar nicht jammern, aber man musste schon dafür sorgen, dass die anderen es merkten, wie man litt. Es wurde als Leistung angesehen, viel leiden zu können.«

»Ja, aber wozu soll das gut sein, leiden zu können?«, fragte ich verständnislos.

»Gott hilft denen, die sich bemühen«, meinte Viktoria entschieden.

Es war deutlich zu sehen, dass sie all das, was sie da sagte, nicht mehr bewusst nachvollziehen konnte, aber sie hielt sich im Leben tatsächlich an diese bisher unbewussten Überzeugungen. Ich hatte mich immer gewundert, dass es Menschen wie Viktoria gab, die so viele Probleme im Leben zu bewältigen hatten. Sie schien das Unglück und all die Probleme regelrecht wie ein Magnet anzuziehen.

Ich fragte sie weiter: »Warum macht Gott das so?«

»Das Leben ist eine Prüfung, ein Kampf. Und nur die Menschen, die diese Prüfungen bestehen, werden von Gott angenommen«, entgegnete Viktoria.

»Und wie besteht man diese Prüfungen?«, wollte ich wissen.

»Indem ich von allen weltlichen Versuchungen loslasse. Mein Gott, Joe, das ist wirklich der Grund, warum mein Leben bisher so schwer war. Ich wollte tatsächlich leiden, um von Gott erhört zu werden. Ich wäre zwar zeit meines Lebens nicht glücklich geworden, aber dafür nach dem Leben von Gott angenommen worden. Ich hatte ständig Angst bei allem, was ich tat, dass etwas passiert. Aus diesem Grund versuchte ich dauernd, Leistung zu bringen, damit ich die Berechtigung hatte, so zu leben, wie ich wollte.«

»Das heißt, du hast permanent gelitten, denn nur das war die Leistung, die Gott anerkannte?«, fragte ich fassungslos.

»So war es wohl«, stimmte Viktoria zu. »Das ist ja alles fürchterlich!«

Plötzlich schaltete sich Ella in unser Gespräch ein: »Lass sie mit Gott reden!«, sagte sie.

Ich verstand, was Ella meinte. Nicht mit dem wirklichen Gott, sondern mit dem, den sie in ihrer Fantasie erschaffen hatte.

Also sagte ich zu Viktoria: »Nimm doch mal Kontakt zu Gott auf, und frage ihn, warum er das so tut.«

Sie verstand sofort, was ich meinte, und schloss ihre Augen.

»Okay, ich sehe ihn«, sagte sie nach einer Minute.

»Frag ihn doch bitte einmal, wieso die Menschen leiden müssen, um etwas wert zu sein«, bat ich sie.

»Die Menschen müssen leiden, weil sie nur dadurch von allen weltlichen Versuchungen loskommen können«, erklärte Viktoria.

»Warum müssen sie denn von allem Weltlichen loskommen?«, wollte ich wissen.

»Alles Weltliche ist schlecht. Man muss ihm entsagen«, sagte Viktoria mit Nachdruck.

»Wer hat denn das Weltliche erschaffen?«, fragte ich Viktoria.

»Gott hat alles gemacht«, antwortete sie.

»Warum macht er denn etwas Schlechtes?«, fragte ich zweifelnd.

»Damit wir uns davon lösen können.«

»Dann brauchte er es doch erst gar nicht zu schaffen«, entgegnete ich. »Oder könnten wir Menschen selbst etwas Schlechtes erschaffen, und er bringt uns jetzt bei, dies richtig zu tun?«

»Nein, Joe, Menschen können nicht selbst erschaffen, das kann nur Gott«, erklärte Viktoria entschieden.

»Dann frage ihn doch bitte, warum er Schlechtes erschafft, wenn doch gar keine Gefahr bestünde, dass wir selbst Schlechtes erschaffen.«

»Er sagt, wir müssten lernen loszulassen«, erwiderte Viktoria.

»Aber wozu?! Wenn er nichts Schlechtes erschafft, wozu sollen wir dann loslassen lernen?«, fragte ich ungläubig.

»Das weiß er nicht«, sagte Viktoria, sich selbst wundernd.

»Was? Er ist doch Gott, und er weiß selbst nicht, warum er das tut?«, fragte ich fassungslos.

»Nein, weiß er wirklich nicht. Ich glaube, das ist alles Quatsch, was ich da erzählt habe«, meinte Viktoria jetzt.

»Aber es ist genau das, was du lebst, Viktoria. Dein ganzes Leben besteht aus Kampf und Leiden.«

»Das stimmt, ich lebe nach den Richtlinien, die dieser Gott mir eben sagte«, stimmte Viktoria mir zu. »Aber das ist doch vollkommener Schwachsinn. Einerseits glaube ich, Gott sei ein Gott der Liebe und Güte und vollkommen, und andererseits glaube ich, er ließe die Menschen leiden und wüsste selbst nicht, warum. Also, darin kann der Sinn des Lebens nicht bestehen, leiden zu müssen, um am Ende des Lebens dann von Gott erlöst zu werden.«

»Ich glaube, Viktoria, damit hast du diesen Glaubenssatz aufgelöst. Ich denke, es genügt, wenn du dir diese Unsinnigkeit immer dann in Erinnerung rufst, wenn du in Versuchung gerätst, wieder leiden zu wollen, damit Gott dich erhört.«

»Das werde ich tun, darauf kannst du dich verlassen!«, erwiderte Viktoria energisch.

Nach dieser Sitzung war sie der Meinung, das Leiden hätte ein Ende. Doch es war noch lange nicht alles gewesen. Wir kamen allerdings erst einige Monate später dahinter.

Zunächst hatte ich noch eine sehr interessante Sitzung mit Ella, in der es darum ging, wie Glaubenssätze miteinander in Verbindung stehen. In dieser Sitzung nannte mir Ella zum ersten Mal Glaubenssätze von fremden Menschen, die nicht einmal anwesend waren. Sie begann mit ihren Ausführungen.

»Glaubenssätze stehen nie für sich allein. Sie sind immer in größere Systeme eingebunden. Auch in Viktorias Fall mit den Glaubenssätzen über Gott war es nicht nur ein einziger Glaubenssatz, den sie verändert hat. Diesem Glaubenssatz unterstanden eine Vielzahl von anderen Überzeugungen, die dafür notwendig waren, damit sie genug leiden konnte. Aber diese Glaubenssätze werdet ihr erst noch finden. Merke dir zunächst einmal, dass es eine Glaubenssatzhierarchie gibt. Durch diese bilden sich ganze Glaubenssatzsysteme.

Nimm zum Beispiel Alex. Er hat folgendes Glaubenssystem: Um glücklich zu werden, muss ich geliebt und anerkannt sein. Um geliebt zu werden, muss ich für Vertrauen und Harmonie sorgen. Harmonie und Vertrauen erschaffe ich durch Anpassung und persönliches Zurückstecken. Da Alex auch glaubt, in einer Partnerschaft absolut alles gemeinsam tun zu müssen, fühlt er sich unfrei in einer engen Beziehung und zieht es vor, allein zu leben. Er müsste immer nur Kompromisse machen und ständig für Vertrauen sorgen. Zufrieden ist er allein allerdings nicht.

Viele Menschen glauben, Leistung bringen und erfolgreich sein zu müssen, um liebenswert zu sein. Sie dürfen keine Fehler machen, müssen mehr geben als nehmen, müssen schön, lieb, intelligent und sexy sein.

Interessant ist, dass jeder seine Glaubenssätze über die Liebe bestätigt findet. Glaubst du, erfolgreich sein zu müssen, um liebenswert zu sein, fühlst du dich auch selbst von erfolgreichen Menschen angezogen. Ihr versteht euch auf Anhieb. Ihr spiegelt euch gegenseitig eure Ideale wider und erfüllt auch beiderseitig eure Kriterien, um liebenswert zu sein. Ihr werdet also wegen eures Erfolges geliebt und liebt aus gleichem Grund.

Dies funktioniert auch mit allen anderen Glaubenssätzen über die Liebe. Voraussetzung ist, dass du auf einen Menschen triffst, der die gleichen Kriterien für Liebe anlegt wie du selbst. Es ist gleichgültig, welche Ideale du verkörperst. Denn du findest immer einen Menschen, der dich gerade dafür liebt. Die einzige Möglichkeit, dies zu verhindern, ist zu glauben, dass du nicht liebenswert bist. Es ist deshalb eine Möglichkeit, weil die Menschen in deiner Umgebung deinen Glauben widerspiegeln müssen. In Wahrheit gibt es natürlich keine Bedingungen für Liebe. Aber ihr haltet euch trotzdem an eure Wertkriterien.

Das größte aller Glaubenssysteme ist dein Weltbild. Das, was du über das Leben im Allgemeinen glaubst, bildet die Grundlage für all deine Glaubenssätze.

Glaubenssätze haben eine gegenseitige Anziehungskraft. Wenn du beispielsweise davon überzeugt bist, dass das Leben ein Kampf ist, in dem jeder gegen jeden antreten muss und der Stärkste gewinnt, wirst du nur Glaubenssätze annehmen wollen, die du für diesen

Kampf als sinnvoll empfindest. Du kannst nicht glauben, dass alle Menschen von Grund auf gut sind und alle dein Bestes wollen. Denn darin würdest du die Gefahr sehen, von den meisten Menschen ausgenutzt und betrogen zu werden. Du wirst also versuchen, deine Stärke auszubauen, und jeden Glaubenssatz begrüßen, der für dich Schutz bedeutet. Auf diese Weise werden von dir im Laufe deines Lebens zahllose Glaubenssätze angenommen, die dich alle auf den großen Kampf im Leben vorbereiten. Du hast keine andere Chance, da der Glaube an den Kampf immer dein Bewertungskriterium für die Wahrheit von Überzeugungen sein wird.

In direktem Zusammenhang mit deinem Weltbild gibt es einen Glaubenssatz, der den realistischen Rahmen deiner Möglichkeiten festlegt. Du glaubst, nur auf eine ganz bestimmte Art und Weise Einfluss auf deine Welt zu haben. Wenn du zum Beispiel glaubst, alles im Leben sei vorherbestimmt, hast du überhaupt keinen Einfluss auf dein Schicksal. Du machst erst gar keinen Versuch, etwas zu verändern, und reagierst nur auf das, was kommt. Somit sieht dann in deinem Leben wirklich alles so aus, als hättest du überhaupt keinen Einfluss.

Der Glaube an einen bestimmten Einfluss auf dein Leben dagegen führt zu einem ganz bestimmten Gefühl, das bei allem, was du erlebst, mitschwingt. Dieses Gefühl ist das Grundgefühl oder, anders ausgedrückt, die Grundstimmung deines Lebens. Es sorgt dafür, dass deine Wahrnehmung und dein Verhalten entsprechend verändert werden. Du wirst dich drehen und wenden können, wie du willst, du wirst nichts, aber auch gar nichts erleben, was deinem Grundgefühl widerspricht. Und wenn doch, wirst du es nicht so wahrnehmen. Die Ereignisse, die objektiv gegen deine Grundstimmung sprechen, werden durch die Wahrnehmungsbrille des Gefühls verzerrt und als Bestätigung deines Weltbildes umgedeutet.

Glaubst du beispielsweise: *Ich muss mein Karma der letzten Leben abtragen*, hast du nur die Möglichkeit, dein Leben zu verändern, indem du wiedergutmachst, was du in den letzten Leben verbrochen hast. Wenn du hingegen glaubst, die Erde sei eine Strafkolonie, bist du machtlos und kämpfst zeit deines Lebens gegen das Leiden an.

Bei Viktorias kirchlichem Weltbild will Gott, dass sie leidet, um wiedergutzumachen, dass Adam und Eva in den Apfel gebissen haben. Hier hat sie die Chance, brav zu leiden und ihre Schuld abzutragen, und kann am Ende ihres Lebens von Gott erlöst werden. Sie hat also die Möglichkeit, für die Ewigkeit glücklich zu werden, nur nicht zu Lebzeiten. Leiden zu können und ein schweres Leben voller Entbehrungen zu haben wird hier zum Ideal erhoben – übrigens eine ausgezeichnete Möglichkeit, Menschen zu beherrschen.

Ein weiteres Weltbild, und zwar das umweltschädlichste, ist das der alten Naturwissenschaft. Wo das Leben nur zufällig aus toter Materie entstanden und nach dem Tod sowieso alles zu Ende ist, kannst du tun und lassen, was du willst. Es wird keinen großen Einfluss auf die Welt haben. Und wenn doch, ist es sowieso egal. Dein Einfluss beschränkt sich auf dein Tun, und was kannst du als Einzelner damit schon erreichen?

Dieses Weltbild führt zu Umweltzerstörungen und dazu, dass du den Großteil des Tages damit verbringst, Dinge zu tun, die du nicht gut findest. Aber du glaubst, es tun zu müssen, da du nur so deine Existenz sichern kannst. Und die meisten anderen Menschen tun es ja auch. Da der Einzelne machtlos ist, versuchst du, mit der Masse mitzuschwimmen. Was bleibt dir denn anderes übrig? Du machst es dir halt so schön wie irgend möglich. Dies ist das Weltbild, das gegenwärtig die Lebensqualität auf der Erde am meisten einschränkt, was an unserer Natur leicht abzulesen ist. Aber nach deinem Tod ist ja sowieso alles zu Ende, und nach dir die Sintflut.«

»Du gehst ja wieder ganz schön hart mit mir ins Gericht«, sagte ich verwundert.

»Joe, das ist nicht meine eigene Beurteilung der Realität«, korrigierte mich Ella. »Du weißt, ich kann dir alle Informationen nur über dein Verständnis geben. Es ist deine eigene Beurteilung der Umstände, die meine Worte prägt. Ich persönlich sehe diese Zusammenhänge in Wirklichkeit völlig wertfrei.

Aber kommen wir zurück zu unserem Thema: Was in jedem Fall in allen gängigen Weltbildern gleich bleibt, ist das Gefühl der Machtlosigkeit. Wo die Lösung beispielsweise zum Greifen nah in euch selbst zu finden wäre, sucht ihr nach Propheten, die euch sagen, was für euch richtig ist. Und wenn ihr dann doch eine wichtige Information aus eurem Inneren empfangen habt, denkt ihr, diese Information könne nicht von euch sein. Ihr schreibt sie einem höheren Wesen zu – so wie du es mit Seth und auch bei mir am Anfang gemacht hast. Da du dich zu unbedeutend fühltest für solch ein Wissen, glaubtest du, bestenfalls ein Kanal für eine nichtphysische Wesenheit sein zu können. Auf diese Weise nimmst du zwar wenigstens die Information aus dir an, doch glaubst du, dass sie wortwörtlich wahr ist. Die Informationen sind jedoch durch deine Grundstimmung gefärbt, und es kann dir Nachteile bringen, sie wörtlich zu nehmen – insbesondere wenn du dir sagen lässt, was du zu tun und zu lassen hast, und so deine Eigenverantwortung völlig verlierst. Wenn du in dieser Abhängigkeit bleibst, hast du keine Chance mehr, dich weiterzuentwickeln.

Deshalb wurde bei euch auch mit eurer Seth-Krise die Notbremse gezogen. Dass dies so dramatisch ablief, ist in Viktorias Glaubenssatzsystem begründet. Aber das werdet ihr noch herausfinden. Ich glaube, du hast wieder einmal genug Informationen zum Nachdenken. Ich würde vorschlagen, die Sitzung zu beenden, wenn du keine Fragen mehr hast.«

Nach dieser Sitzung brauchte ich erst ein paar Tage,

um alle Informationen einzuordnen. Als Viktoria und ich wieder begannen, ihr Glaubenssystem aufzudecken, fiel uns alles schon viel leichter. Mittlerweile waren wir dahintergekommen, dass sich Viktoria viele unlösbare Probleme geschaffen hatte, um sich wertvoll zu fühlen. Das heißt, sie bezog ihre Lebensfreude aus ihrem Wert, den sie wiederum aus ihrem Leiden herleitete. Im Wesentlichen waren es drei Kernglaubenssätze, die für ihr Leidenwollen verantwortlich waren:

1. Ich bin klein und unbedeutend.

2. Ohne Hilfe kann ich mir meine Wünsche nicht erfüllen.

3. Ich bekomme nur Hilfe, wenn ich leide.

Viktoria drückte es in einem Gespräch einmal folgendermaßen aus: »Um sicherzugehen, dass ich bekomme, was ich will, muss ich leiden, damit ich Hilfe bekomme. Um leiden zu können, muss ich viel kämpfen. Wenn ich trotz Kampf und trotz größter Anstrengung mein Ziel nicht erreichen kann, werde ich zuerst noch wütend und mobilisiere alle Kräfte. Das klappt natürlich auch nicht. Ich verzweifle also und leide noch mehr. Ich werte mich total ab und fühle mich total unfähig. Mein Leiden wird noch größer. Erst wenn ich bis über alle Grenzen hinaus gelitten habe, lasse ich von meinem Ziel ab. Mittlerweile glaube ich auch nicht mehr, dass mir andere Menschen helfen werden, da ich es nicht wert bin. Ich lade jetzt noch Schuld auf mich, um noch mehr leiden zu können. Ich treibe das so weit, bis ich keinen freien Willen mehr habe und am Leben zerbreche. Nun bin ich bereit, die Gnade Gottes dankbar zu empfangen. Ich war bisher überzeugt, die Gnade Gottes würde einem erst zuteil, wenn man sich total demütig und gebrochen an Gott wendet. Das bedeutete in meinen Glaubenssätzen: Gott will, dass die Menschen am Leben zerbrechen, um sie dann in seine Gnade aufzunehmen. Aus diesem Grund fühlte ich mich, als wäre ich die Schuld persönlich.«

Wieder ein paar Tage später erkannten wir noch mehr wichtige Glaubenssätze, die mit dem Leiden zusammenhingen. Viktoria hatte eine Reihe von Überzeugungen, die Ella als gegensätzliche Glaubenssätze bezeichnet hatte. Diese führten dazu, dass ihr Spiel mit dem Leiden erst richtig funktionieren konnte.

Viktoria konnte von anderen Menschen nicht gut Hilfe annehmen, da sie sich dann abgewertet fühlte. Um dies zu vermeiden, versuchte sie, immer die Starke zu sein und vor allem besser zu sein als die anderen. Damit fühlte sie sich dann sicher vor Angriffen und Verletzungen. Deshalb umgab sie sich meistens mit Menschen, die irgendetwas nicht so gut konnten wie sie selbst. Damit konnte sie immer anderen Menschen helfen, aber keine Hilfe von anderen bekommen. Wenn sie sich jetzt besser fühlte als die anderen, kamen Gefühle wie: *Ich bin die Beste, ich kann erreichen, was ich will.*

Sie war ständig damit beschäftigt, sich selbst zu bestätigen, dass sie etwas wert war. Und so standen sich auf der einen Seite die Motivation, wertvoll zu sein, und auf der anderen die Motivation, leiden zu wollen, gegenüber. Ihre beste Möglichkeit zu leiden war also, sich wertlos zu fühlen, und so blieb ihr größter Wunsch immer wieder unerfüllt.

Kurz vor Weihnachten kam Viktoria zu mir und hatte noch mehr von diesen Glaubenssätzen gefunden, die ihr Leiden sicherten.

»Ich habe gemerkt, dass ich mich innerlich total angetrieben fühlte, mich weiterzuentwickeln, damit ich immer die Sicherheit hatte, dass mir nichts passierte. Dabei ist mir klar geworden, dass dies wieder ein perfektes System war, um leiden zu können. Denn je mehr ich vorwärts wollte in meiner Entwicklung, desto mehr machte ich mir Leistungsdruck. Nun weiß ich aber, dass Druck Gegendruck erzeugt und ich dadurch erst recht nichts erreichen konnte. In Bezug auf andere Menschen habe ich auch oft mit Druck gearbeitet und bekam von ihnen Ablehnung zu spüren. Ich wollte ihnen helfen, aber sie lehnten meine Hilfe ab, denn sie fühlten sich logischerweise untergeordnet und wehrten sich dagegen.

Ich fühlte mich dabei total abgelehnt und wertlos und hatte mein unbewusstes Ziel wieder erreicht: Ich konnte leiden. Um mich sicher zu fühlen, habe ich immer dafür gesorgt, dass ich mich wertlos fühlte. Ich wusste ja, Gottes Gnade war mir sicher, wenn ich genug litt, und damit konnte mir nichts passieren. Ohne die Abwertung meiner Person durch mich oder andere habe ich mich unsicher gefühlt. Die Urangst vor dem Leben war so groß, dass ich ohne Gottes Hilfe verloren war. Wenn mir jetzt jemand helfen wollte, musste ich dafür sorgen, dass er es nicht schaffte. Ich hätte ja sonst Erfolge gehabt und mich infolgedessen nicht mehr abwerten können. Ich sorgte also in jeder Hinsicht dafür, dass ich immer genug Misserfolge hatte. Nur so fühlte ich mich Gott nahe und brauchte keine Angst zu haben. Was mir auch noch klar geworden ist: Ich kann nur leiden, wenn ich mich als Opfer fühle. Sehe ich mich als Schöpferin meiner Realität, kann ich nicht leiden.«

Was Viktoria da gerade sagte, passte genau zu dem, was Ella über die Machtlosigkeit gesagt hatte, die den meisten Glaubenssystemen zu Grunde liege. Hätte sich Viktoria als Schöpferin ihrer Realität gefühlt, hätte ihr gesamtes Glaubenssystem keinen Sinn gehabt.

Langsam wuchs in mir die Neugier, was für ein Glaubenssystem ich wohl selbst aufgebaut und ob ich auch alles auf Machtlosigkeit gestützt hatte. Ich beschloss, Ella zu fragen. Ich setzte mich in meinen Sessel und ging sehr schnell in Trance.

»Wenn du in deinem Leben Probleme hast«, begann Ella zu erklären, »gibt es dafür einen Glaubenssatz, mit dem du dieses Problem verursacht hast und weiterhin aufrechterhältst. Du kannst diesen Glaubenssatz finden und umwandeln. Wenn du beispielsweise, wie Alex, glaubtest, dich anpassen zu müssen, um geliebt zu werden, könntest du erkennen, dass dies nicht wahr ist, da es bei deinem besten Freund zum Beispiel auch nicht so ist. Dein Verhalten würde sich augenblicklich ändern.

Solch eine Auflösung eines Glaubenssatzes ist immer möglich und kann sehr befreiend wirken. Doch der Glaubenssatz, den du stattdessen annimmst, wird automatisch deiner Grundstimmung entsprechen. Und wenn diese die Machtlosigkeit enthält, wird der neue Glaubenssatz es ebenfalls auf irgendeine Weise tun. Es wird früher oder später auch damit Probleme geben. Da die Grundstimmung den Rahmen deiner Möglichkeiten absteckt, solltest du dich darauf konzentrieren, diese zu verändern. Die Grundstimmung selbst ist auch nur ein Glaubenssatz, der verändert werden kann, was eine Veränderung in allen Lebensbereichen bewirkt. Bei einer Veränderung zu mehr Eigenverantwortung, Liebe und Freiheit fängst du an, mehr du selbst zu sein.«

Damit war die Sitzung auch schon beendet. Ella hatte dazu nicht mehr zu sagen. Viktoria und ich beschäftigten uns infolgedessen in den nächsten Tagen damit, unsere Grundstimmung herauszufinden. Nach langen Überlegungen kam Viktoria zu dem Ergebnis, dass ihre Grundstimmung Angst sein musste, und ich glaubte, den Zweifel für mich in Anspruch nehmen zu können.

Viktoria kam zu ihrer Erkenntnis, indem sie sich ihre größte Motivation anschaute. Ihr größtes Ziel im Leben war Sicherheit. Sie war ja überzeugt, diese Sicherheit im Leben nur in der persönlichen Weiterentwicklung zu finden. Daraus entstand ein richtiger Weiterentwicklungsdrang. Sie glaubte, durch ihre Entwicklung, allen Gefahren des Lebens begegnen zu können.

Ich fühlte mich in Bezug auf meine Grundstimmung nicht so ganz sicher. Waren es wirklich Zweifel? Ich beschloss, wieder einmal Ellas Hilfe in Anspruch zu nehmen.

Ich war gerade unterwegs zu meinem Tranceland. Aber statt an meine Klippe zu kommen, landete ich an einem sehr seltsamen Ort. Das Seltsamste war, dass ich mich immerzu um meine eigene Achse drehte. Ich fühlte mich sehr sonderbar. Nach einer Weile wurde mir klar, dass ich nicht den Körper eines Menschen, sondern den eines Zahnrades hatte. Ich wurde von einem anderen Zahnrad angetrieben und trieb meinerseits wiederum eines an. Was sollte dies bedeuten? Nach ein paar Minuten bemerkte ich, dass Ella die Gestalt eines benachbarten Zahnrades annahm.

»Hallo, Joe, wie geht es dir?«, begrüßte sie mich.

»Was ist hier los, Ella?«, fragte ich verwirrt.

»Der Zustand, in dem du dich momentan befindest, gibt am ehesten dein Weltbild wieder. Du wolltest doch wissen, wie dein Glaubenssystem aufgebaut ist und ob du es auch auf Machtlosigkeit gestützt hast. Dies ist das beste Umfeld, um alles zu verstehen.«

»Wie soll ich hier etwas verstehen?«, fragte ich zweifelnd. »Ich drehe mich permanent im Kreis und habe überhaupt keinen Überblick über das, was läuft.«

»Damit hast du das Wichtigste schon verstanden«, erwiderte Ella.

»Ich verstehe nur Bahnhof«, gab ich zurück.

»Was du gerade sagtest, spiegelt die Hauptmotivation wider, nach der dein Glaubenssystem aufgebaut ist. Du willst das gesamte System überschauen, zumindest verstehen können, hast aber das Gefühl, du kommst nicht vom Platz und drehst dich nur im Kreis. Das ist deine Art, dich machtlos zu fühlen.«

»Das habe ich nicht ganz verstanden, Ella.«

»Dann werde ich einmal versuchen, dir das Ganze in einer kleinen Geschichte zu erklären. Ein Schiffsreeder hatte vier große Schiffe. Eines davon war gerade auf dem Weg nach Übersee, als es Probleme mit dem Motor bekam. Der Kapitän des Frachters steuerte sein Schiff sofort in den nächsten Hafen. Nachdem die Mannschaft selbst erst einmal versucht hatte, den Schaden zu beheben, sprang der große Schiffsdiesel überhaupt nicht mehr an. Der Reeder reiste selbst an, um nach dem Rechten zu sehen. Vor Ort angekommen, musste er erfahren, dass seine besten Ingenieure der Meinung waren, dass nur noch eine Generalüberholung der Maschine helfen konnte. Das Ganze war eine Katastrophe. Diese Arbeit würde drei Monate dauern und alles in allem drei Millionen DM kosten. Dazu kämen noch die Kosten des Lieferverzugs und die Umladung der Fracht auf ein anderes Schiff. Grob geschätzt wäre der Reeder damit vier Millionen Mark los gewesen. Der Reeder beauftragte noch eine Fremdfirma, die den Ruf hatte, Unmögliches wahr zu machen. Aber auch dieses Ergebnis ließ eine Generalüberholung unausweichlich erscheinen.

Der Reederei ging es finanziell sehr schlecht. Diese Arbeit würde eventuell den Konkurs bedeuten, wenn sich nicht noch auf die Schnelle ein Geldgeber finden würde. Alles in allem sah die ganze Sache ziemlich schlecht aus. Der Reeder war so mit den Nerven fertig, dass er sich abends in einer Hafenkneipe vollllaufen ließ. Er kam mit einem ortsansässigen Klempner ins Gespräch, der ihm im Suff versprach, seinen Diesel wieder zum Laufen zu bringen.

Am nächsten Tag hatte der Reeder fürchterliche Kopfschmerzen und konnte sich an den gestrigen Abend kaum noch erinnern. Umso überraschter war er, als sich sein Saufkumpan aus der Kneipe bei ihm meldete, um seinen Schiffsdiesel zu reparieren. Er sagte dem Klempner immer wieder, dass es keinen Zweck hätte. Doch dieser ließ sich nicht abwimmeln. Der Klempner sagte nur, dass er niemals ein Versprechen bräche, und ging an dem Reeder vorbei in den Maschinenraum. Als einziges Werkzeug hatte er eine Rohrzange dabei. Der Reeder lief hinter seinem Kumpel her und beobachtete, dass dieser ziemlich desorientiert durch die Maschinen lief. So einen riesigen Diesel hatte er gewiss noch nie gesehen, dachte der Reeder.

Als der Klempner an einem großen Ventil vorbeikam, blieb er plötzlich wie angewurzelt stehen. Er sah einfach nur auf dieses Ventil. So stand er bewegungslos für eine Minute da. Der Reeder wollte gerade zu ihm gehen, um ihn noch einmal von seinem Versprechen zu entbinden, da schlug der Klempner mit seiner Rohrzange einmal kräftig auf das Ventil. Auf einmal gab es ein Zischen und Vibrieren im ganzen Raum und – tuk, tuk, tuk – lief der Diesel an. Der Reeder war überglücklich und fragte den Klempner, wie er das gemacht hätte. Dieser antwortete nur mit: ›Tja, gewusst wie!‹

Verstehst du jetzt, Joe? Du glaubst, wenn du wüsstest, wie alles funktioniert, wäre alles überhaupt kein Problem. Da du jedoch nicht alles weißt, fühlst du dich machtlos. Dieses Getriebe, als das du dich gerade erlebst, stellt deine gesamte Persönlichkeit dar. Die verschiedenen Zahnräder entsprechen bestimmten Bewusstseinsbereichen. Diese stützen sich jeweils auf unterschiedliche Glaubenssätze. Man könnte sagen, dass diese Zahnräder die Ereignisse in deinem Leben gestalten. Die Machtlosigkeit, von der ich sprach, liegt jetzt einerseits in dem fehlenden Überblick und andererseits in der gesamten Motivation.«

»Den fehlenden Überblick kann ich nachvollziehen«, stimmte ich zu. »Ich denke schon, wenn ich das gesamte System meines Lebens verstehen würde, es also überblicken könnte, wäre es ein Leichtes, die richtigen Hebel zu betätigen, um die Ereignisse so zu gestalten, wie ich mir das wünsche. Hierbei fühle ich mich schon etwas machtlos. Es ist so verdammt viel, was es zu verstehen gilt. Aber ich glaube trotzdem, es schaffen zu können. Ich denke, ich habe auch anders gar keine Chance, meine Ziele zu erreichen. Und was meintest du eben damit, dass die Machtlosigkeit in der gesamten Motivation zu finden sei?«

»Das, was du gerade als Machtlosigkeit gegenüber deinem System erkannt hast, sind nur die Schwierigkeiten, die du mit der Umsetzung des Verstehenwollens hast. Der größere Teil der Machtlosigkeit liegt aber darin versteckt, dass du überhaupt diesen Weg gewählt hast, alles verstehen zu wollen. Ich meine, die Machtlosigkeit hat erst dazu geführt, dass du mit dem Verstehen einen Weg eingeschlagen hast, dein Leben positiv zu gestalten. Wenn du dich nicht machtlos fühlen würdest, hättest du gar keine Motivation, überhaupt etwas verstehen zu wollen. Da du aber nicht weißt, wie du dein Leben erschaffst, versuchst du, dieses Wissen durch Spekulation zu ersetzen. Das ist die Hauptfunktion, die du deinem Verstand auferlegt hast.«

»Du meinst, Ella, mein Verstehenwollen ist auch nicht besser als das Leidenwollen von Viktoria?«, fragte ich ungläubig.

»Es ist angenehmer, Joe, aber nicht besser. Egal, welchen Weg du einschlägst, solange der Grund für deine Ausgangsmotivation Machtlosigkeit ist, wird es immer wieder Probleme geben.«

»Zu welchen Problemen kommt es denn durch mein Verstehenwollen?«, fragte ich zweifelnd.

»Komm mit mir auf einen kleinen Trip durch dieses Getriebe«, bat mich Ella.

Ich verließ diesen seltsamen Körper, den ich angenommen hatte, und schwebte körperlos mit Ella an allerlei seltsamen Getriebebauteilen vorbei. Nach einer Weile meinte Ella:

»Such dir jetzt einmal ein Teil aus, über das du mehr erfahren möchtest. Lass dich hierbei von deinem Gefühl leiten.«

Ich wusste nicht so richtig. Alles sah so befremdlich aus. Schließlich fiel mein Interesse doch auf ein Hebelchen, das mich irgendwie faszinierte. Ich sah es mir genauer an. Plötzlich fühlte ich mich von diesem Hebelchen angezogen wie von einem Magneten. Die Sogkraft war so stark, dass ich erst einmal erschrak und mich dagegen wehrte.

Ella bemerkte dies natürlich und sagte: »Lass es geschehen, Joe, es passiert dir nichts. Es ist deine eigene Konzentration, die dich anzieht.«

Mir war bei dieser ganzen Angelegenheit nicht so richtig wohl. Ich wollte noch nicht in dieses Teil hinein. Ich versuchte, mich abzulenken, und machte mir klar, dass ich nur in Trance war.

»In meiner normalen Realität sitze ich jetzt auf meinem Sessel und bin in Ordnung«, sagte ich mir.

Ich versuchte, den Sessel zu spüren. Der Sog hörte langsam auf.

Als ich mich wieder sicher fühlte, erklärte mir Ella:

»Dieser Sog ist die gleiche Kraft, mit der du dich in die Ereignisse deiner normalen Tagesrealität hineinziehst. Es geschieht ganz natürlich, ohne dass du es überhaupt merkst. Mach dir also keine Sorgen. Es ist alles in Ordnung.«

»Okay, ich versuche es noch mal.«

Ich konzentrierte mich wieder vorsichtig auf den Hebel, wobei ich versuchte, meine Neugier im Zaum zu halten. Ich sagte mir während der gesamten Zeit, dass es nicht so wichtig sei, ob ich in diesem Hebel sei oder außerhalb. Als der Sog wieder begann, schaute ich zu Ella hinüber, um mich wieder etwas mehr abzulenken. Der Sog wurde auch merklich geringer. Nach einer Weile hatte ich die Kraft, die mich anzog, unter Kontrolle. Ich ließ mich ganz sanft in den Hebel hineingleiten. Es war fantastisch – alle meine Körpergefühle waren die eines Hebels. Ella nahm die Gestalt des Lagers an, auf dem ich mich bewegte.

»Was hat dieser Hebel für eine Bedeutung?«, fragte ich Ella neugierig.

»Er repräsentiert eine bestimmte Charaktereigenschaft von dir, die sich auf bestimmte Glaubenssätze stützt.«

»Welche Eigenschaft ist es?«, wollte ich wissen.

»Fühle selbst«, empfahl Ella. »Du kannst dich in diese Eigenschaft hineinfallen lassen, und du wirst erkennen, welche Verhaltensweisen diese mit sich bringt.«

Ich ließ mich also einfach gehen. Ich konzentrierte

mich nur noch auf das Gefühl. Nach ein paar Minuten fühlte ich mich sehr wohl. Irgendwie hatte dieser Hebel etwas mit Harmonie zu tun. Wenig später erinnerte ich mich an eine Situation mit Viktoria, bei der ich mich mit ihr so verbunden fühlte, als wäre sie mein eigenes Fleisch und Blut. Plötzlich bewegte sich mein jetziger Körper. Der Hebel ging in eine andere Stellung. Auf einmal waren alle schönen Gefühle verschwunden. Es kam die Angst auf, Viktoria zu verlieren. Ich wandte mich schnell an Ella und fragte: »Was ist passiert?«

»Dieser Hebel stellt dein Harmoniebedürfnis dar. Er besteht aus den Glaubenssätzen, dass deine Beziehung zu Viktoria nur dann in Ordnung ist, wenn ihr harmonisch miteinander lebt. Das bedeutet, dass du eure Beziehung sofort gefährdet siehst, wenn ihr einmal keine Harmonie habt. Das Glaubenssystem sieht folgendermaßen aus: Eine gesunde Beziehung ist immer harmonisch. Du musst also für permanente Harmonie sorgen, sonst ist eure Beziehung kaputt. Um zu erkennen, ob die Harmonie besteht, musst du permanent Kontakt halten. Hierzu hast du die Möglichkeit, Zärtlichkeiten auszutauschen, gemeinsame Gespräche zu führen oder etwas zusammen zu unternehmen. Sobald Viktoria sich nicht wohl fühlt, lässt du alles stehen und liegen und versuchst, ihr zu helfen. Gelingt dies nicht, bekommst du Angst.«

»Ach du meine Güte – ich bin eine Klette!«, sagte ich entsetzt. »Genau das ist die Eigenschaft, mit der ich bei anderen Menschen überhaupt nicht umgehen kann.«

»Das ist häufig so«, meinte Ella. »Die größten Schwierigkeiten, Menschen zu akzeptieren, liegen darin begründet, dass sie eine Seite in einem selbst widerspiegeln, die man selbst an sich nicht leiden mag und sie deshalb nicht sehen möchte.«

»Ich denke, diesen Glaubenssatz kann ich bestimmt ändern«, meinte ich zuversichtlich.

»Ich würde dir vorschlagen, einen Schritt weiterzugehen und zu erkennen, dass dieses kleine Harmoniesystem in ein größeres eingebunden ist«, meinte Ella.

»In welches?«, fragte ich neugierig.

»In die generellen Hauptmotive aller Menschen. Ihr werdet schon mit bestimmten Motiven geboren. Auch dein Verstehenwollen ist aus diesen Hauptmotiven heraus entstanden«, erklärte Ella.

»Was sind das für Hauptmotive?«, wollte ich wissen.

»Sie entstammen den Instinkten, die ich dir schon einmal genannt habe. Dein Überlebenstrieb will zwei grundsätzliche Motive erfüllen: Er will erstens Schutz vor Gewalt und zweitens Existenzsicherung. Mit Existenzsicherung ist in diesem Zusammenhang nicht dein Lebensstandard gemeint, sondern dein physisches Überleben. Man könnte also auch Überlebenssicherung zu diesem Motiv sagen.

Dein Herdentrieb verfolgt ebenfalls zwei dieser grundsätzlichen Motive. Er will erstens, das du Menschen findest, die zu dir passen, und zweitens, dass du bei diesen Menschen erwünscht bist.

Dein Vergnügungstrieb verfolgt drei Grundmotive. Er will, dass du deine Entscheidungsfreiheit sicherst und dafür sorgst, dass du einen Einfluss auf dein Leben hast. Er will also erreichen, dass du machtvoll und nicht machtlos bist. Dieses Machtmotiv hat deine Grundstimmung hervorgebracht. Du siehst deine Macht darin, dass du alles verstehst und damit das Richtige tun kannst. Das dritte Grundmotiv deines Vergnügungstriebes entsteht erst in der Pubertät. Hier geht es um sexuelle Befriedigung.«

»Meine Grundstimmung geht also aus diesem Machtmotiv hervor«, wiederholte ich noch einmal. »Dann ist der Ursprung meines Harmoniebedürfnisses vermutlich in dem Motiv zu finden, dass ich erwünscht sein möchte. Sehe ich das richtig?«

»Das ist richtig«, bestätigte Ella. »Um ein besseres Gefühl für deine Grundmotive zu bekommen, schlage ich vor, dass wir uns in deinem Getriebe noch ein wenig umschauen.«

Ich schwebte wieder wie von selbst aus dem Hebel, der zuvor meinen Körper dargestellt hatte, heraus. Es ging kreuz und quer durch mein Getriebe. An einer bestimmten Stelle hatte ich das Gefühl, dass ein bestimmtes Zahnrad gegenüber den anderen etwas heller und schöner war. Ich sah es mir wieder etwas genauer an. Es dauerte vielleicht fünf Sekunden, da begann der Sog, den ich schon von dem Hebelchen zuvor kannte. Ich ließ mich in das Zahnrad hineinziehen. Dieses Mal genoss ich es schon richtig. Es war sehr seltsam und beeindruckend, sich wie ein Zahnrad fühlen zu können.

Ich konzentrierte mich wieder auf meine Gefühle und merkte sehr bald, dass dieses Zahnrad etwas mit Existenzsicherheit zu tun hatte. Ich fühlte mich nicht besonders wohl in diesem Zahnrad. Wenn es sich nicht so dumm anhören würde, hätte ich gesagt, dass dieses Zahnrad Angst vor dem Pennerdasein hatte.

»Wo bin ich denn hier gelandet?«, wollte ich von Ella wissen.

»Das Glaubensmuster, in dem du jetzt steckst, geht aus deinem Überlebenstrieb hervor. Genauer gesagt, geht es um deine Überlebenssicherung. Wenn du genau hinfühlst, hast du Angst, zu verhungern oder zu erfrieren«, erklärte Ella. »Bedingt durch diese angeborenen Ängste hast du die Panikvorstellung angenommen, als Penner unter einer Brücke enden zu können. Auch hier siehst du die einzige Absicherung gegen diese Gefahr darin, dass du das Leben vollständig verstehst und damit weißt, wie du dir genug Geld erschaffen kannst. Deshalb suchst du, genau wie bei deinem Harmoniebedürfnis, nach einem todsicheren System.«

»Aber diese Ängste sind berechtigt«, wandte ich ein. »Wir wissen wirklich nicht, wie es weitergehen soll.«

»Bist du wirklich sicher, dass du verhungern und erfrieren musst, wenn ihr keine finanzielle Lösung findet?«, fragte Ella skeptisch.

»Na ja, verhungern werden wir sicherlich nicht gerade, aber unsere Lebensqualität würde dadurch erheblich eingeschränkt«, antwortete ich.

»Und hier kommen wir sofort zu dem dritten Instinkt, den ich dir nannte. Es geht um den Vergnügungstrieb. Du siehst deine Freiheit sehr stark eingeschränkt, wenn ihr kein Geld mehr habt. Ebenfalls fühlst du dich dann machtlos und nicht machtvoll.«

»Kann es sein, dass diese Gefühle direkt von meinen Instinkten gemacht werden?«, kam mir die Idee.

»Genauso ist es«, bestätigte Ella. »Deine Instinkte versuchen, dich mit Gefühlen zu steuern. Sie haben dazu zwei Möglichkeiten. Sie können dir Vermeidungs- oder Belohnungsgefühle machen. Wann immer du etwas tust, was deine Grundmotive erfüllt, machen sie dir Belohnungsgefühle. Wenn du jedoch etwas tust, was deine Grundmotive in Gefahr bringt, machen sie dir Vermeidungsgefühle.«

»Dann sind Belohnungsgefühle immer angenehm und Vermeidungsgefühle unangenehm«, stellte ich fest. »Angst ist also ein Vermeidungsgefühl und Freude ein Belohnungsgefühl. Ist das richtig?«

»So ist es. Alle angenehmen und unangenehmen Gefühle erfüllen diesen Zweck. Wenn du glücklich sein willst, solltest du versuchen, deinen Instinkten Belohnungsgefühle zu entlocken. Darin liegt deine größte Macht sowohl über deine Gefühle als auch über deine Realität.«

»Und wie mache ich das genau?«, wollte ich wissen.

»Indem du zunächst einmal den genauen Zusammenhang zwischen deinen Überzeugungen und deinen Grundmotiven verstehst«, antwortete Ella.

»Hat das etwas mit meiner nächsten Botschaft zu tun?«, wollte ich wissen.

Botschaft 5

»Das hat es«, bestätigte Ella. »Kannst du schon erahnen, wie diese Botschaft lauten wird?«

»Ich bin, was ich erlebe, und erlebe, was ich denke. Weiterhin denke ich, was ich fühle, und fühle, was ich glaube. Wenn die nächste Botschaft mit meinen Motiven zu tun hat, dann müsste das in der Botschaft deutlich werden. Ich glaube, was mich motiviert?«, fragte ich unsicher, denn das hörte sich nicht wirklich richtig an.

»*Ich glaube, was ich will!*«, korrigierte mich Ella. »Ein Motiv ist etwas, was du erreichen oder vermeiden willst. Es geht also jetzt um deinen freien Willen.

»Dann bin ich gespannt auf die nächste Botschaft!«

»Wie ich bereits erklärt habe, wirst du wie alle Menschen schon mit deinen Grundmotiven geboren. Das bedeutet jedoch nicht, dass du keinen freien Willen hast. Es ist deine freie Entscheidung, als Mensch unter diesen Bedingungen geboren zu werden. Du akzeptierst also die Spielregeln.

Wie du weißt, haben deine Gefühle sehr viel damit zu tun, wie du die Welt beurteilst. Bist du eifersüchtig, dann siehst du alle Ereignisse aus dem Blickwinkel dieses Gefühls. Hast du Angst, wirst du überall Gefahren sehen. Auf diese Weise entstehen Beurteilungen, die sich unter Umständen zu Glaubenssätzen entwickeln können. Nun geben deine Grundmotive dir bereits einen bestimmten Blickwinkel für die Ereignisse vor, aus denen dann, gepaart mit der Auswahl deiner Eltern, deine Glaubenssätze entstehen.«

»Kannst du mir dazu bitte ein Beispiel nennen?«, bat ich sie.

»Nehmen wir als Beispiel deinen Herdentrieb. Dieser Instinkt will erreichen, dass du in deiner Familie als Kind erwünscht bist. Was passiert jetzt, wenn deine Eltern dir Zuneigung entgegenbringen? Was meinst du? Welche Gefühle lässt der Herdentrieb dadurch entstehen?«

»Keine Ahnung«, sagte ich ratlos.

»Versetz dich emotional doch einmal in solch ein kleines Kind«, bat mich Ella. »Spürst du als Kleinkind schon, dass Zuneigung etwas Schönes ist?«, wollte Ella von mir wissen.

»Natürlich spüre ich das«, war meine Antwort.

»Das bedeutet, dass dir das Erkennen der Zuneigung bereits angeboren ist. Und wie fühlst du dich dabei?«

»Ich denke, dass ich mich geliebt fühlen würde«, antwortete ich.

»Ist das ein Belohnungs- oder ein Vermeidungsgefühl?«, fragte Ella, um es mir klarzumachen.

»Das ist logischerweise ein Belohnungsgefühl«, meinte ich.

»Wofür ist dieses Belohnungsgefühl gut? Was will der Herdentrieb damit erreichen?«, wollte Ella wissen.

»Vermutlich will er erreichen, dass ich als Kind versuche, diese Zuneigung erneut zu bekommen«, stellte ich fest.

»Genau das ist der Fall«, stimmte Ella zu. »Stell dir einmal folgende Situation vor: Du beginnst laufen zu lernen und schaffst es zum ersten Mal, den ganzen Meter bis zu deinem Vater zu laufen. Deine Eltern freuen sich über alle Maßen und geben dir Anerkennung. Du spürst, dass du geliebt wirst. Dein Herdentrieb macht dir die schönsten Belohnungsgefühle. Fortan wirst du diese Situation wiederholen wollen. Du wirst sofort versuchen, den nächsten Meter zu laufen. Möglicherweise wurde mit dieser Situation eines deiner ersten willentlich angenommenen Motive geschaffen: Du willst Anerkennung, um die Zuneigung deiner Eltern zu spüren.«

»So weit kann ich dir folgen«, unterbrach ich Ella. »Aber was genau hat das mit meinen Glaubenssätzen zu tun?«

»Alle deine Motive beeinflussen die subjektive Wahrnehmung deiner Lebensumstände«, antwortete Ella. »Wenn du Anerkennung von deinen Eltern willst, wirst du viele Lebenssituationen ganz anders beurteilen, als wenn du ein anderes Motiv verfolgst. Nehmen wir zum Beispiel das Motiv, nicht aufzufallen. Viele Kinder wollen nicht auffallen, weil ihre Eltern sich sehr schnell gestört fühlen und das Kind ablehnen. Die Ablehnung wird vom Herdentrieb als eine Gefahr fürs Erwünschtsein gesehen. Der Herdentrieb macht daher sehr üble Vermeidungsgefühle, damit man dieser Gefahr entgeht.

Stell dir also vor, du hättest als Kleinkind einen Freund, der nicht auffallen will. Du aber willst auffallen, weil du die Anerkennung deiner Eltern willst. Ihr beide seid mit euren Eltern auf dem Spielplatz und buddelt im Sandkasten herum. Ihr beide baut zusammen eine ganz tolle Burg. Glaubst du, dass du und dein Freund gleicher Ansicht wäret, wenn es darum ginge, diese tolle Burg stolz euren Eltern zu präsentieren?«

»Wohl eher nicht«, denke ich.

»Die Beurteilung darüber, ob ihr die Eltern jetzt stört oder nicht, würde bei euch beiden völlig unterschiedlich ausfallen. Du würdest die Burg als eine Möglichkeit sehen, mit der du wieder Zuneigung von deinen Eltern bekommen kannst, und dein Freund wäre unsicher, ob er nicht wieder stören würde, wenn er seinen Eltern diese Burg stolz präsentieren wollte. Für ihn wäre diese Situation eine Gefahr, abgelehnt zu werden.

Dein Freund und du würden sicherlich sehr unterschiedliche Ziele im Leben entwickeln. Du würdest wahrscheinlich erkennen, dass du Leistung bringen musst, um anerkannt zu werden. Danach würdest du versuchen, diese Leistung auf allen Gebieten zu erbringen.

Dein Freund würde hingegen vermutlich herausfinden wollen, wie er am besten unsichtbar bleiben kann.

Er würde sich genau anschauen, was dazu führt, dass seine Eltern nicht negativ auf ihn reagieren. Auf die Idee, Leistung bringen zu wollen, würde er sicherlich nicht kommen.

Während du also versuchen würdest, herausragende Leistungen zu vollbringen, würde dein Freund versuchen, sich möglichst im Mittelfeld aufzuhalten.

Mit diesen beiden völlig verschiedenen Zielsetzungen würdet ihr alle Lebenssituationen beurteilen, die euch begegnen. Aus dieser Beurteilung entstünden dann eure Glaubenssätze. Glaubst du, dass du und dein Freund die gleichen Glaubenssätze entwickeln würdet?«

»Garantiert nicht«, stellte ich fest. »Mein Freund würde über das Leben sicherlich sehr viel negativer denken als ich.«

»Trotzdem würde auch dein Freund unentwegt danach streben, seine Grundmotive zu erfüllen. Er würde dabei jedoch völlig andere Wege gehen als du. Und dabei würde er wieder eine Vielzahl von Glaubenssätzen entwickeln, die sich von deinen vollkommen unterscheiden.«

»Meine Ziele und meine Glaubenssätze bringen sich also gegenseitig hervor«, fasste ich zusammen.

»So ist es«, bestätigte Ella. »Es ist ein unendlicher Wechselwirkungsprozess. Den Beginn dieses Prozesses bilden wie gesagt eure Grundmotive, mit denen ihr in den von euch ausgewählten Lebensumständen geboren werdet.«

»Mein Wille entstammt also diesen Grundmotiven und meine Glaubenssätze meinem Willen. Das ist also die Erklärung für die fünfte Botschaft: Ich glaube, was ich will.«

»So ist es. Ich möchte dir empfehlen, diese Botschaft eine Weile auf dich wirken zu lassen und sie im Alltag intuitiv zu erfassen«, schlug Ella für mich unverständlich vor.

»Und was heißt das?«, hakte ich nach.

»Halte einfach mal eine Weile die Füße still und lass das Leben an dir vorbeiziehen, ohne dir ständig den Kopf zu zermartern!«, antwortete Ella abschließend und beendete die Sitzung.

Ich versuchte, was Ella mir empfohlen hatte, schaffte es aber nicht wirklich. Mein Kopf war voll mit Fragen. Meine Ungeduld, endlich einen Weg zu finden, um rund um die Uhr glücklich sein zu können, ließ sich kaum im Zaum halten. Ich zwang mich regelrecht dazu, mal ein paar Tage nicht unentwegt nachzugrübeln.

Viktoria war zu dieser Zeit damit beschäftigt, herauszufinden, wie sie Menschen helfen konnte, ihre beruflichen Ziele zu erreichen. Ich konnte es mir nicht verkneifen, an einem der folgenden Tage mit ihr ein Gespräch darüber zu führen.

»Ich habe erkannt, dass ich viele Ziele und Wünsche habe«, begann Viktoria zu erklären. »Für manche tue ich etwas und für andere nicht. Oft muss ich mich zwischen mehreren Wünschen entscheiden, weil sie sich gegenseitig ausschließen. Diese Entscheidung ist mir keinesfalls immer bewusst. Ich strebe oft nach einem Ziel und frage mich, warum ich es einfach nicht erreiche, bis ich merke, dass ich bei dem Gedanken an das Ziel ein schlechtes Gefühl bekomme. Beim Bewusstmachen dieses Gefühls erkenne ich dann meistens, dass dieses Ziel Nachteile für mich bringt, oder ich glaube, dass es mir nicht zusteht.

Ich will beispielsweise beruflich erfolgreich sein und viel Geld verdienen. Unbewusst will ich diesen Beruf aber eigentlich gar nicht ausüben, und Erfolg würde mich dazu zwingen, ihn weitermachen zu müssen, um meinen Lebensstandard zu halten. Ich will einen Job, in dem ich einen wirklichen Sinn sehe und der mir richtig liegt. Natürlich brauche ich Geld. Doch wenn es mir wichtiger ist, den richtigen Beruf zu finden, werde ich unbewusst dafür sorgen, dass ich nicht so erfolgreich bin, wie ich mir es bewusst wünsche. Meine Wünsche sind mir ganz offensichtlich nicht alle gleich wichtig.

Sobald ich ein Ziel nur mit sehr viel Mühe erreichen kann, steht meistens solch ein Konflikt im Hintergrund. Gelegentlich habe ich auch ein schlechtes Gewissen, wenn ich an meine Wünsche denke. Wünsche ich mir beispielsweise, reich und berühmt zu werden, kommt gleich eine Stimme, die mich ermahnt: *Reichtum macht nicht glücklich, und außerdem, wie kannst du so viel vom Leben fordern, wenn so viele Menschen auf der Welt noch nicht mal genug zu essen haben?*

Hinter diesem schlechten Gewissen steht ein positives Motiv: Ich will geliebt werden, und wenn ich diese Wünsche verwirkliche, glaube ich, nicht mehr liebenswert zu sein. Da mir die Liebe wichtiger ist als das Geld und sich in meinem Weltbild beides gleichzeitig ausschließt, werde ich auf das Geld verzichten, was mir normalerweise jedoch nicht bewusst wird. Ich werde einfach kein Geld haben und nicht wissen, warum. Ich habe also eine Hierarchie innerhalb meiner Wünsche. Wenn dem nun so ist, muss an deren Spitze ein Wunsch stehen, der über allen anderen steht. Alle Wünsche, die mit diesem in Einklang stehen, werde ich mir verwirklichen und alle, die dagegen sprechen, opfern.«

»Genau das hat mir Ella in unserer letzten Sitzung erklärt«, erwiderte ich. »Es ist jedoch nicht nur ein einziges Ziel, das in der Hierarchie ganz oben steht – es sind sieben.«

Ich erzählte Viktoria von den sieben Grundmotiven, wie sie Ella genannt hatte, und erklärte ihr auch alle Zusammenhänge mit unseren Glaubenssätzen. Viktoria hörte sehr kritisch zu und kam zu einem erstaunlichen Ergebnis.

»Uns sind zwar offensichtlich diese sieben Grundmotive angeboren, doch jeder von uns strebt diese Grundmotive auf eine andere Art und Weise an. Dadurch entsteht dann das eine Ziel, das ich meinte – das, welches dann ganz oben in unserer Hierarchie steht.

Bedingt durch den Einfluss, den ich auf meine Welt

zu haben glaube, versuche ich, meine Grundmotive zu erfüllen. Du glaubst beispielsweise, dass du das Leben in allen Details verstehen musst, um das Richtige tun zu können. Das ist neben der Erfüllung deiner Grundmotive dein wichtigstes Ziel im Leben. Du würdest dieses Ziel nie aufgeben. Es ist deine Fahrkarte ins Glück.

Jeder Mensch hat eine andere Vorstellung darüber, worin der Einfluss auf sein Leben besteht. Aus dieser Vorstellung heraus entsteht sein Lebensziel.«

»Jetzt verstehe ich auch, warum es bei dir so schwer war, das Motiv in den Griff zu bekommen, dass du leiden willst«, dachte ich laut. »Es war deine einzige Maßnahme, Einfluss auf dein Glück ausüben zu können. Nach deinem alten kirchlichen Weltbild konntest und durftest du nicht glücklich werden, solange du deine Schuld nicht abgebüßt hattest. Du musstest leiden, durftest dich nicht beschweren, musstest demütig und bescheiden sein – Kranksein half auch –, und wenn du dann noch zeit deines Lebens niemandem etwas Schlechtes antun würdest, würdest du am Ende deines Lebens von Gott erlöst und in den Himmel kommen. Dort würdest du dann Hosianna singend bis in alle Ewigkeit auf deiner Wolke schweben und im himmlischen Frieden schwelgen. Also, das sind doch klare Anweisungen: Die Guten kommen in den Himmel und die Bösen in die Hölle.«

»Was soll das denn jetzt?!«, fragte Viktoria angegriffen.

»Entschuldige bitte! Tut mir leid. Ich habe so eine

Stinkwut auf die Kirchen, die diese angebliche Wahrheit verbreiten. Es war nicht gegen dich gerichtet.«

Viktoria zeigte sich verständnisvoll und nahm meine Entschuldigung an. Ihr war klar, dass meine Aggressionen sich tatsächlich nicht gegen sie gerichtet hatten. Ich war wütend, weil ich die Kirchen dafür verantwortlich machte, dass Viktoria ein Leben voller Kampf und Leiden geführt hatte.

Nach diesem Gespräch wuchs in mir die Neugier, wie sich andere Menschen aufgrund ihres Weltbildes verhielten, um einen Einfluss auf ihr Leben auszuüben.

Mir war nach dem Gespräch mit Viktoria klar, dass Ellas Aussage, ich sollte für eine Weile die Füße still halten, nicht wirklich ernst gemeint war. Sie wollte mich fühlen lassen, wie stark mein Drang, das Leben in allen Details verstehen zu wollen, meinen Alltag und die Entstehung meiner Glaubenssätze tatsächlich beeinflusste.

Diese Lektion hatte ich gelernt, und so beschloss ich, mit Ella zu reden, um mehr darüber zu erfahren, worin die Mehrzahl der Menschen ihren Einfluss auf ihr Leben sah.

Ich setzte mich also wieder in meinen Sessel und fiel sehr schnell in Trance. Ich fand mich auf meinem Stuhl in meinem Tranceland wieder. Ella war schon da. Neben ihr saß ein Mann, den ich auf Mitte vierzig schätzen würde. Ich kannte ihn nicht, aber er sah irgendwie vertraut aus. Ich begrüßte die beiden, und Ella stellte mir ihren Begleiter vor.

»Das ist Ernst, Joe – seinen Nachnamen hat er vergessen. Er ist mitgekommen, um dir einige Dinge zu erklären.«

Ich wusste, dass dieser Ernst wieder einmal visuelle Kommunikation war, und überlegte, was es wohl zu bedeuten hatte, dass er seinen Namen vergessen hatte.

»Hallo, wie geht's?«, begrüßte ich Ernst.

»Nicht so gut«, meinte Ernst und sah sehr leidend aus. Das Ganze erschreckte mich ein wenig.

»Es ist nicht unbedingt schön, wenn man im Freien schlafen und sich von Abfällen ernähren muss«, fuhr Ernst fort.

Langsam begann ich zu verstehen: Dieser Mann symbolisierte das pure Leiden. Er war ein totales Opfer. Viktoria hatte bei einem früheren Gespräch auch einmal erwähnt, dass sie sich wie ein Opfer fühlte, um überhaupt leiden zu können. Aber wozu war Ernst hier? Was wollte er mir sagen?

Während diese Gedanken durch meinen Kopf gingen, erschien plötzlich noch ein anderer Gast. Er stellt sich als Nelson Mandela vor und setzte sich zu uns an den Tisch.

»Was geht denn hier ab?«, dachte ich.

Und da war auch schon der Nächste. Dieser Mann gab vor, Sigmund Freud zu sein, und ich muss gestehen, für einen Moment glaubte ich tatsächlich, dass er es war. Der Nächste im Bunde setzte dem Ganzen die Krone auf: Es erschien kein Geringerer als Adolf Hitler.

Ich richtete meine Aufmerksamkeit noch auf Ella, und versuchte ihr in Gedanken zu vermitteln, dass ich Adolf Hitler in meinem Tranceland nicht haben wollte, doch Ella reagierte nicht. Hitler schwang einige Propaganda-reden, und Freud hörte genauestens zu, um die Persönlichkeit Hitlers zu ergründen. Nelson Mandela saß am Tisch, als hätte er mit all dem überhaupt nichts zu tun, während Ernst sehr ängstlich dreinschaute.

Da platzte mir der Kragen, und ich schrie Hitler an: »Jetzt halt endlich mal die Klappe!«

Adolf und die anderen sahen sehr verdutzt aus. Ich sagte etwas zaghafter: »Ich will jetzt endlich wissen, was das alles hier soll.«

Die vier saßen da wie angeschossen. Ella ergriff das Wort und meinte: »Sie sind alle mitgekommen, um dir zu demonstrieren, wie ihr Menschen versucht, eure Ziele zu erreichen. Die hier Anwesenden halten alle das naturwissenschaftliche Weltbild für das richtige. Doch nicht jeder Mensch mit dem Weltbild von Adolf will auch automatisch die Welt beherrschen.«

»Das will ich auch schwer hoffen«, meinte ich.

»Du wolltest wissen, welchen Einfluss naturwissen-schaftlich denkende Menschen auf ihre Realität zu haben glauben. Die vier, die ich dir mitgebracht haben, werden es dir zeigen«, versprach Ella.

In diesem Moment ergriff Sigmund das Wort. Er stell-te Adolf Fragen über Fragen. Man könnte sogar sagen, er trieb ihn mit seinen Fragen in die Enge. Schließlich platzte Hitler der Kragen, und er schrie: »Was fällt Ihnen ein, wissen Sie nicht, wen Sie vor sich haben?«

Sigmund ließ sich nicht beirren. Er kannte solche Ausbrüche wohl schon. Er antwortete wieder mit einer Gegenfrage.

»Warum werden Sie gleich so aggressiv, haben Sie vor den Antworten vielleicht Angst?«

»Jetzt reicht's mir aber«, sagte Hitler, »wenn Sie jetzt nicht den Mund halten, werden Sie mich mal richtig kennen lernen!«

»Genau das möchte ich«, erwiderte Sigmund. »Ist es Ihr Vater, vor dem Sie solch große Angst haben?«

Hitler wusste sich nicht mehr zu helfen. Er blickte ständig zu den anderen, offenbar, um von dort Hilfe zu bekommen. Aber von denen konnte er nichts erwarten. Dies blieb Sigmund natürlich nicht verborgen. Er erkannte eine offene Wunde und begann darin zu bohren.

»Ihnen fehlen wohl Ihre Soldaten!«, provozierte er. »Allein fühlen Sie sich wohl klein und schwach. Das sind typische Anzeichen eines Minderwertigkeitskomplexes. Denken Sie doch mal an Ihre Mutter. Haben Sie da die gleichen Gefühle?«

»Lassen Sie meine Mutter aus dem Spiel, das geht Sie gar nichts an!«, wehrte sich Hitler aggressiv.

Adolf errötete, als Sigmund seine Mutter erwähnte, was alle am Tisch deutlich sehen konnten. Das nutzte Sigmund natürlich wieder sofort aus.

»Sie werden rot wie eine Tomate, werter Hitler, ich

denke, das kann jeder an diesem Tisch sehr deutlich sehen. Es scheint also zu stimmen, Sie haben Angst vor Ihrer Mutter.«

Adolf fühlte sich ertappt, er sah keinen anderen Ausweg mehr – voller Wut sprang er Sigmund an die Gurgel. Aber Sigmund war viel kräftiger und wehrte ihn ganz leicht ab. Er sagte nur: »Setzen Sie sich wieder hin. Ich denke, ich kann Ihnen helfen, diesen Mutterkomplex zu beseitigen.«

Adolf war so fertig, dass er in Tränen aufgelöst vom Tisch aufstand und weglief.

»Er muss noch schwer an sich arbeiten«, war Sigmunds Statement.

Ich muss gestehen, dass ich die Situation nicht ohne Schadenfreude beobachtet hatte, obwohl ich Sigmund ja auch nicht besonders leiden mochte. Aber der sollte sein Fett auch noch abbekommen, wie sich später herausstellte. Nach der Szene mit Hitler wirkte er jetzt so richtig hochgefahren. Er versuchte, mit den anderen weiterzumachen. Er fragte Nelson, ob er nicht an den langen Jahren im Gefängnis zerbrochen sei.

Doch dieser antwortete einfach nur kurz mit »Nein.«

»Das kann ich mir gar nicht vorstellen«, meinte Sigmund zweifelnd. »Irgendetwas muss doch da zurückbleiben, wenn man so viele Jahre seines Stolzes beraubt wird.«

»Niemand kann einen Mann seines Stolzes berauben«, war Nelsons Antwort.

»Bestimmt träumen Sie oft noch von der Zeit im Gefängnis, erzählen Sie mir davon«, forderte Sigmund ihn auf.

»Ich träume niemals«, erwiderte Nelson.

»Das ist Quatsch, jeder Mensch träumt«, bemerkte Sigmund leicht aggressiv.

»Ich nicht«, war das Einzige, was Nelson dazu zu sagen hatte.

»Das glaube ich Ihnen nicht. Warum sagen Sie nicht die Wahrheit?«, versuchte ihn Sigmund aus der Reserve zu locken.

Doch Nelson meinte nur: »Sie können glauben, was Sie wollen, das ist ihr gutes Recht.«

Sigmund wurde langsam etwas heftiger, um den Widerstand Nelsons zu brechen.

»Sie lassen sich von mir als Lügner bezeichnen und behaupten weiterhin, die Zeit im Gefängnis hätte Ihren Stolz nicht gebrochen?«

»Ein Mann definiert sich nicht durch sein Geschwätz, sondern nur durch seine Taten. Sie können behaupten, was Sie wollen, wenn Sie sich dabei gut fühlen«, antwortete Nelson ruhig.

Sigmund hatte offensichtlich die Nase voll, er sagte nur: »Ihnen ist nicht zu helfen, solange Sie sich so sperren.«

Ernst meldete sich jetzt zu Wort und fragte: »Können Sie mir vielleicht helfen? Mir geht es nicht so besonders gut.«

Aufgrund dieser Frage blühte Sigmund förmlich wieder auf.

»Ich denke schon, dass ich Ihnen helfen kann. Wo liegt Ihr Problem?«, wollte er wissen.

»Das weiß ich auch nicht«, sagte Ernst, ohne lange nachzudenken.

»Aber woher wissen Sie denn, dass Sie eines haben?«, hakte Sigmund nach.

»Mir geht es halt sehr schlecht«, erklärte Ernst.

»Was fehlt Ihnen denn, haben Sie Schmerzen?«

»Ja, sehr große Schmerzen«, gab Ernst an.

»Wo haben Sie denn Schmerzen?«, wollte Sigmund wissen.

»Überall.«

»Ihr Problem ist also körperlicher Natur«, stellte Sigmund fest.

»Nicht nur.«

»Was fehlt Ihnen denn noch? Haben Sie Angst?«

»Oh ja, sehr große Angst«, stimmte Ernst sofort zu.

»Vor was oder wem haben Sie Angst?«, hakte Sigmund nach.

»Vor den Menschen, sie sind alle so grausam«, meinte Ernst. »Und vor dem Erfrieren im Winter und auch vor dem Hunger, ja, und natürlich davor, krank zu werden. Dass ich umgebracht werden könnte, kommt noch dazu, und …«

»Moment mal«, unterbrach ihn Sigmund, »wie lange haben Sie all diese Ängste schon?«

»Oh, schon immer, zumindest solange ich mich erinnern kann«, meinte Ernst.

»Wurden Sie von ihren Eltern oft geschlagen, oder wurde auf irgendeine andere Art Gewalt auf Sie ausgeübt?«

»Oh ja, mein Vater schlug mich immerzu. Er hat mich manchmal fast totgeschlagen«, bestätigte Ernst.

»Ihre Probleme sind zu groß, um sie hier lösen zu können, Sie müssten hierzu in meine Praxis kommen und sich auf mehrere Jahre Psychoanalyse einstellen«, meinte Sigmund.

Man sah ihm an, dass er hierzu nicht viel Lust hatte. Er glaubte wohl selbst nicht so recht, Ernst wirklich helfen zu können. Vor allem spürte er wohl, dass Ernst sich an ihn klammerte wie eine Klette. Insgeheim hoffte er, glaube ich, dass Ernst sich abwimmeln ließe durch die Aussicht, viele Jahre Psychoanalyse machen zu müssen. Aber da hatte sich Sigmund verschätzt.

Ernst sah zu ihm auf und meinte: »Wirklich, Sie wollen das für mich tun? Sie sind ein wahrer Engel! Wann kann ich kommen?«

Damit hatte Sigmund nicht gerechnet. Hätte er bloß den Mund gehalten. Doch da kam ihm eine Idee.

»Sobald wir mit Ihrer Krankenkasse die Kosten der Behandlung klargemacht haben.«

»Aber ich habe keine Krankenkasse«, sagte Ernst sehr betroffen, »können Sie mir nicht auch so helfen?«

Jetzt wurde es Sigmund sehr unangenehm. Er sollte

eine Arbeit machen, zu der er überhaupt keine Lust hatte, und das noch, ohne Geld dafür zu bekommen.

»Ich kann mir das leider nicht leisten«, sagte er schließlich zu Ernst. »Ich muss ja auch meine Kosten decken.«

Man sah Sigmund an, dass dies gelogen war. Ernst ließ allerdings nicht so leicht locker.

»Oh bitte, Herr Freud, helfen Sie mir! Sie sind der Einzige, der mir helfen kann. Ich habe doch sonst niemanden. Ich appelliere an Ihr Herz, geben Sie sich einen Ruck. Ich werde Ihnen auf ewig dafür dankbar sein. Bitte weisen Sie mich nicht ab wie alle anderen. Sie sind doch ein guter Mensch, bitte, bitte, helfen Sie mir doch um Himmels willen! Ich weiß nicht, was ich ohne Ihre Hilfe machen soll. Sie sind meine letzte Hoffnung. Wenn Sie mir nicht helfen, gibt es keinen Grund mehr für mich weiterzuleben.«

Sigmund sah schlecht aus. Jetzt klebte dieser Ernst an ihm. Er wusste nicht, wie er ihn noch abschütteln könnte. Ihm war klar, wenn er ihm helfen würde, hätte sich Ernst sehr bald in seiner Wohnung eingenistet und ließe sich beköstigen. Er würde sich an seine Fersen heften und ihn keinen Augenblick mehr aus den Augen lassen. Nein, er konnte es unmöglich zulassen, dass dies geschah. Wie aber sollte er diesen Ernst wieder loswerden? Er fühlte sich sehr unwohl in seiner Haut.

Schließlich stand er auf und sagte beim Weggehen nur: »Tut mir leid, ich kann Ihnen nicht helfen.«

Ohne Ernst noch einmal anzuschauen, verließ er den

Tisch. Man sah ihm an, dass er Schuldgefühle hatte, weil er Ernst nicht helfen wollte. Ernst hingegen war total betroffen. Flehend sah er in die noch übrig gebliebene Runde. Nelson und ich verhielten uns beide ruhig. Während Nelson mit der Situation offenbar keine Probleme hatte, überlegte ich mir, mit welchem Vorwand ich den Tisch verlassen könnte. Doch da fiel mir wieder ein, dass dies keine Realität, sondern nur meine Trancewelt war. Ich beschloss, die Anwesenden zu ignorieren und mich einfach an Ella zu wenden. Nach diesem Entschluss verschwanden alle Gäste. Ich war mit Ella wieder allein und sagte nur: »Ich bin froh, dass sie alle weg sind.«

»Hast du erkannt, worum es hier ging?« fragte Ella.

»Nicht wirklich«, gab ich zu.

»Die vier haben dir eine Kostprobe gegeben, worin Menschen ihren größten Einfluss auf ihr Glück sehen«, sagte Ella.

»Und worin soll dieser Einfluss bestehen?«, fragte ich ahnungslos.

»Die meisten Menschen glauben, dass ihr Einfluss auf die Welt darauf beschränkt ist, andere Menschen zu beeinflussen«, begann Ella zu erklären. »Dabei gehen sie alle etwas unterschiedliche Wege.

Adolf versuchte es beispielsweise mit Einschüchterung, war aber Sigmunds Vernehmung unterlegen. Nelson hingegen ließ Sigmund nicht an sich heran und blieb unnahbar. Ernst benutzte eine Taktik, die Sigmund genauso unangenehm war wie dir: Er spielte das Opfer, das die Hilfe von anderen braucht, und verursachte bei den anderen dadurch Schuldgefühle. Dadurch fühlte sich Sigmund so hilflos, dass er nur noch mit seinen Schuldgefühlen weggehen konnte.«

»Das bedeutet, dass die Taktik von Ernst am mächtigsten ist«, schlussfolgerte ich.

»Nicht so ganz, Joe. Ernst konnte dem Kritiker Sigmund Schuldgefühle machen. Aber stell dir einmal vor, was Adolf mit Ernst gemacht hätte. Glaubst du, der hätte sich Schuldgefühle einreden lassen?«

»Nein, bestimmt nicht, er hätte den armen Ernst wahrscheinlich gleich an die Wand gestellt«, gab ich Ella Recht.

»Und Nelson, wie hätte er reagiert?«

»Ich denke, er hätte Ernst genauso abblitzen lassen wie den Sigmund«, spekulierte ich. »Stimmt eigentlich, Nelson hatte während des gesamten Gespräches die Nase vorn. Ihm konnte mit seiner Taktik nichts passieren.«

»Nelson konnte damit seine Entscheidungsfreiheit schützen«, korrigierte mich Ella. »Seine Möglichkeiten, Macht auf die anderen auszuüben, waren jedoch sehr unterschiedlich.«

»Moment mal«, dachte ich laut. »Geht es bei diesem Spielchen etwa nur um die Grundmotive Macht und Entscheidungsfreiheit?«

»Natürlich«, erwiderte Ella. »Es geht um den Einfluss, den ihr auf euer Leben zu haben glaubt. Und damit geht es um Macht.«

»Viktoria meinte, dass es noch ein Ziel geben würde, das über den sieben Grundmotiven steht. Dieses Ziel würde die Lösung darstellen, mit der wir unsere sieben Grundmotive erfüllen können. Wenn ich dich richtig verstanden habe, dann gibt es dieses übergeordnete Ziel gar nicht. Dann geht es bei ihr einfach nur um Macht.«

»Es gibt mehrere dieser Ziele, von denen Viktoria sprach. Jeder Mensch verfolgt seine Grundmotive auf mehreren Wegen. Diese Wege stellen wichtige Maßnahmen dar, mit denen ihr eure Macht verwirklichen wollt. Diese Ziele stehen jedoch in der Hierarchie nicht über den Grundmotiven. Ihr wollt mit diesen Zielen die Grundmotive erfüllen. Damit sind diese Ziele lediglich Maßnahmen, die ihr sofort fallen lassen würdet, wenn ihr bessere finden würdet.«

»Dann ist das Ziel, von dem Viktoria sprach, gar nicht so wichtig?«, hakte ich nach.

»Für Viktoria ist es wichtig, dieses Ziel zu erkennen, damit sie es als Maßnahme und nicht als ihr Lebensziel erkennen kann«, meinte Ella. »Es ist für sie jedoch nicht wichtig, dieses Ziel zu erreichen.«

»Das wird Viktoria nicht gerne hören wollen«, meinte ich. »Die Arbeit der letzten Jahre baut für sie nur auf der Vorstellung auf, dass jeder Mensch dieses Lebensziel finden und erfüllen muss.«

»Für Viktoria wird es wichtig sein zu erkennen, dass sie sehr viel stärker von ihrem Machtmotiv bestimmt wird, als ihr bewusst ist. Ihr gesamtes Denken ist dar-

190

auf ausgerichtet, Wege zur Macht zu finden. Sie glaubte bisher, dass sie diesen starken Drang, wertvoll sein zu müssen, nur deshalb hat, weil sie Gott gefallen will. In Wirklichkeit will sie jedoch mit ihrem Wert gleichzeitig erreichen, dass sie an Einfluss bei ihren Mitmenschen gewinnt. Wenn sie wertvoll ist, wird man ihr zuhören und eher tun, was sie sagt. Das ist die Absicht, die hinter ihrem Drang steckt, wertvoll sein zu müssen. Ohne Wert keine Macht.«

»Ich muss sagen, dass ich nicht gerade begeistert davon bin, was du mir jetzt erzählst«, sagte ich aufgewühlt. »Ich hätte Viktoria nicht als so machtbesessen eingeschätzt.«

»Als machtbesessen würde ich Viktoria auf keinen Fall bezeichnen«, meinte Ella. »Aber Viktoria hat wie alle Menschen den angeborenen Drang, Macht haben zu wollen. Das Wort Macht ist bei vielen Menschen sehr negativ belegt. Ihr denkt immer sofort an Machtmissbrauch. Doch das ist nur die eine Seite der Medaille.

Es gab eine Zeit, in der es sehr wichtig war, den Mächtigsten zu finden. Ihr lebtet in einer sehr gefährlichen Umwelt. Überall lauerten wilde Tiere und andere feindliche Menschenstämme. Damit euer Stamm überleben konnte, brauchtet ihr eine starke Führung. Der Mächtigste sollte diese Führung übernehmen.

Damit der Mächtigste gefunden werden kann, hat die Natur das Machtmotiv eingerichtet. Jeder will instinktiv an die Macht. Nur durch dieses Machtstreben hat die Menschheit in der Frühzeit überlebt.«

»Es ist also unser evolutionäres Erbe, das wir in unseren Genen tragen, dass wir nach der Macht streben. Ich muss zugeben, dass mir das immer noch nicht gefällt.«

»Achte einmal bitte genau auf dein Gefühl!«, bat mich Ella. »Warum gefällt dir das nicht? Denke einmal dabei an Viktoria!«

»Du hast Recht«, erkannte ich intuitiv. »Es hat etwas mit Viktoria zu tun. Wenn sie tatsächlich so ein starkes Machtmotiv hat, dann habe ich das Gefühl, mich dagegen wehren zu müssen. Ich will offensichtlich meine Freiheit verteidigen.«

»Genau das ist das unangenehme Gefühl, das du jetzt hast. Dein Instinkt macht dir dieses Vermeidungsgefühl, damit du deine Freiheit schützt. Wie du siehst, bist du auch nur ein Mensch!«, sagte Ella mit einem Schmunzeln.

»Wenn diese Motive so stark in uns veranlagt sind, dann müssten sie ja praktisch in jeder Begegnung mit anderen Menschen zu spüren sein«, meinte ich.

»In jedem Gespräch und in jeder Interaktion«, bestätigte Ella meine Vermutung. »Nimm dir zum Beispiel den lieben Ernst. Kannst du erkennen, wie er versuchte, Macht auf die anderen auszuüben?«

»Er appelliert an ihr Mitgefühl, oder?«

»Das auch, aber er hat noch mehr auf Lager. Er ist das geborene Opfer, und wo es Opfer gibt, muss es auch Täter geben. Er schafft es mit Bravour, andere Menschen dafür verantwortlich zu machen, dass es ihm schlecht geht. Durch die Schuldgefühle, die er in anderen wecken kann, bekommt er meist von ihnen, was er will.«

»Er schützt jedoch auch gleichzeitig seine Freiheit«, fügte ich hinzu. »Niemand greift so einen armen Tropf an, und so fühlt er sich relativ sicher.«

»Das ist richtig. Ernst hat demnach eine Maßnahme gefunden, mit der er sowohl sein Machtmotiv als auch seine Entscheidungsfreiheit gewährleisten kann. Der Nachteil seiner Maßnahme besteht jedoch darin, dass er nirgends erwünscht ist. Mit solch einem Menschen will kaum jemand dauerhaft etwas zu tun haben. Er bekommt immer nur kurzfristig Zuneigung in Form von Mitleid.

Aber schauen wir uns auch einmal die anderen aus der Runde an. Adolf ist der aggressive Typ, der sich nimmt, was er will. Damit die anderen Menschen sich nicht wehren, schüchtert er sie ein. Man könnte ihn als Täter, Angreifer oder Einschüchterer bezeichnen. Durch seine Aggressivität macht er vielen Angst, und so setzen die Menschen ihm meistens keinen Widerstand entgegen. Auch Adolf bezahlt seine Macht mit der Einbuße des Erwünschtseins. Niemand will mit ihm etwas zu tun haben.

Nelson ist wiederum ein ganz anderer Typ. Er ist so stolz und unnahbar, dass man einfach nicht an ihn herankommt. Er schafft es, dass sich andere Menschen für ihn interessieren, indem er so tut, als wäre er etwas Besonderes. Durch seine konsequente Art gelingt es ihm auch oft, und die Menschen versuchen, mit ihm näher in Kontakt zu kommen. Sie geben ihm freiwillig, was er brauchen könnte, um sich einzuschmeicheln. Darin besteht die Macht von Nelson. Sie funktioniert jedoch nur bei wenigen Menschen. Das ist der Nachteil seiner Maßnahme.

Jetzt noch unser Freund Sigmund. Ich weiß, dass du auch ihn nicht so besonders gut leiden kannst. Das liegt daran, dass du eine ähnliche Maßnahme benutzt wie er. Und niemand fühlt sich wohl dabei, wenn man ihm seine eigenen Machtspielchen unter die Nase hält. Sigmund will andere Menschen davon überzeugen, dass sie ihn brauchen. Damit setzt er sich automatisch an die Führungsspitze.

Bei dir ist das ähnlich, Joe. Du bemühst dich immer, möglichst viel zu wissen, sodass du anderen Menschen mit deinem Wissen helfen kannst. Ich weiß, dass du im Moment noch glaubst, du tätest deine Arbeit wirklich für andere. Aber du wirst noch dahinterkommen, dass ich Recht habe.

Was dich von Sigmund unterscheidet, ist eine Maßnahme, die man als *Der Vernehmungsbeamte* bezeichnen könnte. Sigmund sucht nach Fehlern, um andere damit bloßzustellen. Er macht ihnen Vorwürfe, damit sie sich klein, schwach und schuldig fühlen, und bekommt so von ihnen, was er will.«

»Das war nicht nett, was du da gerade über mich gesagt hast«, sagte ich etwas angefressen. »Ich weiß aber, dass du Recht hast. Ich weiß auch, dass ich nur weiterkomme, wenn ich die Augen vor der Wahrheit nicht verschließe. Wie also kann ich mein Machtmotiv loswerden?«

»Das kannst du nicht loswerden!«, frustrierte mich Ella erneut. »Dieses Motiv ist dir wie allen anderen Menschen angeboren. Die Frage ist jedoch, wie du dieses Motiv ausleben willst. Willst du deine Macht gegen die anderen einsetzen, um zu bekommen, was du willst, oder willst du mit ihnen gemeinsam Lösungen suchen, die euch allen geben, was ihr wollt?«

»Letzteres natürlich!«, sagte ich entschieden.

»Wenn du es geschickt anstellst, dann kannst du Ideen entwickeln, von denen jeder profitiert. Du musst also deine Macht nicht missbrauchen. Du kannst sie mit der anderer Menschen zusammenschalten und Lösungen finden, die besser sind, als sie jeder für sich allein je finden könnte.«

»Ich verstehe nicht so ganz, wie das funktionieren sollte«, erwiderte ich ratlos.

»Weil du nicht verstehst, worin deine Macht eigentlich besteht«, meinte Ella. »Deine Macht besteht aus deinem klaren Verstand. Sie besteht aus deiner Intuition und aus deinem Wissen. Deine Macht besteht aus deiner Begeisterungsfähigkeit und deiner Fähigkeit, glücklich zu sein. Sie besteht aus deinen sozialen Fähigkeiten und auch deinem freien Willen. Du weißt, was du willst, und du weißt, was andere Menschen wollen. Ihr alle wollt eure Grundmotive erfüllen. Suche mit anderen Menschen nach Möglichkeiten, wie ihr alle gleichzeitig eure Grundmotive erfüllen könnt, und du wirst erleben, dass 1+1=3 sein kann!«

»Das hört sich gut an, Ella«, sagte ich deutlich positiver gestimmt.

»Aber mir liegt noch etwas anderes auf dem Herzen. Wie kann ich Viktoria begreiflich machen, dass sie mit ihrer Lebenszielphilosophie auf dem Holzweg ist? Ich will nicht, dass sie sich genauso angegriffen fühlt wie ich eben.«

»Du solltest Viktoria nachempfinden lassen, wie sie ihre Macht einsetzt. Lass sie selbst darauf kommen«, antwortete Ella.

»Dafür wäre es sicherlich sinnvoll, wenn ich genau wüsste, was sie im Einzelnen tut«, meinte ich.

»Viktoria manipuliert sich vor allem selbst«, antwortete Ella überraschenderweise. »Sie will sich unentwegt dazu motivieren, noch wertvoller zu werden. Sie sieht in ihrem Wert eine Maßnahme, mit der sie alle sieben Grundmotive auf einmal erfüllen kann. Wenn sie wertvoll ist, ist sie auch erwünscht. Als wertvoller Mensch interessieren sich sehr viele Menschen für sie, und sie kann sich die passenden heraussuchen. Sie findet also dadurch Menschen, die zu ihr passen und bei denen sie erwünscht ist. Damit wäre ihr Herdentrieb schon einmal befriedigt.

Ihr Eigenwert würde jedoch auch gleichermaßen ihren Überlebenstrieb befriedigen. Ein wertvoller Mensch wird von seinen Freunden beschützt. Außerdem lässt man einen wertvollen Menschen nicht verhungern oder erfrieren. Ein wertvoller Mensch würde ohnehin niemals Existenzprobleme bekommen, weil er ja beruflich sehr erfolgreich sein würde. Die Grundmotive Schutz und Existenzsicherung sind also ebenfalls erfüllt.

Für die drei Grundmotive des Vergnügungstriebes sieht es genauso aus. Sie hat durch ihren Wert eine große Macht, wie wir das bereits besprochen haben. Gleichzeitig sichert sie jedoch damit ihre Entscheidungsfreiheit. Sie ist ja, bedingt durch ihren Wert, die Anführerin, und damit ist sie auch diejenige, die entscheidet, was gemacht wird. Zu allem Überfluss hat ein wertvoller Mensch auch noch mehr Gelegenheit, seine Sexualität auszuleben.

Würde es Viktoria also schaffen, von allen Menschen als die Wertvollste angesehen zu werden, hätte sie ihr Ziel erreicht. Alle ihre Grundmotive wären für alle Zeit abgesichert.«

»Das habe ich verstanden«, meinte ich. »Ich habe aber noch nicht kapiert, was das jetzt damit zu tun hat, dass Viktoria sich selbst manipulieren soll.«

»Für Viktoria ist ihr Wert die wichtigste Maßnahme, mit der sie ihr Glück verwirklichen kann. Sie *muss* also wertvoll werden. Sie weiß, dass dieses Ziel schwer zu erreichen ist. Sie weiß auch, dass sie hart daran arbeiten muss. Aus diesem Grund motiviert sie sich ständig dazu.«

»Wie macht sie das?«, wollte ich wissen.

»Zum Beispiel mit solchen Problemen wie dem lieben Gott, der sie wertvoll sehen will«, antwortete Ella.

»Soll das heißen, sie hat sich dieses Problem selbst geschaffen, nur um sich zu motivieren, an ihrem Wert zu arbeiten?«, fragte ich entsetzt.

»So ist es!«, bestätigte Ella. »Dieses Problem war vorgeschoben. Sie nutzte die Angst vor Gott, um daraus Motivation zu ziehen. Gleichzeitig benutzte sie auch ihre Leidensprozesse, um sich zu motivieren, aus dieser Misere herauszukommen. Und es gab nur einen einzigen Weg dazu: Sie musste wertvoller werden!

Du findest in ihrem gesamten Leben keinen einzigen Tag, der nicht auf dieser Motivation aufgebaut war. Sie erlebt genau, was sie eigentlich unbewusst will, nämlich die Motivation, wertvoll zu werden.

Sehr viele Glaubenssätze, die sie im Laufe ihres Lebens angenommen hat, bauen auf dieser Motivation auf. Sie hat diese Glaubenssätze also willentlich angenommen. Das geschah zwar unbewusst, aber dennoch willentlich. *Sie glaubt, was sie will!*«, betonte Ella noch einmal die fünfte Botschaft.

»Und ist das bei mir genauso, Ella? Habe ich auch so ein Ziel, mit dem ich glaube, meine Grundmotive alle erfüllen zu können?«, fragte ich aufgewühlt.

»Du hast wie die meisten anderen Menschen auch

mehrere solcher Ziele«, erwiderte Ella. »Du willst das Leben zum Beispiel in allen Details verstehen, damit du die richtigen Dinge tun kannst. Darin siehst du deine Macht, all deine Grundmotive zu erfüllen. Weiterhin willst du in allem der Beste sein, ähnlich wie Viktoria die Wertvollste sein will. Die Auswirkungen sind bei dir ähnlich. Du schaffst dir ebenfalls unentwegt Motivation dazu, alles zu verstehen und der Beste zu werden.«

»Schaffe ich mir dabei ebenso viele Probleme wie Viktoria?«, fragte ich betroffen.

»Glücklicherweise nicht«, beruhigte mich Ella. »Du ziehst deine Motivation weniger aus Problemen. Wenn du dein Leben anschaust, dann erkennst du sehr leicht, dass du auch viel weniger Probleme hast als Viktoria. Du ziehst deine Motivation mehr aus der Faszination und deinem Ehrgeiz.«

»Na, wenigstens etwas«, meinte ich.

»Dein Vorbild ist der Klempner«, fügte Ella hinzu. »Du willst genau wie er das Unmögliche möglich machen. Und dazu willst du herausfinden, wie alles funktioniert.«

»Ella, ich glaube, ich muss mir über die heutige Sitzung noch viele Gedanken machen. Ich würde für heute gerne Schluss machen. Ich denke, ich bin nicht mehr aufnahmefähig«, sagte ich erschöpft.

»Ich wünsche dir eine schöne Zeit, Joe.«

Nach diesem Gespräch wollte ich jetzt wirklich einmal für ein paar Tage die Füße still halten, wie Ella das ausgedrückt hatte. Langsam wurde mir das alles doch etwas zu viel. Das Gespräch mit Viktoria über ihren Denkfehler mit dem Lebensziel wollte ich ebenfalls noch eine Weile aufschieben. Ich hatte jetzt nicht die Kraft für ein derartiges Gespräch. Ich befürchtete, dass es Streit geben könnte, wenn ich sie mit den Informationen von Ella konfrontieren würde.

Ein paar Tage später kam ein Pärchen in meine Praxis. Die beiden hatten Eheprobleme, wie sie mir am Telefon sagten.

Als die beiden meine Praxis betraten, waren sie beide recht guter Laune. Zumindest sah das so aus. Sie begrüßten mich freundlich und stellten sich mit den Namen Alexandra und Willi vor. Die beiden waren unheimlich nett. Besonders Willi riss sich vor Freundlichkeit alle zwölf Beine aus. Und auch zu ihr war er sehr liebevoll. Ich fing schon an zu glauben, dass die beiden offensichtlich gar keine Probleme haben könnten.

Willi lud Viktoria und mich zum Essen ein. Er bot uns ganz stolz an, dass er für uns alle etwas Tolles kochen wollte. Er sei Koch, erklärte er mir.

»Jetzt hör doch endlich damit auf, dich bei allen einschleimen zu wollen!«, schimpfte Alexandra plötzlich völlig unerwartet.

Willi machte mir gegenüber gute Miene zum bösen Spiel und wahrte die Contenance.

»Du bist auch eingeladen, Liebling«, sagte er dann zu ihr, als wäre ihre Aussage ein Scherz gewesen.

»Sehr witzig. Ha, ha!«, antwortete sie abweisend.

»Ich werde dein Lieblingsessen kochen«, versprach Willi zuckersüß und ergriff zärtlich ihre Hand.

Alexandra zog sauer ihre Hand weg und sagte barsch: »Du bist ein Arschloch!«

»Entschuldigen Sie bitte!«, unterbrach ich die beiden in ihrem Streit. »Worum geht es denn eigentlich?«

»Genau das macht er immer«, antwortete Alexandra angewidert. »Er schleimt sich ein!«

»Und das soll er Ihrer Meinung nach lassen?«, erwiderte ich.

»Und ob er das lassen soll!«, war ihre aggressive Antwort. »Das ist ja widerlich. Man kann sich ja mit ihm nicht mehr unter die Leute trauen.«

»Ich weiß, ehrlich gesagt, nicht, ob Sie im Moment einen besseren Eindruck hinterlassen«, sagte ich ganz direkt und ehrlich.

»Das sehe ich aber auch so!«, stimmte Willi angefressen zu. »Mit ihr kann man sich nicht unter die Leute trauen. Sie schreit immer gleich rum und blamiert mich vor jedem.«

»Ach ja, ich blamiere dich vor jedem!«, fiel Alexandra ihm ins Wort. »Wenn sich hier jemand blamiert, dann bist du das!«

»Darf ich Sie noch mal unterbrechen?!«, ergriff ich das Wort. »Sie beide wollen einander dazu bringen, sich zu ändern. Das ist der Grund für Ihren Streit. Sie stehen sich darin in nichts nach.«

»So ein Quatsch!«, verteidigte sich Alexandra aggressiv.

»Wir alle versuchen natürlich, unsere Ziele zu erreichen. Dafür müssen wir den Einfluss nutzen, den wir auf andere Menschen haben. Das ist doch normal«, versuchte ich zu erklären.

»Sie werfen mir also vor, dass ich Willi manipulieren will!«, sagte Alexandra aggressiv.

»Sie machen das Gleiche doch jetzt mit mir!«, sagte ich, nun ebenfalls aggressiv. »Sie sind ablehnend mir gegenüber, weil Ihnen nicht gefällt, was ich gesagt habe. Sie wollen mich dazu bringen, den Mund zu halten oder Ihnen Recht zu geben.«

Bevor Alexandra zum nächsten Schritt ansetzen konnte, redete ich unerwarteterweise sehr aggressiv weiter. Ich hatte mich selbst nicht mehr wirklich im Griff. So etwas war mit bisher noch nie passiert.

»Und da ich Ihre Taktik jetzt öffentlich benannt habe, werden Sie zur nächsten Stufe des Machtkampfes übergehen. Sie werden jetzt gleich wütend«, sagte ich und sah in ihrem Gesicht, dass sie mit dieser Phase schon begonnen hatte.

»Natürlich funktioniert das jetzt nicht mehr, wenn ich das weiß«, erklärte ich immer noch aggressiv. »Deshalb werden Sie jetzt anfangen wollen, mir Vorwürfe zu machen. Da das jedoch auch nicht funktionieren wird, tragen Sie sich gerade mit dem Gedanken, beleidigt zu sein. Stimmt's?!«

Wutschnaubend stand Alexandra auf und warf mir dabei Blicke zu, die offensichtlich töten sollten.

»Und jetzt kommt die nächste Stufe«, erklärte ich weiter. »Sie werden mir das Gefühl geben wollen, dass Sie nie wieder etwas mit mir zu tun haben wollen. Ist es nicht so?«

Das hatte offensichtlich gereicht. Alexandra drehte sich auf dem Absatz um und verließ meine Praxis.

»Das war ein bisschen heftig, was Sie da abgelassen haben!«, meinte Willi ernst. »Aber es hat genau gestimmt!«, fügte er hinzu. »Das ist genau die Art, wie wir uns unsere Beziehung versauen. Das ist echt zum Kotzen. Ich mache das Gleiche wie sie. Haargenau das Gleiche!«

»Wie gesagt, Willi. Wir tun das alle. Wir wollen unsere Ziele durchsetzen. Und dabei greifen wir auf diese Möglichkeiten zurück, mit denen wir Einfluss auf andere Menschen ausüben können.«

»Und wenn man mit Beleidigtsein nicht weiterkommt«, erklärte Willi weiter, »dann drohen wir uns gegenseitig mit Trennung. Das ist dann ganz besonders nett. Kritisch wird es aber erst dann, wenn wir uns völlig ohne Wut über Trennung unterhalten«, meinte Willi. »Das kenne ich aus meinen früheren Beziehungen. Dann wird es wirklich ernst. Obwohl diese Trennungsabsicht trotzdem nie ernst gemeint war. Ich wollte, dass meine Freundin nachgibt. Und dafür wollte ich ihr den Ernst der Lage klarmachen. Leider ist sie dann auf meine Trennungsabsicht eingegangen und hat zugestimmt.

Wir haben uns also getrennt. Erst da merkte ich, dass ich es gar nicht wirklich ernst gemeint hatte. Doch da war es schon zu spät.«

»Und dann haben Sie gelitten«, vermutete ich.

»Natürlich. Wenn eine Beziehung zu Bruch geht, ist das keine schöne Sache«, meinte Willi.

»Das meinte ich nicht«, erwiderte ich. »Sie haben nicht nur gelitten, weil die Beziehung zu Ende war. Sie haben auch gelitten, um Ihre Freundin wieder zurückzubekommen.«

»Um sie zurückzubekommen?«, fragte Willi verständnislos.

»Erinnern Sie sich! Haben Sie ihr zeigen wollen, dass Sie leiden?«, hakte ich nach.

»Sie haben Recht«, stimmte Willi zu. »Ich kann mich an eine Situation erinnern, wo ich mit meinem besten Freund in unserer noch gemeinsamen Wohnung zusammensaß. Mein Freund wollte mich aufmuntern und mir klarmachen, dass das Leben weitergeht. Es tat gut, mit ihm zu reden. Ich fühlte mich schon viel besser. Plötzlich kam meine Freundin nach Hause. Ich schaltete augenblicklich von den guten Gefühlen, die ich bis dahin hatte, auf Traurigkeit und Depression um. Mein Freund versuchte, mir wieder zu guten Gefühlen zu verhelfen. Ich wehrte mich dagegen. Ich hätte ihn sogar am liebsten rausgeschmissen. Ich wollte mich nicht gut fühlen. Ich wollte meiner Freundin zeigen, dass ich sehr verletzt und traurig war.

Jetzt wird mir klar, dass ich damit auch nur versucht habe, sie zum Nachgeben zu bewegen. Sie sollte sehen, wie sehr ich leide und was sie mir angetan hatte. Sie sollte sich schuldig fühlen. Ja, genau. Das war es. Ich wollte, dass sie sich schuldig fühlt. Und ich wollte, dass sie Mitleid mit mir hat. Das ist echt der Hammer!«, sagte Willi beeindruckt. »Ich habe über ein Jahr gelitten, um ihr zu zeigen, wie wichtig sie für mich war. Dabei hat sie das überhaupt nicht mitbekommen.«

»Ich habe es schon einmal drei Jahre durchgezogen«, erklärte ich. »Die Frau hatte schon längst eine neue Partnerschaft. Ich habe erst aufgehört, demonstrativ zu leiden, als ich hörte, dass sie mit ihrem Mann ein Kind bekommen hatte.«

»Ich glaube, ich gehe jetzt lieber«, meinte Willi. »Ich möchte es mit Alexandra nicht noch weiter eskalieren lassen. Ich glaube, dass wir die Sache vielleicht doch in den Griff kriegen können, durch das, was ich eben erfahren habe.«

»Viel Glück dabei«, sagte ich. »Und entschuldigen Sie bitte, dass ich so krass war. Ich weiß auch nicht, was in mich gefahren ist.«

»Ist schon okay«, meinte Willi. »Es war auch irgendwie notwendig.«

Nach diesem Gespräch musste ich einfach Ella aufsuchen. Ich wollte wissen, warum ich so aggressiv geworden war. Das war normalerweise ganz und gar nicht meine Art.

»Du hast dich angegriffen gefühlt«, hörte ich Ella sagen, als ich mich in Trance begab.

»Ich habe mich angegriffen gefühlt?!«, wiederholte ich ungläubig. »Ich war doch eigentlich derjenige, der angriffslustig war.«

»Du warst aggressiv, weil du deine Freiheit verteidigen wolltest. Seit du bewusst weißt, dass ihr Menschen ständig um die Macht kämpft, hast du das Gefühl, dich wehren zu müssen.«

»Und wie kann ich das jetzt wieder ändern?«, wollte ich wissen.

»Indem du dir bewusst machst, dass dir niemand deine Entscheidungsfreiheit nehmen kann. Niemand kann über dich bestimmen. Wenn andere Menschen das versuchen, besteht darin noch lange keine Gefahr. Und wenn keine Gefahr besteht, musst du dich auch nicht wehren.«

»Ich habe schon das Gefühl, dass eine Gefahr besteht, muss ich zugeben.«

»Dieses Gefühl entspricht jedoch nicht der Wahrheit. Wie du weißt, sind Gefühle keine Wahrheiten«, erinnerte mich Ella. »Dein Gefühl entstammt deinem Vergnügungstrieb, der immer noch genauso reagiert wie in der Frühzeit oder in deiner Kindheit.«

»Ich habe Kindergefühle?«, fragte ich verwundert.

»So ist es. Es geht hierbei vor allem um Zuneigung und Ablehnung. Du hast als Kind erlebt, dass es extrem unangenehm war, wenn du von deinen Eltern abgelehnt wurdest. Du hast erlebt, dass du bereit warst, fast alles zu machen, was sie wollten, nur damit du nicht abgelehnt wurdest. Ebenfalls warst du bereit, alles dafür zu tun, dass du von ihnen Zuneigung bekommst. Zuneigung und Ablehnung waren die effektivsten Maßnahmen, mit denen deine Eltern dich erziehen konnten. Und genau vor diesen effektiven Waffen hast du jetzt Angst. Du glaubst, dich dagegen im Ansatz zur Wehr setzen zu müssen.«

»Und deshalb lehne ich jetzt diejenigen ab, die auf die Idee kommen könnten, mich abzulehnen«, erkannte ich entsetzt.

»So ist es!«, stimmte Ella zu. »Auch du verwendest die beiden Maßnahmen Zuneigung und Ablehnung, um andere zu manipulieren oder dich zu schützen. Gewalt als Maßnahme scheidet in aller Regel in eurer Kultur aus, da ihr diesbezüglich sehr harte Gesetze geschaffen habt. Ansonsten bleiben nur noch die Einschränkung euer Entscheidungsfreiheit übrig, mit der ihr andere Menschen manipulieren könnt, und das Bedürfnis nach sexueller Befriedigung.«

»Mit Sex wird also ebenfalls sehr häufig Macht ausgeübt«, dachte ich laut. »Ich habe den Eindruck, dass wir eine schreckliche Rasse sind«, sagte ich zu Ella.

»Ihr seid eine ganz wundervolle Rasse«, widersprach sie mir. »Ihr habt momentan nur noch ein wenig mit euren frühzeitlichen Instinkten zu kämpfen. Aber auch die werdet ihr schnell in den Griff bekommen. Du wirst einen großen Anteil an dieser Entwicklung haben«, versprach Ella.

»Das kann schon sein, aber ich finde es trotzdem ziemlich heftig«, erwiderte ich.

»Es hat keinen Sinn, das zu bedauern, was hinter dir liegt. Schau lieber nach vorne und mach dir bewusst, wie das Leben auf diesem Planeten sich ändern kann, wenn alle Menschen davon erfahren, wie sie ihr Macht- und Freiheitsstreben ins Positive kehren können.«

»Es wäre schön, wenn das wirklich möglich wäre«, stimmte ich hoffnungsvoll zu.

»Mach es möglich, dann ist es möglich!«, erwiderte Ella. »Glaube nicht, dass ein Einzelner keinen Einfluss auf die Entwicklung der Menschheit haben kann. Die Geschichte ist voll von einzelnen Menschen, die große Veränderungen vollbracht haben. Du kannst einer dieser Menschen werden. Du solltest jedoch mit deiner eigenen Entwicklung anfangen. Sonst kann das nicht funktionieren. Lebe, was du lehrst! Nur so, findest du Menschen, die dir zuhören.«

»Ich werde mein Möglichstes versuchen«, versprach ich, unsicher, ob ich das schaffen könnte. »Es ist eine große Aufgabe.«

»Du wirst sehen, dass du bei dieser Aufgabe nicht allein bleiben wirst. Es wird sehr viele Menschen geben, die am gleichen Strang ziehen. Lass es auf dich zukommen.«

»Womit soll ich anfangen?«, wollte ich wissen.

»Vertiefe dein Verständnis für die Machtspielchen dieser Welt!«, schlug Ella vor. »Mach dir bewusst, dass alle Machtinstrumente auf den Grundmotiven aufbauen. Man kann Menschen nur manipulieren, wenn man sie ködert oder ihnen droht. Man kann sie dabei jedoch nur dort packen, wo sie Resonanz haben.

Man kann sie also zum Beispiel mit dem Erwünschtsein manipulieren, wie ich dir das mit der Zuneigung und der Ablehnung erklärt habe.

Man kann sie aber auch mit dem Passen packen, indem man ihnen entweder Angst macht, sie würden niemals jemanden finden, der wirklich zu ihnen passt, wenn sie sich nicht ändern, oder indem man ihnen im Positiven in Aussicht stellt, dass sie Menschen finden, die zu ihnen passen, wenn sie tun, was man ihnen sagt.

Weiterhin kann man sie mit der Androhung von Gewalt manipulieren. Oder man bietet ihnen Schutz an, wenn sie tun, was man will.

Die Existenzsicherung lässt sich ebenso gebrauchen. Und auch die Freiheit ist immer wieder ein Grundmotiv, mit dem sehr stark manipuliert wird. Straftätern wird zum Beispiel die Entscheidungsfreiheit entzogen, indem sie inhaftiert werden. Auf der anderen Seite lockt euch das Geld, mit dem ihr glaubt, eure Freiheit vergrößern und absichern zu können.

Das Gleiche gilt für die Macht. Geld ist ein effektives Machtinstrument, mit dem man euch locken kann. Man kann euch jedoch auch mit Geldstrafen Angst machen. Im Grunde genommen straft man euch dabei mit Machtentzug.

Als letztes Machtinstrument lässt sich das Grundmotiv nach sexueller Befriedigung nutzen. Auch hier werdet ihr gelockt oder verängstigt.

Alle Machtinstrumente bauen also auf euren Grundmotiven und den daraus entstehenden Resonanzen auf. Dieses Wissen ist der erste Schritt, um aus diesen Machtspielchen auszusteigen.«

»Und was ist der zweite Schritt?«, fragte ich ungeduldig.

»Den zweiten Schritt hast du bereits getan«, antwortete Ella. »Du hast dich entschieden, deine Macht positiv einzusetzen, da du weißt, dass jeder Mensch letztendlich die gleichen Grundmotive verfolgt wie du. Du hast entschieden, mit anderen Menschen nach Synergie zu suchen und eure Macht zusammenzuschalten.«

»Und worin besteht dann der dritte Schritt?«, fragte ich.

»Der dritte Schritt besteht in der Erkenntnis, dass eure Entscheidungsfreiheit abgesichert ist«, antwortete Ella. »Das solltest du dir deutlich bewusst machen, damit dein Instinkt erkennt, dass du dich nicht unentwegt wehren musst. Wenn man dir nichts wegnehmen kann, musst du dich auch nicht wehren.«

»Und wie mache ich mir das bewusst?«, hakte ich nach, denn ich wollte dieses Machtgehabe hier an Ort und Stelle beenden.

»Am besten kannst du dies nachvollziehen, wenn du dein Freiheitsmotiv noch etwas besser verstehst. Dieses Motiv besteht darin, dass du machen kannst, was du willst. Nur so siehst du die Möglichkeit, das Leben wirklich genießen zu können und Spaß daran zu haben. Unterliegst du ständig irgendwelchen Zwängen und Verboten, kannst du nicht wirklich Spaß haben.

Dein Vergnügungstrieb wehrt sich deswegen ganz massiv gegen Unterordnung, denn das würde bedeuten, dass man dich dazu zwingen könnte, Dinge zu tun, die du nicht tun willst. Außerdem könnte man dir verbieten, das zu tun, was für dich wichtig ist. Davor hast du natürlich Angst.

Bedingt durch diese Angst willst du so hoch wie möglich in der Hierarchie deines Rudels aufsteigen. Die Starken haben eine größere Sicherheit vor Zwängen und Verboten.

Bei Tieren kannst du deutlich erkennen, dass die Untersten im Rudel es tatsächlich ziemlich schlecht haben. Sie sind die Letzten, die etwas zu fressen bekommen, dafür aber die Ersten, auf die man verzichten kann, wenn jemand geopfert werden muss. Die Untersten müssen machen, was die anderen wollen. Sie unterliegen vielen Zwängen und Verboten. Sie werden herumgeschubst und als Prügelknaben missbraucht. Ihre eigenen Bedürfnisse müssen sie stark zurückschrauben. Sex wird der Unterste im Rudel beispielsweise nie bekommen.

Wenn du daran denkst, wofür deine Instinkte geschaffen wurden, dann hat das alles einen Sinn. Der Sinn deiner Instinkte bezieht sich auf das Überleben deiner Rasse. Dafür ist es am besten, wenn der Mächtigste auch an die Macht kommt. Er muss das Rudel anführen und beschützen. Damit er dies kann, ist es wichtig, dass er am meisten zu essen bekommt, damit seine Körperkraft und Gesundheit erhalten bleiben. Weiterhin sollen sich die besten Gene fortpflanzen und damit eine gesunde und starke Nachkommenschaft herangezogen werden. Und so hatte es in der Frühzeit durchaus einen Sinn, dass nur die Starken im Rudel ein Weibchen begatten durften.

Es ist daher verständlich, dass dein Vergnügungstrieb sich massiv gegen Unterordnung wehren will, um dein Überleben und deine Lebensqualität abzusichern. Du wehrst dich deshalb bereits im Ansatz gegen jeden Zwang und jedes Verbot.

Glücklicherweise hat sich auch hier die Realität seit der Frühzeit stark verändert. Stell dir vor, du arbeitest in einem Büro und hast einen ziemlich üblen Chef. Was wäre zum Beispiel, wenn du diesem Chef sagst, dass du heute keine Lust zum Arbeiten hast? Es hätte vermutlich Konsequenzen, oder? In der Frühzeit wärst du vom Rudelführer vermutlich erschlagen oder verbannt worden, wenn du das getan hättest. Kann das heute immer noch passieren?«

»Sicherlich nicht«, antwortete ich.

»Deine Instinkte gehen jedoch immer noch davon aus.

Es sei denn, du zeigst ihnen auf, welche Konsequenzen das heute tatsächlich für dich haben würde.

Welche Konsequenzen könnte es denn haben? Wäre dein Leben noch in akuter Gefahr, weil du vielleicht erschlagen würdest? Wäre es langfristig in Gefahr, weil du deinen Job verlieren und verhungern könntest? Würdest du aus der Gesellschaft ausgegrenzt? Würdest du einsam?«

»Das kann ich mir kaum vorstellen«, antwortete ich. »Mir würde vielleicht gekündigt. Deshalb würde ich aber sicherlich nicht einsam werden oder gar verhungern.«

»Es hätte Konsequenzen, so viel steht fest«, meinte Ella. »Katastrophal wären sie jedoch nicht. Weder dein Leben noch deine Zugehörigkeit zu anderen Menschen wären gefährdet.

Du könntest also tatsächlich die Entscheidung treffen, deinem Chef zu sagen, dass du keine Lust zum Arbeiten hast. Du kannst es aber auch lassen! Es ist deine Entscheidung. Du hast die Entscheidungsfreiheit. Kein Mensch könnte dich dazu zwingen, etwas zu arbeiten, wenn dir die Konsequenzen egal wären.

Zwingen könnte man dich nur mit körperlicher Gewalt oder Freiheitsberaubung. Dies unterbinden jedoch eure Gesetze. Und genau darin liegt der Unterschied zur Frühzeit. Damals hatten nicht alle Menschen die gleichen Rechte. Die Starken konnten mehr Rechte und Privilegien für sich beanspruchen. Und genau auf diesem Stand stehen noch heute eure Instinkte.

Heute habt ihr jedoch Gesetze, die eure Entscheidungsfreiheit garantieren und jedem das gleiche Recht einräumen. Es gibt keine Gefahr mehr, dass du mit körperlicher Gewalt untergeordnet werden könntest. Es gibt auch keine Gefahr mehr, dass du auf einen unteren Rang im Rudel heruntergestuft werden könntest und dann nur noch machen musst, was die Starken wollen. Diese Zeiten sind längst vorbei.

Diese Erkenntnis ist sehr wichtig für deinen Vergnügungstrieb. Er hat wie alle Instinkte keine eigenen Augen und Ohren. Er ist darauf angewiesen, dass du ihm eine vernünftige Beurteilung der Welt gibst. Diese Beurteilung ist für ihn die absolute Wahrheit. Wie die Welt wirklich ist, kann er nicht selbstständig erkennen.

Wenn du einen Lebensumstand als Gefahr einer Unterordnung einstufst, was du bei einem Zwang oder Verbot instinktiv tust, reagiert dein Instinkt mit genau den gleichen Vermeidungsgefühlen wie in der Frühzeit. Er reagiert so, als müsstest du dich gegen einen gewalttätigen Menschen wehren. Dafür kennt er zwei Möglichkeiten: Entweder lässt er dich in den Kampf ziehen oder flüchten. Du wirst also entweder wütend und aggressiv, oder du spürst Angst und ordnest dich unter. Mit diesen Gefühlen reagiert dein Instinkt immer automatisch auf Zwänge und Verbote. Willst du das nicht, liegt es bei dir, ob du eine Situation als Zwang oder Verbot beurteilst oder nicht.«

»Ich wurde also so aggressiv gegen Alexandra, weil mein Vergnügungstrieb meinte, ich müsste meine Freiheit schützen und darum kämpfen. Ist ja irgendwie lustig, wenn es nicht so heftig gewesen wäre«, meinte ich. »Wenn mein Vergnügungstrieb so starke Gefühle machen kann, dann kann er doch bestimmt auch gute starke Gefühle machen, oder?«

»Du kannst deinem Vergnügungstrieb sehr leicht Belohnungsgefühle entlocken«, stimmte Ella zu. »Zeige ihm Bestätigungen auf, dass deine Entscheidungsfreiheit gesichert ist. Was könnte dir zum Beispiel als Bestätigung dafür dienen?«

»Ich müsste zum Beispiel erkennen können, dass ich unter mehreren Möglichkeiten auswählen kann, was ich tun will. Solange ich eine Wahl habe, kann kein Zwang vorliegen.«

»Dein Vergnügungstrieb würde sofort Belohnungsgefühle erzeugen, wenn du denkst, dass du eine Wahl hast«, stimmte Ella zu. »Was wäre aber zum Beispiel, wenn Viktoria ein Problem damit hätte, dass wir uns treffen? Hast du dabei eine Wahl?«

»Natürlich habe ich die«, antwortete ich. »Ich könnte mich weiterhin mit dir treffen oder es lassen. Beides hat unterschiedliche Konsequenzen, die ich natürlich gegeneinander abwägen müsste.«

»Du hättest trotzdem noch deine Entscheidungsfreiheit?«, hakte Ella nach.

»Die hätte ich«, bestätigte ich.

»Und wie fühlst du dich bei diesem Gedanken?«, wollte Ella wissen.

»Ich finde das nicht gut, aber ich spüre keine Aggressionen dabei. Ich habe das Gefühl, dass ich die freie Wahl habe.«

»In dem Moment, wo du erkennst, dass du eine Wahl hast, macht dein Vergnügungstrieb dir Freiheitsgefühle. Du würdest möglicherweise erkennen, dass du sogar noch eine dritte und vierte Wahlmöglichkeit hast.«

»Auf jeden Fall würde ich mich sehr viel besser fühlen und auch viel sinnvoller verhalten, als wenn ich davon ausginge, ich hätte keine Wahl, weil Viktoria ein Problem hat. Ich habe also in meiner Partnerschaft immer die Wahl, wie ich mich verhalten will. Wenn mir das bewusst ist, erkenne ich sehr schnell, dass ich noch eine Vielzahl an Möglichkeiten habe, die ich bisher noch gar nicht betrachtet hatte. Ich wäre auch nie auf die Idee gekommen, dass ich noch weitere Möglichkeiten haben könnte, wenn ich die Situation als Zwang beurteilt hätte und mein Vergnügungstrieb darauf mit Aggressionen und Ängsten reagiert hätte. Diese Aggressionen hätten mich blind für die Wahlmöglichkeiten gemacht«, stellte ich fest.

»Die gleiche Freiheit, unter vielen Wahlmöglichkeiten auszusuchen, hast du auch in deinem Beruf. Es gibt keine echten Zwänge mehr in deinem Leben. Es gibt nur noch Situationen, die du als Zwang beurteilst, womit du deinem Instinkt eine Fehleinschätzung der Wirklichkeit gibst. Das musst du nicht mehr tun! Ebenfalls gibt es keine niederen Ränge mehr in deinem Rudel! Die Zeiten sind längst vorbei. Eure Gesetze geben euch allen die gleichen Rechte und Freiheiten. Ihr seid alle gleichgestellt.

Für deinen Vergnügungstrieb ist diese Wahrheit extrem wichtig. Nur durch die Gleichgestelltheit kann er aufhören, sich gegen Unterordnung zu wehren, und dir stattdessen Freiheitsgefühle machen.

Schauen wir uns jetzt einmal gemeinsam an, welche Konsequenzen es hätte, wenn du auf deine Entscheidungsfreiheit achten würdest. Versetz dich einmal in Viktorias Position! Wie würdest du dich fühlen, wenn Viktoria keinen Sinn mehr darin sieht, mit dir einen Machtkampf zu veranstalten, um ihre Entscheidungsfreiheit zu schützen? Würde das deine Gefühle zu ihr verbessern oder verschlechtern? Würde es eure Partnerschaft sichern oder gefährden?«

»Die beste Maßnahme, eine Partnerbeziehung zu verbessern, besteht darin, den anderen so sein zu lassen, wie er ist«, erklärte ich erfreut.

»Und genau das kannst du jetzt tun!«, meinte Ella motivierend. »Du kannst Viktoria so sein lassen, wie sie ist. Du musst weder Macht auf sie ausüben noch aggressiv werden, um deine Entscheidungsfreiheit zu sichern, die ohnehin gesichert ist.

Oder wie siehst du das? Bist du gezwungen, dich so zu verhalten, wie andere das wollen, weil sie meinen, dass du etwas falsch machst? Ist es wirklich wahr, dass dies ein Zwang ist? Ist es wirklich noch wahr, dass du ausgegrenzt werden und einsam werden könntest, wenn du etwas falsch machst?«

»Egal, wo sie mich hingrenzen würden«, meinte ich scherzend, »es gäbe auch dort Menschen, zu denen ich passe und bei denen ich erwünscht wäre. Abgesehen davon wollen sie mich in Wirklichkeit ja gar nicht ausgrenzen. Sie lehnen mich vielleicht ein bisschen ab, aber das ist ja nur eine kleine manipulative Maßnahme.«

»Genauso ist es«, stimmte Ella zu. »Ist es also deine Entscheidung, ob du tust, was die anderen wollen, oder ist es deren Entscheidung?«

»Meine Entscheidung natürlich!«, antwortete ich.

»Ist es also wirklich wahr, dass du dich gegen Kritik wehren musst, oder hast du eine Wahl, wie du damit umgehst?«

»Ich habe eine Wahl!«

»Schauen wir uns diese Wahlfreiheit noch einmal an, wenn du kritisiert wirst. Welche Wahl hast du?«, wollte Ella wissen.

»Ich habe grundsätzlich zwei Möglichkeiten zur Auswahl: Ich kann einen sinnlosen Kampf führen, oder ich kann versuchen, das Beste aus der Situation zu machen und das Schönste für mich herauszuziehen.«

»Schauen wir uns einmal die Konsequenzen dieser Möglichkeiten an«, schlug Ella vor. »Wenn du um deine Entscheidungsfreiheit kämpfst, die ohnehin gesichert ist, wirst du damit nicht wirklich glücklich sein. Dieser Kampf bringt neben vielen schlechten Gefühlen auch noch eine Menge an Folgeproblemen in der Beziehung mit sich.

Machst du dir jedoch bewusst, dass deine Entscheidungsfreiheit gesichert ist, kannst du die Kritik plötzlich von einer ganz anderen Seite sehen. Kritik kann nämlich eine sehr wertvolle Anregung sein, mit der du dich verbessern kannst. Das ist zwar nicht immer der Fall, aber oft genug.

Und genau diese Chancen zur Verbesserung solltest du nicht verpassen, weil du damit beschäftigt bist, dich nicht unterordnen zu lassen und deshalb nur nach Argumenten zu suchen, die beweisen sollen, dass der andere keine Ahnung hat. Anstatt dich bei einer Kritik schlecht zu fühlen, könntest du also tatsächlich Glücksgefühle bekommen. Du musst dich nicht mehr wehren. Du musst die Kritik nicht mit einer Gegenkritik abwehren. Du kannst mit deinem Kritiker darüber reden und dich während dieser Zeit mit ihm wohlfühlen. Und plötzlich macht es Spaß, kritisiert zu werden!

Wie sieht es mit dir aus? Willst du weiterhin deine Entscheidungsfreiheit verteidigen, indem du jede Kritik abwehrst? Oder willst du im Fall einer Kritik daran denken, dass du trotzdem weiterhin das machen kannst, was du willst, und dich deshalb gar nicht wehren musst? Willst du also lieber in den Kampf ziehen oder auch hier versuchen, das Beste aus der Situation herauszuziehen?«

»Das ist keine Frage, Ella. Ich denke, meine Entscheidung ist in Fleisch und Blut übergegangen. Ich spüre, dass mich niemand unterordnen kann. Schon gar nicht, weil er mich kritisiert.«

»Und wie sieht es mit Schuldzuweisungen aus?«, hakte Ella nach. »Ist es wirklich wahr, dass du tun musst, was die anderen wollen, weil sonst eine Schuldzuweisung an dir kleben bleibt? Wirst du erschlagen, wenn du es nicht tust? Werden dich alle Menschen dieser Welt ausschließen, wenn du nicht tust, was sie für richtig halten? Bist du also wirklich gezwungen, die angebliche Schuld wiedergutzumachen, oder ist es deine freie Entscheidung, ob du das tust?«

»Natürlich ist es meine Entscheidung und kein Zwang«, antwortete ich. »Ich kann tun, was ich will. Es hat nichts so gravierende negative Konsequenzen, dass mich meine Entscheidung tatsächlich unglücklich machen könnte. Und mein Leben würde ich mit so einer Entscheidung sicherlich auch nicht gefährden.«

»Ist es also nicht auch hier besser, anstatt sich wehren zu wollen, lieber das Schöne aus der Situation herauszuziehen? Es kann richtig Spaß machen, wenn man eine Schuldzuweisung bekommt und dabei das Motiv verfolgt, Zusammengehörigkeit mit seinem ›Feind‹ zu fühlen. Schnell erkennst du, dass dieser scheinbare Feind ganz leicht ein Freund sein kann. Diese Entscheidung macht sehr viel glücklicher und löst darüber hinaus auch den Konflikt sehr viel schneller und besser.«

»Das hört sich alles wirklich richtig gut an«, sagte ich begeistert.

»Wie sieht es aus, wenn sich jemand Sorgen um dich macht?«, fragte Ella weiter. »Bei manchen Menschen findest du das toll. Bei anderen erkennt dein Instinkt eine Unterordnung darin. Was erlaubt sich der andere? Er setzt sich über dich, indem er so tut, als wüsstest du nicht, was du tust. Ist es wirklich wahr, dass du untergeordnet wirst, wenn sich jemand Sorgen um dich macht?«

»Nein, natürlich nicht. Ich kann nicht untergeordnet werden«, sagte ich gelassen.

»In Wirklichkeit kannst du dich nur selbst unterordnen!«, meinte Ella. »Musst du das tun? Oder wäre es deine freie Entscheidung? Und hätte es überhaupt noch negative Konsequenzen, wenn du dich tatsächlich unterordnen würdest? Würde deine Lebensqualität darunter leiden? Würdest du weniger zu essen bekommen? Würdest du auf Sex verzichten müssen? Würdest du irgendwelchen tatsächlichen Zwängen oder Verboten unterliegen?«

»All das wäre überhaupt kein Problem mehr in unserer heutigen Zeit. Es gibt keine niederen Ränge mehr im Rudel!«, antwortete ich mit einem sehr ruhigen Gefühl im Bauch.

»Musst du dir also wirklich noch Stress damit machen, wenn irgendjemand etwas tut, was du als Unterordnungsversuch deuten könntest?«

»Ich denke, da kann ich darüber stehen. Was soll der ganze Quatsch?! Wir sind erwachsene Menschen. Kinder tragen diesen Rudelkampf vielleicht noch mit körperlicher Gewalt aus. Bei uns Erwachsenen unterbinden das die Gesetze. Wir bilden uns nur noch ein, dass es Zwänge und Verbote gibt. In Wirklichkeit sichern unsere Gesetze unseren freien Willen. Egal, was geschieht, es ist immer unsere freie Entscheidung, ob wir etwas tun oder nicht.

Wir müssen nicht mehr nach Möglichkeiten suchen, wie wir die Basis der Macht eines anderen Menschen erschüttern können. Wir haben es nicht mehr nötig, Intrigen zu spinnen und zu versuchen, den Widersacher ins offene Messer laufen zu lassen. Kurz: Wir brauchen all die Dinge nicht mehr zu tun, die das Leben in unserer Gesellschaft schwierig und unangenehm machen.«

»Müsst ihr noch Angst haben, dass andere das mit euch machen? Was könnten sie euch antun? Ist es wirklich so gefährlich? Können sie euch damit wirklich zu etwas zwingen oder euch verletzen? Ist das überhaupt noch möglich?«, fragte Ella.

»Einen Menschen, der weiß, wie die Welt in unserer heutigen Zeit funktioniert, kann man nicht mehr verletzen«, erkannte ich. »Emotionale Verletzungen sind auch nur Gefühle – nichts weiter. Sie werden von meinen Instinkten ausgelöst, wenn ich ein falsches Verständnis der Welt habe. Sie sind nur möglich, wenn man mir zum Beispiel Angst machen kann, aus meinem Rudel ausgeschlossen oder umgebracht zu werden. Und das kann man jetzt, nachdem ich das alles weiß, sicherlich nicht mehr.«

»Es kann dich niemand wirklich unterordnen. Er kann nur drohen und dich damit auffordern, dich selbst unterzuordnen. Tust du dies trotz dieser Aufforderung nicht, passiert auch nichts. Du stehst nicht ständig einem Psychopathen gegenüber, dem es egal ist, ob er lebenslänglich eingesperrt wird.«

»Und wenn das trotzdem einmal passieren sollte, dann tue ich diesem Psychopathen einfach den Gefallen und tue so, als würde ich mich unterordnen. Danach gehe ich zur Polizei und sorge dafür, dass dieser Psychopath mein Leben nie wieder bedroht.

Glücklicherweise gibt es nicht sehr viele von diesen Psychopathen. Die meisten Menschen begegnen ihr gesamtes Leben lang niemals einem solchen Menschen«, sagte ich zu Ella.

»Der normale Mensch verhält sich nicht mehr wie ein wildes Tier, das einen anderen umbringen würde, wenn der sich nicht unterordnet. Die Gesetze, die eure Gesellschaft erlassen hat, sind so abschreckend, dass niemand das Risiko eingeht, lebenslänglich hinter Gittern zu landen, nur weil du dich nicht unterordnen wolltest. Das Leben ist wie ein Schachspiel. Niemand opfert seine Dame für einen Bauern!«, meinte Ella.

»Es wird mich also niemand körperlich angreifen und nach meinem Leben trachten, wenn ich mich nicht unterordne«, stellte ich noch einmal fest. »Das löst ein gutes Gefühl in mir aus. Es kann also niemand wirklich Zwang auf mich ausüben. Und es kann mir niemand etwas verbieten. Man kann mir nur mit negativen Konsequenzen drohen. Trotzdem habe ich die Wahl, ob ich lieber so weitermache wie bisher und die Konsequenzen trage oder ob ich mein Verhalten ändere. Die Entscheidung liegt bei mir. Wenn ich entscheiden kann, liegt logischerweise kein wirklicher Zwang vor.«

»Ihr Menschen tut manchmal gerne so, als wäre das Verhalten eines anderen Menschen ein Zwang, weil dies für euch einfacher ist. Würdet ihr einsehen, dass es eure eigene Entscheidung ist, hättet ihr ja die Verantwortung für euer Verhalten und damit auch die Schuld, wenn es schiefläuft. Ihr wollt jedoch nicht schuld sein und schiebt die Verantwortung damit lieber ab.

Wie sieht es mit dir aus? Willst du lieber verantwortlich sein für dein Leben oder lieber nicht? Willst du lieber die Entscheidungsgewalt für dein Leben?«

»Das ist gar keine Frage! Natürlich will ich die!«, betonte ich deutlich. »Solange ich in dieser Gesellschaft lebe, gelten für mich Gesetze, die mir die Verantwortung für mich selbst zusprechen. Ich muss mich nicht darum kümmern, über mich selbst entscheiden zu dürfen. Es ist mir gesetzlich zugesichert.«

»Wenn dir das bewusst ist, dann erkennst du auch, dass es tatsächlich keine Unterdrückung in deinem Leben mehr geben kann. Es ist immer deine freie Entscheidung, ob du den Forderungen deiner Eltern, deines Lebenspartners, deiner Freunde oder deiner Klienten nachkommst oder nicht. Es hat natürlich Konsequenzen, wenn du das nicht tust. Doch es ist deine freie Entscheidung, ob du die Konsequenzen tragen willst oder nicht. So ist es deine freie Entscheidung, wenn du machst, was deine Klienten wollen. Du müsstest das nicht tun. Du könntest auch einfach gehen und sie mit blödem Gesicht sitzen lassen. Du würdest dann vermutlich deine Klienten verlieren. Doch das wäre deine freie Entscheidung. Kein Mensch kann dir etwas verbieten oder dich zu etwas zwingen.«

»Lange Rede, gar kein Sinn«, sagte ich, um die Sache abzukürzen, »es gibt keine Notwendigkeit mehr, mich gegen Unterordnung zu wehren. Es gibt keine unteren Ränge mehr! Ich kann alle meine Entscheidungen als freier Mensch treffen. Ich sollte nur mit den eventuellen Konsequenzen einverstanden sein. Die gilt es jedes Mal neu zu durchdenken und abzuwägen.«

Mann, ging es mir gut nach diesem Gespräch! Ich fühle mich frei wie ein Fisch im Wasser.

Am Abend dieses Tages ging es mir immer noch so gut. Ich fand das Spiel des Lebens plötzlich so genial, das ich nur noch grinsen konnte. Viktoria wollte natürlich wissen, was los war. Ich erzählte ihr all das, was mir Ella bezüglich unseres Freiheits- und Machtmotives erklärt hatte. Ich erzählte ihr auch von ihrer Taktik, mit der sie Macht auf andere Menschen ausüben wollte.

Wie ich erwartet hatte, reagierte sie auf diese Enthüllungen etwas aggressiv. Doch ich schaffte es, mich von ihr nicht angegriffen zu fühlen und ruhig zu bleiben. Im Gegensatz zu dem Gespräch mit Alexandra und Willi eskalierte die Situation dieses Mal also nicht.

Mir wurde an diesem Abend etwas sehr Wichtiges klar. Wenn einer von beiden Kämpfern aus dem Kampf aussteigt, hört der andere ebenfalls sehr schnell mit Kämpfen auf. Viktoria spürte sehr schnell, dass ich sie nicht niedermachen wollte. Ich erzählte ihr auch, wie ich mich gefühlt hatte, als Ella mir mein Machtgehabe klarmachte. Ich konnte ihre Gefühle also wirklich nachvollziehen.

Das Gespräch mit Viktoria verlief also doch sehr viel angenehmer, als ich erwartet hatte. Was sie jedoch nicht annehmen konnte, war die Aussage Ellas, dass wir Menschen mehrere dieser Ziele haben sollten, die Viktoria als Lebensziel bezeichnete. Sie verteidigte ihre Überzeugung so stark, dass ich davon abließ, sie überzeugen zu wollen. Ich wusste, dass mein Glück nicht davon abhängig war, dass Viktoria in allem der gleichen Meinung war wie ich. Und obwohl sie anderer Meinung war, konnte ich aus ihren Ausführungen wieder einige sehr wichtige Dinge lernen.

»Das ist sicherlich alles richtig, was du mir da erzählt hast«, meinte Viktoria zum Thema Lebensziel. »Trotzdem sehen die meisten Menschen nur einen einzigen Weg, über den sie glücklich werden können.

Und den verfolgen sie mit allen Konsequenzen. Dieser eine Weg ist das Resultat aus ihrem Weltbild und ihren Charaktereigenschaften zugleich.

Ich komme schon als Individuum zur Welt. Mir ist eine einzigartige, individuelle Kombination von Eigenschaften und Fähigkeiten, Vorlieben und Strebungen angeboren. Sie geben mir Impulse zu individuellen Handlungen, die zur einzigartigen Entwicklung meiner Persönlichkeit beitragen. Diese Spezialisierung beginnt bereits bei der Geburt und endet erst mit dem Tod. Diese einzigartigen Fähigkeiten, die ich das gesamte Leben aufgebaut und verstärkt habe, schreien förmlich danach, mit ihnen die Lebensqualität meiner Welt in irgendeiner Form und in meinem Einflussrahmen zu verbessern. Wenn mir diese innere Berufung bewusst wird, ergibt mein Leben plötzlich einen Sinn. Auf einmal verstehe ich, warum ganz bestimmte Schwierigkeiten in meinem Leben immer wieder auftreten und andere Anforderungen von mir mit Leichtigkeit gemeistert werden, wo andere Menschen sich schwertun. Ich merke, dass ich anderen im Bereich meiner inneren Berufung besser helfen kann als jeder andere.«

»Was ich aber auch merke, ist, dass ich genau dort, wo ich anderen gut helfen kann, selbst meine größten Probleme habe«, sagte ich.

»Wie meinst du das, Joe?«

»Wenn ich die Lösung zum Glücklichwerden in einer einzigen Möglichkeit sehe, empfinde ich jede damit zusammenhängende Schwierigkeit als größtes Problem. Ich werde von dem Wunsch getrieben, mit allen auftretenden Schwierigkeiten fertig werden zu können. Sobald ich merke, dass ich in meinem Bereich Schwächen habe, konzentriere ich mich so intensiv auf diese Schwächen, dass ich meine Welt nur noch durch die Wahrnehmungsbrille dieser Konzentration erlebe. Ich will eine todsichere Methode haben, um mit dem Leben zurechtzukommen, und jedes kleine Problem bedeutet automatisch, dass etwas passieren könnte, das mein Glück zerstören kann. Diesem Umstand verdanke ich meinen ständigen Weiterentwicklungsdrang, der mein Leben auf der einen Seite problematisch macht und auf der anderen dazu führt, dass ich im Bereich meiner inneren Berufung immer besser werde. Meine Fähigkeiten baue ich auf diese Art und Weise immer weiter aus, und es begegnen mir immer weniger Situationen, die ich damit nicht bewältigen kann. Ich bin Spezialist einer ganz bestimmten Problemlösungsart geworden, mit der ich anderen Menschen bei ganz bestimmten Problemen besser helfen kann als jeder andere. Mein ganzes Leben war so ein einziges Studium meiner inneren Berufung, bei dem ich ein immenses Wissen und Fähigkeiten entwickelt habe. Doch für mich selbst gibt es hier nie ein Ende in der Entwicklung. Das habe ich von Ella gelernt. Ich werde immer weiter versuchen, meine Methoden zu verbessern, glücklich zu werden, und dazu werde ich mir auch weiterhin kräftig Probleme erschaffen, damit ich genügend Motivation habe weiterzulernen.«

»Da bin ich noch nicht so ganz überzeugt«, meinte Viktoria. »Aber das ist auch nicht so wichtig. Im Moment mache ich mir gerade Gedanken darüber, wie unsere innere Berufung entstanden ist. Bei dir ist das nicht besonders schwer. Deine innere Berufung scheint darin zu bestehen, die grundlegenden Mechanismen des Lebens zu verstehen, damit wir Menschen lernen, unsere Realität bewusst zu gestalten. Um dieses Ziel so konsequent in Angriff zu nehmen, musstest du natürlich eine große Motivation aufbauen, um alles verstehen zu wollen. Aus diesem Grund hast du dir wahrscheinlich eine Familie zum Aufwachsen ausgesucht, wo man einerseits glaubte, das Leben sei rein zufällig entstanden und der Mensch nur ein Abfallprodukt der Evolution, und wo man andererseits die Realität von Glück und Pech akzeptierte. Man glaubte, dass bestimmten Leuten nie etwas passiert und andere eben als Pechvögel auf die Welt gekommen sind.

In dieser Zeit entstanden in dir zwei verschiedene Weltbilder. Zum einen: *Alles ist Zufall*, und zum anderen: *Es gibt eine höhere Macht, die dich Glück oder Pech erleben lässt*. In dir entstand ein Konflikt, der immer wieder zu unlösbaren Problemen führte. Du wusstest nicht, wie du dich verhalten solltest, da die meisten Reaktionen in dem einen Weltbild sinnvoll erschienen und in dem anderen als völliger Blödsinn. Es gab nur einen Weg, aus diesem Dilemma herauszukommen, und zwar die Wahrheit über das Leben zu erkennen. Diese Suche nach der Wahrheit wurde zu deiner inneren Berufung.«

»Da könnte was dran sein«, stimmte ich zu.

»Bei mir war es anders«, erklärte Viktoria. »Ich wuchs in einem Umfeld auf, in dem ich zum christlichen Glauben gezwungen wurde. Ich erlebte, dass ich nie das bekam, was ich wollte, und empfand das Leben als absolut falsch konzipiert und sinnlos. Diese Sinnlosigkeit setzte mir eine Wahrnehmungsbrille auf, die mir alles, was ich erlebte, vermieste. Die Sinnlosigkeit wurde zum Grundübel meines Lebens, und damit entstand der Drang, den Sinn im Leben zu erkennen. Meine innere Berufung war geboren.

Bei einem Klienten von mir war es wieder ganz anders. Er lernte in seiner Familie, dass es hauptsächlich darauf ankommt zu wissen, wie man sich aus Problemen befreien kann. Ihm wurde klar, dass er, wenn er für alle möglicherweise auftretenden Probleme eine Idee zur Problemlösung hätte, den Weg zum Glück gefunden hätte. Es wurde zu seiner inneren Berufung, Menschen zu helfen, für ihre Problemlösungen Ideen zu entwickeln. In diesem Bereich hat er seither außerordentliche Wege gefunden, Ideen zu produzieren.

Meine Freundin Inge wiederum wuchs in einer Umgebung auf, in der man ganz bestimmte Regeln einhalten musste, um akzeptiert zu werden. Die Anforderungen, die an sie gestellt wurden, waren so hoch, dass sie nicht in der Lage war, sie zu erfüllen, und sie erfuhr Ablehnung. Nach einer sehr unglücklichen Jugend erkannte sie, dass sie sich sehr wertlos fühlte und dass die Ursache die fehlende Akzeptanz ihrer selbst war. Sie hatte zu Hause gelernt, sich selbst nicht zu akzeptieren, worunter sie sehr litt. Die Lösung dieses Problems lag auf der Hand: Sie musste lernen, sich selbst zu akzeptieren, wie sie war. Auf dem langen Weg dorthin erkannte sie eine Unzahl von Gründen, warum jeder Mensch so, wie er ist, gut ist. Sie wurde eine Expertin, wenn es darum ging, Menschen zur Selbstakzeptanz zu verhelfen. Dies wurde zu ihrer inneren Berufung. Es ist also nie Zufall, dass man eine bestimmte innere Berufung entwickelt oder wo und wann man geboren wird.

Ich suche mir mein Umfeld genauestens aus und treffe mit meinen Eltern und Geschwistern auf einer anderen Bewusstseinsebene eine Lebensabsprache. Das Ziel, meine innere Berufung zu entwickeln, ist bereits bei meiner Geburt in mir verwurzelt. Ich suche mir meine Lebensumstände so aus, dass ich auf Grund der auftretenden Schwierigkeiten und meiner Charaktereigenschaften nur einen logischen Ausweg sehe, glücklich werden zu können, nämlich meine innere Berufung zu entwickeln. Es ist der Sinn, den ich für mein Leben oder zumindest einen bedeutenden Lebensabschnitt beschlossen habe. Da mein Leben sinnlos wäre, wenn ich an meiner inneren Berufung vorbeilaufen würde, suche ich mir meine Lebensumstände so aus, dass ich größte Sicherheit habe, mein Ziel zu erreichen. Ich muss durch die Geburt und damit durch den Kanal der Unbewusstheit hindurch und kann mein Ziel nicht bewusst mitnehmen. Aus diesem Grund sehen die Lebensumstände, die zur Entwicklung der inneren Berufung führen sollen, oft sehr drastisch aus. Wir alle gelangen zu einer ganz bestimmten Zeit an diesem Punkt.

Für die Erde steht ein großer Umbruch an, der uns auf eine neue Entwicklungsstufe führen wird. Die bisherige Entwicklung besteht darin, dass wir Menschen unsere Realität unbewusst gestalten. Unsere Glaubenssätze sind für unsere Realität maßgeblich verantwortlich. Wir glauben alle, in irgendeiner Form keine Willensfreiheit in unserem Erleben zu haben, und nehmen, was kommt. Auch glauben wir, nur eine einzige Realität habe Gültigkeit, und wir seien getrennt von allem anderen Leben. Die nächste Entwicklungsstufe wird uns die Erkenntnis bringen, dass wir unsere Realitäten selbst gestalten, und wir werden dies bewusst tun. Wir werden unsere absolute Willensfreiheit erkennen und leben: die Willensfreiheit, die wir auch jetzt schon haben, ohne daran zu glauben, und deshalb nicht erleben können.

Ich habe in letzter Zeit sehr viele Bücher aus den unterschiedlichsten Fachbereichen gelesen. Es ist erstaunlich, dass sich Naturwissenschaften, Grenzwissenschaften, Religionen und Psychologie einander immer weiter annähern. Man nähert sich der wahren Natur der Realität von allen Seiten. Der Sinn der inneren Berufung aller Menschen, die jetzt auf diesem Planeten leben, liegt nun darin, den Umbruch, in dem die Welt sich befindet, möglichst sanft zu ermöglichen.«

Es war sehr interessant, was Viktoria mir erzählte. Mir war auch klar, dass sie aufgrund dieser schlüssigen Weltanschauung Schwierigkeiten haben musste, meine Ausführungen über die Lebensziele zu akzeptieren. Ihr gesamtes Verständnis der Welt baute darauf auf, dass es nur dieses eine Lebensziel geben durfte. Ebenfalls baute ihr Wertgefühl auf diesem Verständnis auf. Sie stimmte mir zwar zu, dass sie in ihrem Wert ihr Hauptmachtinstrument über andere Menschen sah, konnte dieses Instrument jedoch nicht einfach so aufgeben. Sie hätte sich sonst machtlos gefühlt.

Ein paar Tage später suchte ich wieder einmal Ella auf. Ich hatte eigentlich keine besonderen Fragen. Ich wollte einfach nur wissen, wie es weitergehen sollte.

»Hallo, Joe«, begrüßte mich Ella. »Bereite dich heute darauf vor, ein paar Zusammenhänge zu erfahren, die dir nicht besonders gut gefallen werden. Du solltest jedoch schon vorab wissen, dass du auch zu diesem Problem eine Lösung finden wirst.«

»Das hört sich ja schaurig an, wie du dieses Gespräch mit mir beginnst«, sagte ich scherzhaft.

»Ich möchte dich nur schon darauf vorbereiten, dass du Probleme erfährst, die alle so aussehen, als gäbe es keinen Ausweg«, meinte Ella. »Du wirst einen finden, nur dauert das noch ein paar Tage. Versuche, dich später daran zu erinnern, dass du diese Lösung finden wirst.«

»Okay, Ella, was gibt es denn so Frustrierendes zu erfahren?«, fragte ich entspannt.

»Ob es frustrierend sein wird, hängt ganz davon ab, ob du meine Worte von eben nicht wieder direkt vergisst.«

»Wenn ich richtig deute, was du mir sagen willst, geht es um ein Problem, das für mich zunächst unlösbar aussehen wird.«

»Genauso ist es. Es geht, genauer gesagt, um Viktorias Vorstellung des Lebensziels und darum, was diese im Detail für Auswirkungen auf eure Realitätsgestaltung hat.«

»Du machst mich neugierig«, erwiderte ich.

»Grundsätzlich lässt sich das in einem Satz ausdrücken«, meinte Ella. »Die Annahme, man hätte ein solches Lebensziel, führt dazu, dass man genau das Gegenteil von dem erreicht, was man eigentlich erreichen will.«

»Wie denn das?«, fragte ich erschrocken.

»Es geht um die Art und Weise, wie man sein Glaubenssystem aufbaut«, antwortete Ella. »Wie du weißt, glaubst du, was du willst.«

»Ella, ich verstehe nicht so recht, auf was du hinauswillst.«

»Lass mich dir eine Frage stellen: Warum, glaubst du,

hat Viktoria all diese problemerzeugenden Glaubens-sätze über Gott und die Welt angenommen?«

»Weil sie sich damit Motivation schaffen wollte, ihren Wert immer noch weiter zu steigern«, antwortete ich, denn so hatte es mir Ella erklärt.

»Und was erlebt sie aufgrund dieser Glaubenssätze in Bezug auf ihren Wert?«, fragte Ella weiter. »Erlebt sie, dass sie wertvoll ist und immer noch wertvoller wird?«

»Nicht wirklich!«, erkannte ich betroffen. »Sie erlebt genau das Gegenteil. Ihr wird ständig widergespiegelt, dass sie nicht wertvoll genug ist.«

»Glaubst du, dass sie mit diesen ständigen Widerspie-gelungen ihr Lebensziel erreichen kann?«

»Wieso nicht?«, erwiderte ich zweifelnd.

»Weil das Leben ihr ständig beweist, dass sie nicht wertvoll ist«, antwortete Ella. »Wie soll sie anfangen, an ihren Wert zu glauben, wenn sie immer das Gegenteil erlebt?!«

»Heißt das, dass sie so lange nicht wirklich glücklich sein kann, wie sie dieses Ziel verfolgt?«, fragte ich ge-schockt.

»So ist es!«, bestätigte Ella meine Vermutung. »Was noch hinzukommt, ist die große Bedeutung, die sie die-sem Ziel beimisst. Sie hält es für so wichtig, dass sie ohne Unterbrechung an diesem Ziel arbeitet. Würde sie zwischenzeitlich mal ein anderes Ziel verfolgen, könnte sie wenigstens damit ein paar glückliche Momente ha-ben. Da sie es jedoch als ihr Lebensziel betrachtet, lässt sie alle anderen Ziele links liegen, die ihr Glück bescheren könnten. Sie sind im Vergleich zu ihrem Lebensziel einfach viel zu unwichtig.«

»Ich muss zugeben, vor mir tun sich Abgründe auf! Ich kann nicht zulassen, dass Viktoria sich selbst und andere Menschen mit dieser Lebenszielphilosophie unglücklich macht. Andererseits weiß ich nicht, wie ich sie davon abbringen kann. Sie arbeitet seit Jahren nur an diesem Ziel. Sie will nicht davon loslassen! Entschuldige, Ella, aber ich muss über das Ganze erst noch einmal nachdenken.«

»Ich spüre deine Zweifel an dem, was ich dir gesagt habe. Du willst es nicht glauben, weil dir die Konsequenzen dieser Wahrheit nicht gefallen. Denk bitte noch einmal daran, was ich dir zu Beginn dieses Gespräches gesagt habe. Du wirst einen Weg finden. Auch wenn du jetzt noch keinen siehst.

Du solltest dich zunächst davon überzeugen, dass es wirklich so ist, wie ich es dir gesagt habe. Viktorias Realität liefert dir hierzu so viele Beweise, wie du willst. Wir sehen uns wieder, wenn du dich überzeugt hast. Ich liebe dich und Viktoria. Mach's gut, Joe.«

»Trotzdem danke, Ella. Ich liebe dich auch.«

Nach dieser Sitzung war ich ganz schön niedergeschlagen. Ich spürte zwar, dass Ella Recht hatte, wollte es aber nicht wahrhaben. Was wäre, wenn ich Viktoria nicht umstimmen könnte?

Viktoria bekam in den darauf folgenden Tagen unverhältnismäßig viel Besuch von Freunden, die sie bezüglich ihres Lebensziels beraten hatte. Ich hatte zwar Angst vor der Wahrheit, doch was Ella mir gesagt hatte, ließ mir keine Ruhe. Ich schaute mir das Leben dieser Leute im Zusammenhang mit ihrem Lebensziel, das sie mit Viktorias Hilfe herausgefunden hatten, genau an.

Da war zum Beispiel Inge, deren Lebensziel nach Viktorias Meinung darin bestand, sich selbst voll und ganz annehmen zu können. Sie konnte anderen Menschen wirklich gut helfen, sich selbst zu akzeptieren, wie sie waren. Aber sie selbst tat genau das Gegenteil.

Um ihrer Selbstakzeptanz näher zu kommen, versuchte sie unentwegt, von anderen Menschen eine Bestätigung dafür zu bekommen, dass sie in Ordnung war. Das tat sie mit jedem, der ihr begegnete. Bekam sie diese Bestätigung einmal nicht, fiel ihr Selbstwertgefühl ins Bodenlose. Bei ihr war mir sehr schnell klar, dass sie keine Chance hatte, ihr angebliches Lebensziel zu erreichen.

Einen Tag später besuchte uns Hans. Es ging mir nicht anders als vorher bei Inge. Ich musste erkennen, dass auch er keine Chance hatte, sein Lebensziel zu erreichen. Hans hatte große Probleme, Entscheidungen zu treffen. Er war nie wirklich sicher, ob das, was er überlegt hatte, wirklich die richtige Entscheidung für ihn war. Ohne diese Sicherheit traf er lieber keine Entscheidung. Besser keine Entscheidung als irgendeine falsche, dachte er sich. Um sich entscheiden zu können, hätte er 250-prozentig sicher wissen müssen, dass es genau das Richtige für ihn sein würde. Und zwar bis ans Ende seines Lebens.

Ich musste nicht lange überlegen, um herauszufinden, dass dieses Ziel todsicher nicht zu erreichen war. Hans erlebte immer, dass seine Entscheidungen nicht in Ordnung waren, wenn er sich einmal entschieden hatte. Dies geschah allerdings nur, wenn er von den Lebensumständen dazu gezwungen war. Er entschied im Grunde genommen eigentlich gar nicht, da das Leben ihm gar nicht die Chance gab, mehrere Möglichkeiten zu haben. Er musste einfach das tun, was unvermeidlich war. Auch in diesem Fall war mir sehr schnell klar, dass Hans besser fahren würde, würde er dieses Ziel aufgeben. Durch Viktorias Bestätigung, es sei sein Lebensziel, tat er jedoch genau das Gegenteil. Er machte sein Lebensglück vollständig davon abhängig, ob er nun dieses Ziel erreichte oder nicht.

Der Nächste im Bunde war Alex. Bei ihm ließ sich die Nichterreichbarkeit seines Lebensziels ebenfalls sehr deutlich erkennen. Alex durfte keine Fehler machen, denn sonst würde er vom Leben hart bestraft. Er fühlte sich klein und machtlos gegenüber der großen Macht des Lebens. Sein Lebensziel war nach Viktoria die absolute Freiheit. Erreichen wollte er sie, indem er niemals Fehler machte. Es erübrigt sich zu erklären, wie erfolgreich er dabei war. Er konnte ebenfalls schlecht

Entscheidungen treffen und tat sich sehr schwer mit für ihn neuen Ereignissen.

Als Nächste traf ich Anne. Bisher war ich immer der Meinung gewesen, dass sie das Glück für sich gepachtet hätte. Sie war nach Viktorias Meinung der Erreichung ihres Lebensziels am nächsten. Sie hatte das Ziel, von allen Menschen anerkannt zu werden, und lebte damit gar nicht so schlecht. Sie sah gut aus, brachte viel Leistung in Sport und Beruf und hatte ein wirklich sonniges Gemüt. Aber auch sie hatte ihre schlechten Tage. Sie machte sich jedoch nicht so viele Gedanken darum. Nachdem sie davon erfahren hatte, dass es ihr Lebensziel sei, von allen Menschen anerkannt zu werden, machte sie sich einen unglaublichen Stress, wenn einmal jemand sie nicht gut fand. Sie versuchte, jeden von ihren Qualitäten zu überzeugen, und wurde dabei zuweilen ganz schön aufdringlich.

Und dann war da noch Peter. Der wollte unbedingt unabhängig sein von anderen Menschen. Sein Lebensziel bestand darin, sich selbst alles geben zu können, was er brauchte. Sein Motto war: *Lerne, dir selbst zu helfen.* Dummerweise glaubte er, gerade das noch nicht in jedem Fall zu können. Er war überzeugt, dass es immer etwas gab, das er von anderen Menschen haben musste. Tief in seinem Inneren war er davon überzeugt, dass er allein im Leben nicht glücklich werden konnte. Er wollte zum Beispiel auf jeden Fall eine Partnerin, da er sich sonst einsam fühlte. Er wollte einerseits vollkommen unabhängig sein, und andererseits glaubte er, allein nicht glücklich werden zu können. Seine Erfolgsaussichten bezüglich seines Lebenszieles standen also nicht besonders hoch.

Es kamen danach noch einige Leute zu uns. Bei allen bot sich das gleiche Bild. Keiner von ihnen hatte ein Ziel, das er wirklich erreichen konnte. Ich hatte mich jetzt genug davon überzeugt, dass Ella die Wahrheit gesagt hatte. Ich ging also wieder zu ihr.

»Ich möchte gerne die Gelegenheit nutzen und über die Menschen sprechen, die in den letzten Tagen bei euch waren«, empfing mich Ella. »Sie geben mir die Möglichkeit, dir noch einige wichtige Zusammenhänge zu erklären. Da wäre zum Beispiel Peter, der, wie du weißt, das Ziel verfolgt, unabhängig zu werden von anderen Menschen. Genauer gesagt will er selbstständig werden und sein Leben selbst bestimmen. Peter wird oft sehr wütend auf andere Menschen und ist extrem trotzig. Das gehört zu seiner Manipulationstaktik.«

»Das ist mir schon öfter aufgefallen«, stimmte ich zu. »Peter hat erzählt, dass er drei Jahre mit einer Alkoholikerin zusammengelebt hat, obwohl er wusste, dass das nichts werden konnte. Er tat es nur, weil seine Mutter zu Beginn dieser Beziehung unbedingt wollte, dass er diese Frau verlässt. Es war also eine reine Trotzreaktion.«

»Richtig, er hat diese ganzen drei Jahre ausgehalten, weil er auf keinen Fall das tun wollte, was seine Mutter von ihm verlangte. Hast du dir auch schon einmal überlegt, warum Peter dieses extreme Trotzverhalten entwickelt hat?«

»Ich denke, das hat etwas mit seinen Charaktereigenschaften zu tun und mit den Ereignissen, die er in jungen Jahren erlebt hat«, spekulierte ich.

»Das auch«, meinte Ella. »Aber es hat noch mehr mit seinem Ziel zu tun, das Viktoria als sein Lebensziel definiert hat. Bedingt durch dieses Ziel nahm er bestimmte Glaubenssätze an und entwickelte ein ganz bestimmtes Verhalten. So läuft das bei allen Menschen. In Peters Fall sieht dies folgendermaßen aus: Peter glaubt, dass alle Menschen ihre Ziele erreichen wollen. Das bedeutet für ihn, dass andere Menschen von ihm etwas haben wollen. Um dies zu bekommen, würden sie versuchen, ihn zu manipulieren. Dagegen muss er sich natürlich schützen, denn sonst hätte er keine Chance, sein Leben so zu leben, wie er es für richtig hält. Und wenn er dies nicht könnte, würde er seinerseits niemals wirklich glücklich werden.«

»Ich glaube, jetzt verstehe ich«, unterbrach ich Ella. »Der Glaubenssatz, sich immer gegen andere Menschen schützen zu müssen, verursacht dieses Trotzgefühl.«

»Ganz genau. Jetzt hat er noch einen anderen Glaubenssatz, der in diesem Zusammenhang eine große Rolle spielt. Peter glaubt, dass er momentan nicht in der Lage ist, sich selbst in jeder Hinsicht alles zu geben, was er braucht. Das beginnt bei der Liebe in einer Partnerschaft und endet mit den finanziellen Mitteln im Beruf. Er glaubt, auf andere Menschen angewiesen zu sein, um seine Existenz zu sichern oder auch generell, um glücklich werden zu können. Dieser Umstand macht ihn natürlich anfällig für die Manipulation der anderen. Er befindet sich also in einer Zwickmühle. Einerseits braucht er die anderen Menschen, andererseits wollen sie ihn manipulieren. Um aus dieser misslichen Lage herauszukommen, hat er dieses Ziel angenommen, das Viktoria als Peters Lebensziel bezeichnet. Er will von allen Menschen unabhängig werden, damit sie ihn nicht manipulieren können. Er will alles lernen, was er braucht, um jeder Situation gewachsen zu sein und niemanden zu brauchen. Dieses Ziel wird er niemals erreichen können. Seine Welt ist die exakte Widerspiegelung seiner Glaubenssätze, und so wird ihm stets der Glaubenssatz widergespiegelt werden, dass er noch lernen muss, sich selbst zu helfen. Das heißt, er glaubt momentan noch, dass er sich nicht selbst helfen kann, sonst hätte er keine Motivation, das zu lernen. Er wird diesen Glaubenssatz auch niemals ablegen können, da ihm von der Realität täglich bewiesen wird, dass es noch so ist. Des Weiteren kann er diesen Glaubenssatz sowieso nicht loswerden, solange er noch an etwas anderes glaubt, was mit der Entwicklungsstufe dieser Erde zu tun hat. Aber für diese Informationen fehlt dir noch das Verständnis. Wir werden darauf zurückkommen, sobald du so weit bist.«

»Das ist zwar schwer für mich zu akzeptieren, aber

ich habe wohl keine andere Wahl«, erwiderte ich miss-
mutig.

»Leider nicht, Joe. Ich möchte dir noch ein Beispiel
der letzten Tage erklären. Hans fühlt sich sehr unsicher
bezüglich seiner Entscheidungen. Ich möchte dir gerne
erklären, welche Glaubenssätze für diese Unsicherheit
verantwortlich sind. Hans glaubt, er könne nur glücklich werden, wenn er genau das tun könnte, was ihm
wirklich Freude macht und worin er einen Sinn sieht.
Er glaubt aber auch, dass er von anderen Menschen bestimmte Dinge bekommen muss. Dies gilt gleichermaßen für Geld wie für nichtmaterielle Werte wie Liebe,
Anerkennung oder Wertschätzung. Um dies zu bekommen, muss er allerdings etwas geben, was die anderen
haben wollen. Er kann also im Grunde genommen nur
etwas, was er hat, gegen etwas anderes eintauschen.
Wenn das, was er hat, niemand haben möchte, ist er
aufgeschmissen. Das hat zur Folge, dass er nur glücklich
sein kann, wenn er den anderen etwas anzubieten hat,
was diese auch haben wollen. Er muss also im Grunde
genommen das tun, was die anderen wollen, um glücklich werden zu können. Er glaubt aber, wie gesagt, dass
er nur glücklich werden kann, wenn er das tut, was er
wirklich will. Aus diesem Konflikt ist sein so genanntes
Lebensziel entstanden. Sein Ziel ist, erst einmal herauszufinden, was wirklich das hundertprozentig Richtige
für ihn ist, und dann die anderen Menschen davon zu
überzeugen, dass sie genau das brauchen. Wie dir bereits

klar geworden ist, wird er diese hundertprozentige Sicherheit niemals erlangen – weder dafür, dass er für sich selbst weiß, was das Richtige wäre, noch dass er sicher wäre, alle Menschen überzeugen zu können. Er glaubt momentan noch, dass er hierzu nicht kompetent genug ist. Aber das wird er immer glauben. Er kann lernen, so viel er will, er wird nie vollkommen sicher sein, dass ihm jetzt nichts mehr passieren kann. Sein ganzes Leben spiegelt in jedem Augenblick seine grundlegenden Glaubenssätze wider. So sieht für ihn alles so aus, als müsste er immer das tun, was die anderen wollen, um beispielsweise finanziell existenzfähig zu sein. Er erlebt also immer nur, dass er gezwungen ist, Dinge zu tun, die ihn nicht glücklich machen. Da er dadurch auch wirklich unglücklich ist, wird automatisch der Glaubenssatz widergespiegelt, dass man nur glücklich sein kann, wenn man tun kann, was man für richtig hält. Natürlich wird von seiner Realität auch widergespiegelt, dass er noch nicht sicher weiß, was das Richtige für ihn ist, und dass sich andere Menschen noch nicht so richtig überzeugen lassen, dass sie das brauchen, was er anzubieten hat.«

»Du hast gesagt, dass ich mein so genanntes Lebensziel darin sehe, herauszufinden, wie die Welt in allen Einzelheiten funktioniert, um dann das Richtige tun zu können. Wie ist das zu Stande gekommen?«, wollte ich wissen.

»Ganz einfach: Du glaubtest früher, dein Einfluss auf die Welt sei nur auf dein Handeln beschränkt. Nur weil du dir etwas wünschst, passiert noch lange nichts. Um etwas zu erreichen, musst du schon etwas tun. Aber du musst nicht irgendetwas tun, sondern genau das Richtige. Um das Richtige zu tun, musst du natürlich wissen, was richtig wäre. Dafür brauchst du wiederum das vollständige Verständnis der gesamten Sachlage – also das Gewusst-wie. Den Rest kennst du ja schon. Auch bei dir werden diese Glaubenssätze in jedem Augenblick deines Lebens widergespiegelt. Es passieren permanent irgendwelche Dinge, bei denen du nicht weißt, wie du deine Ziele erreichen kannst. Du wirfst also ständig deine Manipulationstaktik an, um herauszufinden, wie alles funktioniert.«

»Und genau das wird mir jetzt auch gerade erneut widergespiegelt«, erkannte ich. »Ich weiß, dass ich Viktoria davon überzeugen muss, ihre Lebenszielphilosophie abzulegen. Doch ich bin ratlos, wie ich das zum Erfolg bringen kann. Daher will ich wieder alles wissen, was mit diesem Thema in Zusammenhang steht.«

»Genauso ist es«, stimmte Ella zu. »Wenn du dein angebliches Lebensziel nicht hättest, würdest du diesen Konflikt gar nicht erleben.«

»Das ist ganz schön mies«, sagte ich frustriert.

»Du wirst einen Weg finden, um aus diesem Konflikt auszusteigen«, versprach Ella. »Dieser Weg hat mit deiner nächsten Botschaft zu tun.«

»Kannst du mir diese Botschaft schon nennen?«, fragte ich neugierig.

»Leider nicht. Dir fehlen noch einige Erlebnisse, um zu verstehen, was ich dir zu sagen habe. Ich kann dich nur die Realität so wahrnehmen lassen, dass du es leichter hast, alles zu verstehen.«

»Wie gehe ich dazu vor?«

»Geh wieder zurück in die Außenwelt. Du wirst morgen eine wichtige Erfahrung machen.«

Ich verabschiedete mich also von Ella und wartete auf die wichtige Erfahrung.

Botschaft 6

Es ergab sich an dem darauf folgenden Tag nichts Besonderes. Am Morgen war kein Kaffee mehr da, und Viktoria musste sehr früh aus dem Haus, um einen Vortrag zu halten. Ich würde am Nachmittag zwei Termine zur Therapie haben und mich abends um Viktoria kümmern. Sie würde sich von dem Vortrag erholen müssen.

Am Abend sah ich sie wieder. Sie erzählte, dass sie einen Querulanten in ihrer Gruppe hatte, der immerzu alles schlechtmachte, was sie sagte. Das ging ihr schwer an die Substanz. Ihr Wertprogramm hatte wieder voll zugeschlagen. Als ich abends ins Bett ging, wartete ich immer noch auf die wichtige Erfahrung, aber nichts passierte. Ella meldete sich auch nicht, als ich versuchte, mit ihr Kontakt aufzunehmen. Ich schlief schließlich ein und wachte am Morgen durch meinen Radiowecker wieder auf. Nachdem Viktoria aufgestanden war, ging ich ins Bad. Normalerweise machte Viktoria immer Kaffee zum Frühstück, es sei denn, er war uns wieder einmal ausgegangen, so wie gestern. An diesem Morgen allerdings gab es keinen. Als ich aus dem Bad kam, begrüßte mich Viktoria mit den Worten:

»Wir haben keinen Kaffee mehr, Schatz. Kannst du nachher welchen kaufen gehen? Ich muss früh weg.«

Wollte sie mich jetzt auf den Arm nehmen? Genau das hatte sie gestern zu mir gesagt. Ich hatte gestern Kaffee gekauft. Ich lachte und sagte, um den Scherz mitzumachen: »Natürlich, ich gehe gleich welchen kaufen.«

Ich ging in die Küche und suchte den Kaffee. Ich konnte ihn nicht finden. Sie musste ihn versteckt haben. Ich ging also ins Wohnzimmer zurück und fragte sie: »Du hast gewonnen, ich kann den Kaffee nicht finden. Also, wo hast du ihn versteckt?«

»Ich hab den Kaffee nicht weggeräumt. Wir haben keinen mehr. Ich hab dir doch gesagt, du musst welchen kaufen gehen. Ich habe, wie du weißt, heute keine Zeit, ich muss meinen Vortrag halten.«

Kein Zweifel, sie meinte es ernst. So hartnäckig machte Viktoria keine Scherze. Hatte ich ein Déjà-vu-Erlebnis? Irgendetwas stimmte hier nicht. Träumte ich noch? Ich machte noch einen Versuch.

»Den Vortrag hast du doch gestern gehalten. Hältst du ihn heute ein zweites Mal?«

»Joe, was ist los mit dir? Stimmt irgendwas nicht?«, fragte mich Viktoria mit ernster Stimme.

»Das weiß ich auch noch nicht so genau«, antwortete ich verwirrt.

»Ich muss jetzt los, Schatz. Wir reden heute Abend noch einmal darüber.«

»Okay, Viktoria, aber lass dich heute nicht so viel ärgern.«

»Werde ich bestimmt nicht«, sagte Viktoria und ging.

Als sie weg war, ging ich nochmals in die Küche, um nachzuschauen, ob sie mich vielleicht doch angeschmiert hatte. Aber ich konnte den Kaffee wirklich nirgends finden. Ich zog mich also an und ging in den Laden um die Ecke, wo ich auch gestern schon Kaffee gekauft hatte. Hier war alles ganz normal. Die Verkäuferin kannte mich und begrüßte mich sehr freundlich. Als ich meinen Kaffee bezahlte, fragte ich sie beim Weggehen noch einmal schnell: »Sagen Sie, können Sie sich noch daran erinnern, dass ich gestern auch schon mal da war und Kaffee gekauft hatte?«

»Daran könnte ich mich bestimmt erinnern, wenn Sie da gewesen wären: Gestern war nämlich Sonntag, Sie meinen wohl Freitag?«

»Ja natürlich, Freitag«, sagte ich, um das Gespräch zu beenden.

Was war los? War ich jetzt total abgedreht? Heute musste Dienstag sein, gestern war Montag gewesen.

Auf dem Weg nach Hause ging ich noch an einem Zeitungskiosk vorbei. Es war kaum zu glauben: Überall lagen nur die Tageszeitungen von Montag.

Ich fragte schließlich den Verkäufer: »Haben Sie keine Zeitung von heute mehr da?«

»Wollen Sie mich auf den Arm nehmen? Da liegen sie doch alle«, sagte dieser verwundert.

»Ah ja, danke.« Ich kaufte aus Verlegenheit irgendeine Zeitung und ging, so schnell ich konnte, nach Hause. Dort angekommen, schaltete ich sofort den Fernseher ein. Es war gleich neun Uhr, irgendwo mussten Nachrichten kommen. Ich fand schließlich einen Sender, der Nachrichten brachte.

»Heute ist Montag, der 6. März 1995.«

Jetzt war es definitiv: Ich erlebte den gleichen Tag zwei Mal. Und offensichtlich war ich der Einzige, dem es so ging. Mein erster Gedanke war, Ella muss dahinterstecken. Ich versuchte also, Kontakt zu ihr aufzunehmen. Aber Ella antwortete nicht. Sie hatte gesagt, dass heute – oder gestern – etwas Wichtiges passieren würde. Sie hatte also doch Wort gehalten. Nur wozu sollte das gut sein, den gleichen Tag zwei Mal zu erleben? Und was würde morgen sein? Würde ich jetzt immer den gleichen Tag erleben, bis ich verstanden hätte, was ich verstehen sollte? Was wäre, wenn ich es niemals kapieren würde? Bliebe ich dann bis in alle Ewigkeit der Joe vom 6. März 1995?

Ich versuchte schließlich, mir Mut zuzusprechen. Ich sah sowieso keinen Sinn mehr darin, so weiterzumachen wie bisher. Sehr viel Sinn hatte mein Leben ja wirklich nicht. Wenn ich mein so genanntes Lebensziel nicht änderte, würde ich bis zu meinem Lebensende Probleme lösen, um die Mechanismen des Lebens zu verstehen. Ich hätte keine Chance, wirklich glücklich zu werden.

Plötzlich wurde mir der Ernst meiner Lage bewusst.

So wie die Sache aussah, hatte ich keine Chance mehr, auf meinem alten Weg herauszufinden, wie ich hier wieder herauskommen sollte. Diese Situation war eine exakte Widerspiegelung meines Lebensziels. Die Gefangenschaft in diesem 6. März gab mir eindeutig das Gefühl, dass ich verstehen müsste, wie die Zusammenhänge genau waren. Ich brachte also dieses Wiederholungsphänomen selbst hervor. Und so lange ich von meinem Lebensziel nicht loslassen würde, käme ich auch nicht mehr hier heraus. Da war ich mir ziemlich sicher.

Ich musste also eine ganz andere Lösung finden – eine, die nichts mit meinem üblichen Verstehenwollen zu tun hatte.

Meine Termine heute Mittag brauchte ich dazu bestimmt nicht, dachte ich mir. Ich wusste ja noch von gestern, was mit den beiden Menschen los war. Ich griff zum Telefon und rief sie einfach an. Ich erklärte, ich fühlte mich heute nicht wohl, aber ich hätte viel über sie nachgedacht. Ich erzählte ihnen am Telefon die Ursache ihrer Probleme, die wir am Vortag – oder gesternheute – herausgefunden hatten. Die beiden zeigten sich beeindruckt, und so hatte ich in einer halben Stunde die Arbeit von vormals fünf Stunden erledigt.

Es fing an, mir Spaß zu machen zu wissen, was kommen würde. Ich freundete mich mit dem Gedanken an, dass morgen wieder heute sein würde, und wollte mich darauf vorbereiten.

Mir wurde klar, dass ich die volle Lebensfreude, die

ich haben könnte, bisher nie gelebt hatte. Ich hatte immer Bedenken, dass es zu viel Geld kostete oder dass es mir jemand übel nehmen könnte. Möglicherweise war es genau das, was ich zu lernen hatte. Ich sollte jetzt also mal so richtig auf die Kacke hauen und es mir gut gehen lassen, dachte ich.

Aber ich war mir auch nicht hundertprozentig sicher, dass ich morgen wieder den gleichen Tag erleben würde. Ich dachte, ich sollte heute noch nicht alles Geld von der Bank abheben. Wenn morgen doch morgen sein würde, dann hätte ich alles ausgegeben, was ich für den Rest des Monats noch gebraucht hätte.

Da kam mir plötzlich eine Idee. Wenn morgen wieder heute sein wird, könnte ich mir mein Geld in der Spielbank holen gehen. Diese Idee fand ich gut. Ich warf mich also tüchtig in Schale und fuhr am Nachmittag zur Spielbank.

Ich hatte mir alles genau überlegt. Ich stellte mich an einen Roulette-Tisch und merkte mir ab genau 16 Uhr, welche Zahlen fielen. Es war die 18, als Nächstes die 3 und als dritte Zahl die 22. Nachdem ich mir diese Zahlen gemerkt hatte, ging ich wieder nach Hause. Viktoria würde bald kommen. Ich war gespannt, was sie zu der ganzen Geschichte sagen würde. Ich richtete es so ein, dass ich fünf Minuten vor ihr zu Hause war. Sie kam zu der gleichen Zeit an wie gestern, auf die Sekunde. Aber ich hatte vergessen, dass sie auch genauso fertig war wie gestern. Sie war gar nicht in der Lage, mir richtig zuzuhören. Es machte mich fast verrückt. Ich wollte ihr so viel erzählen und konnte nicht. Sie brauchte jetzt einfach nur Ruhe und Geborgenheit. Ihr jetzt meine unglaubliche Story zu erzählen, wäre mit Sicherheit auf Unverständnis gestoßen.

Während wir auf dem Bett lagen und ich Viktoria im Arm hielt, bekam ich auf einmal eine richtige Wut auf den Typen, der ihr so zugesetzt hatte. Mir kam der Gedanke, am nächsten Tag Viktoria zu begleiten, vorausgesetzt, es war wieder Montag, der 6. März. Ich wollte versuchen, diesen Typen ruhig zu stellen.

Am nächsten Morgen fing unser Radiowecker wieder an, dasselbe Lied wie gestern zu spielen. Es war wohl immer noch Montag, dachte ich. Und genauso war es. Es gab wieder keinen Kaffee, und Viktoria musste früh los.

Ich hatte mir eine Ausrede einfallen lassen, warum ich auf ihren Vortrag mitgehen würde. Ich sagte einfach, die beiden Termine, die ich am Nachmittag hätte, seien ausgefallen. Ich hätte heute frei und würde mir deshalb gerne ihren Vortrag über Unternehmervisionen anhören. Sie hatte natürlich nichts dagegen. Sie hatte sich sehr gut auf diesen Vortrag vorbereitet, und was sie zu sagen hatte, war es wirklich wert, dass man sich darüber Gedanken machte. Trotzdem war sie vor dem Vortrag sehr nervös. Wir gingen den Stoff noch einmal durch und machten es uns dann in einem Café gemütlich.

Die Veranstaltung fand in dem Sitzungssaal eines

großen Hotels statt. Es kamen etwa 50 Leute. Welcher von denen war wohl der Störenfried? Diese Frage sollte nicht lange unbeantwortet bleiben. Sie hatte kaum zwei Minuten gesprochen und eigentlich mit dem Thema noch gar nicht richtig begonnen, da kam schon der erste Zwischenruf.

»Das ist doch alles total unrealistisch, was Sie da erzählen!«

Viktoria ging höflich auf diesen Zwischenruf ein. Um die Atmosphäre etwas persönlicher zu gestalten, fragte sie den Mann nach seinem Namen. Er hieß Kowalski. Er war ein recht kleiner, untersetzter Mann, ganz in Weiß gekleidet. Ich hatte ihn etwa auf Mitte fünfzig geschätzt. Er sprach mit einer sehr hellen und nörgelnden Stimme. Irgendwie war es ein recht unangenehmer Typ.

Viktoria fragte ihn: »Herr Kowalski, wären Sie damit einverstanden, dass Sie sich erst einmal anhören, was ich zu sagen habe, und wir dann anschließend darüber diskutieren?«

Kowalski nickte nur überheblich und sah sich dabei Anerkennung heischend im Publikum um. Den meisten Leuten hier schien er genauso unsympathisch zu sein wie mir. Es dauerte auch kaum fünf Minuten, bis die Zwischenrufe wieder anfingen. Den ersten ignorierte Viktoria noch. Aber als er nicht aufhörte, wurde sie schon recht massiv.

»Wenn Ihnen nicht gefällt, was ich zu sagen habe, dann müssen Sie nicht unbedingt hierbleiben.«

Kowalski antwortete nicht, sondern grinste nur und sah sich dabei wieder um. Viktoria fuhr also fort, doch Kowalski gab keine Ruhe.

»Herr Kowalski«, sagte Viktoria. »ich bitte Sie jetzt noch einmal, nicht weiter zu stören. Die Menschen, die hierhergekommen sind, haben für diesen Vortrag Geld bezahlt und wollen ihn auch ungestört hören. Wenn Sie sich nicht ruhig verhalten können, dann bitte ich Sie zu gehen.«

»Ich habe auch für diesen Vortrag bezahlt und habe doch wohl das Recht, meine Meinung dazu zu sagen«, erwiderte Kowalski barsch.

Viktoria war da oben in einer sehr schwierigen Situation. Sie konnte ja nicht für ihr Publikum entscheiden, ob es mit den Zwischenrufen von Kowalski einverstanden war oder nicht. Es hätte eine Stellungnahme aus dem Publikum kommen müssen, aber offensichtlich hatte keiner Lust, sich mit diesem Kowalski herumzustreiten, obwohl die Leute sich sichtlich gestört fühlten. Ich gab mich also als Teilnehmer aus, der seine Vortragsgebühren bezahlt hatte und jetzt in Ruhe den Vortrag hören wollte.

Ich sagte zu Kowalski ziemlich forsch: »Jetzt halten Sie endlich mal den Mund. Ich habe bezahlt, um den Vortrag zu hören und nicht Ihr unqualifiziertes Gewäsch.«

Viktoria war sehr erschrocken über diesen Gefühlsausbruch von mir. Normalerweise war das nicht meine

Art. Kowalski zeigte sich jedoch nicht sehr beeindruckt. Doch ich hatte jetzt auf einmal das gesamte Publikum hinter mir. Doch trotz Missbilligung des Publikums gab dieser Typ keine Ruhe. Er störte ständig wieder. Viktoria musste jetzt zwar nicht mehr einschreiten, das tat das Publikum automatisch, aber den Vortrag konnte mit Sicherheit keiner so richtig genießen. Ich hätte diesen Kowalski am liebsten gelyncht.

Als wir nach dem Vortrag wieder nach Hause fuhren, war Viktorias Wertprogramm wieder voll auf Touren. Sie litt nicht, weil sie sich gegen diesen Kowalski nicht hätte wehren können, sondern weil sie sich wieder eine Realität geschaffen hatte, die ihre Manipulationstaktik widerspiegelte. Sie hatte das Gefühl, von diesem Leidensmuster nie wegzukommen. Der Abend verlief also genau wie der letzte.

Für das nächste Mal hatte ich mir jetzt etwas Neues überlegt. Ich fuhr natürlich wieder mit zum Vortrag. Als Kowalski den Raum betrat, beeilte ich mich, um direkt neben ihm sitzen zu können. Schon bevor Viktoria mit dem Vortrag anfing, versuchte ich, mit Kowalski ins Gespräch zu kommen. Er hatte jedoch nicht viel Interesse an mir. Er bereitete sich wohl schon innerlich vor, gut stören zu können. Ich überwand meine Abneigung gegen diesen Typen und begann mich ziemlich offensichtlich an ihn anzulehnen. Er sagte sofort: »He, was soll das?«

»Ich finde, Sie sehen sehr gut aus. Hätten Sie Lust, mit

mir nachher noch eine Tasse Kaffee trinken zu gehen?«, fragte ich ziemlich anzüglich.

Er sagte nur: »Lassen Sie mich in Ruhe.«

Als er zum ersten Zwischenruf ansetzte, nahm ich schnell seine Hand und streichelte sie. Er zog sie sehr aggressiv zurück und sagte: »Hau ab, du Tunte.«

Ich ließ jedoch nicht locker und stemmte mein Bein gegen seines, als er zum zweiten Zwischenruf ansetzen wollte. Er sah mich sehr böse an, und ich lächelte. Als ich ihm dann noch einen Kussmund zuwarf, stand er auf und setzte sich auf einen anderen Platz. Die Plätze neben ihm waren besetzt, und so fühlte er sich wohl vor mir sicher. Ich stand ebenfalls auf und ging zu ihm herüber. Ich fragte die Frau neben ihm, ob sie mit mir die Plätze tauschen würde. Sie war so verblüfft, dass sie einwilligte, ohne lange zu überlegen. Ich setzte mich also wieder neben meinen Kowalski. Als er erneut zu einem Zwischenruf ansetzen wollte, nahm ich noch einmal seine Hand. Diesmal hatte es das gesamte Publikum gesehen. Kowalski bekam einen roten Kopf und verließ den Raum. So, jetzt konnte Viktoria ihren Vortrag ungestört abhalten. Ich war zufrieden, wir würden heute Abend miteinander reden können.

Weit gefehlt, wie ich nach dem Vortrag erkennen musste. Viktoria verstand natürlich nicht, was das alles sollte. Kowalski hatte ja kein einziges Mal gestört. Sie war eher der Meinung, dass ich ihren Vortrag sabotiert hatte. Sie war echt sauer auf mich. Sie glaubte, dass ich nur mitgekommen sei, um ihren Vortrag zu stören, und wollte für den Rest des Abends allein sein. So ein Fehlschlag!

Am nächsten Morgen fuhr ich natürlich wieder mit. Der Streit von gestern war für Viktoria ja noch gar nicht passiert. Ich ließ alles so laufen, als ob ich gar nicht da gewesen wäre – mit dem Ergebnis, dass Viktoria der Meinung war, ich hätte ja auch mal eingreifen können. Aber darum ging es mir gar nicht. Nach dem Vortrag ging ich hinter Kowalski her bis zu seinem Auto. Nun wusste ich, wo er am nächsten Tag sein Auto hinstellen würde.

Wieder einen Montag später wartete ich mit meinem Wagen genau dort, wo der von Kowalski stand. Ich fuhr hinter ihm her. Ich wusste also jetzt, wo er wohnte.

Am nächsten Morgen stand ich ganz früh auf und fuhr zu Kowalskis Wohnung. Ich wartete, bis Kowalski herauskam und wegfahren wollte. Ich gab Vollgas und fuhr Kowalski direkt in die Seite. Er war ganz außer sich und wollte sofort die Polizei rufen. Gut, dachte ich mir, das dauert bestimmt etwas länger. Ich beschuldigte ihn noch, Schuld zu haben, damit die Polizei auch etwas zu klären hatte. Es dauerte auch richtig schön lange, bis alles geregelt war. Ich stellte mich, um alles zu verzögern, jedoch so stur, dass die Polizisten mich mitnahmen auf ihr Revier. Kowalski nahmen sie leider nicht mit. Als Viktoria am Abend heimkam, war sie wieder total frustriert. Dieser blöde Kowalski war wohl mit dem Taxi hingefahren. Ich war total sauer.

Ich wartete am nächsten Morgen genau an der Stelle,

wo Kowalski sein Auto parken würde. Als er kam und sein Auto abstellte, lief ich hin. Er stieg aus, und ich schlug ihm, bevor er überhaupt richtig kapieren konnte, was los war, voll auf die Nase. Die fing natürlich sofort an zu bluten. Sein schönes weißes Hemd war total blutbeschmiert. So konnte er auf jeden Fall nicht zu Viktorias Vortrag gehen. Als Viktoria an diesem Abend nach Hause kam, war sie richtig gut drauf. Ihr Vortrag war ein voller Erfolg gewesen. Ich fühlte mich allerdings nicht so gut. Ich hatte ein schlechtes Gewissen, weil ich Gewalt angewendet hatte. Aber morgen wird sowieso wieder alles beim Alten sein, beruhigte ich mich. Auf jeden Fall konnte ich mich jetzt mit Viktoria unterhalten. Ich sprach sie also mit theatralischer Miene an.

»Ist was passiert, Schatz?«, fragte sie erschrocken.

»Ich weiß nicht, wie ich es dir erklären soll. Ich erlebe immer den gleichen Tag.«

»Ich denke, du bist unzufrieden, weil du deine innere Berufung nicht richtig ausleben kannst. Hab Geduld, du wirst dein richtiges Aufgabenfeld schon noch finden«, meinte sie.

»Nein, Viktoria, so meine ich das nicht. Ich erlebe wirklich immer ein und denselben Tag. Jeder Tag ist bei mir Montag, der 6. März, also heute.«

»Wie meinst du das?«, fragte Viktoria verwirrt.

»Heute sind die gleichen Dinge passiert wie gestern, und morgen wird wieder genau das Gleiche passieren«, antwortete ich.

»Sei nicht albern, Joe. Ist das wieder einer von deinen Späßen, über die nur du allein lachen kannst?«, meinte Viktoria.

»Ich schwöre es, ich erlebe diesen Tag schon zum x-ten Mal. Ich weiß genau, was passieren wird. Um 19.34 Uhr wird es zum Beispiel anfangen zu regnen. Kurz darauf werden draußen zwei Besoffene vorbeilaufen und *So ein Tag, so wunderschön wie heute* singen. Und du hast jetzt Lust, Nutella zu essen.«

»Damit hast du richtig geraten«, meinte Viktoria.

»Ich habe nicht geraten. Ich habe es schon mehrmals erlebt. Ich weiß es«, korrigierte ich.

»Rede keinen Quatsch, Joe. Komm, lass uns lieber überlegen, wo wir heute Abend hingehen könnten. Ich möchte gerne feiern.«

»Du glaubst mir nicht?«

»Wie kann ich dir so eine Story abnehmen?«, erwiderte Viktoria verwundert.

»Aber es stimmt wirklich, ich habe nicht gelogen!«

Viktoria war etwas verwirrt. Wenn ich so hartnäckig etwas behauptete, dann war normalerweise etwas dran. Als es dann 19.30 Uhr war, bat ich Viktoria, mit mir auf unseren Balkon zu gehen. Es war etwas kalt, aber Viktoria tat, was ich wollte. Pünktlich um 19.34 Uhr fing es an zu regnen. Viktoria sah mich nur mit großen Augen an. Als dann die beiden Betrunkenen an unserem Haus vorbeigingen und das Lied sangen, das ich Viktoria genannt hatte, glaubte sie mir.

»Aber wie ist das passiert, Joe?«, wollte sie entsetzt wissen.

»Keine Ahnung, ich weiß nur, dass Ella dahintersteckt. Sie hat vor, mich etwas Wichtiges erkennen zu lassen. Deshalb erlebe ich immer den gleichen Tag.«

»Und ich merke von alldem nichts?«, fragte sie ungläubig.

»So ist es leider. Morgen früh wirst du wieder alles vergessen haben«, sagte ich frustriert.

»Und wenn du es mir morgen früh direkt wieder sagst?«, schlug Viktoria vor.

»Du wirst mir mit Sicherheit nicht glauben. Du wirst nur Gedanken für deinen Vortrag haben«, erwiderte ich.

»Aber du kannst mich doch irgendwie überzeugen, so wie heute Abend. Vielleicht können wir dann gemeinsam eine Lösung finden.«

»Ich werde es versuchen, Viktoria. Was hältst du davon, wenn wir heute Abend auf die Bank gehen und so viel Geld abheben, wie wir können? Danach gehen wir dann los und hauen auf den Putz.«

»Aber Schatz, wir können uns das nicht leisten. Ich weiß jetzt schon nicht, wie wir im nächsten Monat die Miete zahlen sollen«, bremste mich Viktoria.

»Wir können doch ausgeben, so viel wir wollen, morgen wird sowieso wieder alles beim Alten sein«, wandte ich ein.

»Für dich vielleicht, Schatz, aber für mich ist morgen

wirklich morgen und nicht wieder heute. Was wir heute ausgeben, wird mir morgen fehlen.«

»Du hast Recht Viktoria. Dass es für dich anders ist, hatte ich vollkommen vergessen. Dann lass uns jetzt essen gehen oder sonst irgendetwas Schönes tun. Seit mindestens zwei Wochen erlebe ich immer nur, dass wir zu Hause bleiben, weil du dich wegen deines Vortrags schlecht fühlst.«

»Wieso soll ich mich wegen meines Vortrags schlecht fühlen? Es ist doch wunderbar gelaufen!«, meinte Viktoria verständnislos.

»Heute ist es zum ersten Mal gut gelaufen, weil ich ein wenig nachgeholfen habe«, erwähnte ich.

»Wie hast du nachgeholfen?«, wollte sie genau wissen.

»Ich habe verhindert, dass ein gewisser Kowalski deinen Vortrag stört.«

Ich erzählte Viktoria die ganze Geschichte und ließ nichts aus. Sie war völlig überrascht, dass ich solche Maßnahmen ergriff. Aber sie verstand, dass man es einfach nicht mehr so wichtig nimmt, wenn am nächsten Tag wieder alles von vorne beginnt. Ich erzählte ihr auch von der Spielbank und von den Zahlen, die ich mir gemerkt hatte. Viktoria hatte jetzt eine Idee:

»Schatz, ich weiß, wie du mich morgen überzeugen könntest, dass du die Wahrheit sagst. Sag es mir beim Frühstück. Erzähl mir auch von diesem Kowalski, wie er aussieht und wie er redet. Ich bin sicher, dass mich das überzeugen wird. Wenn du mir das mit der Spielbank auch noch klarmachst, werde ich bestimmt nichts dagegen haben, unser gesamtes Geld von der Bank abzuheben. Zumindest könntest du auf diese Art und Weise mal wieder einen wirklich schönen Tag erleben.«

»Das wäre schön, Viktoria. Und du glaubst, es wird funktionieren?«

»Ich glaube, wenn dieser Kowalski tatsächlich auftaucht, wie du es vorhergesagt hast, wirst du mich überreden können, den Vortrag auf der Stelle abzubrechen. Ich habe sowieso gemerkt, dass die Unternehmer nicht die richtige Zielgruppe für meine innere Berufung sind.«

»Viktoria, das wäre toll.«

»Dann lass uns jetzt essen gehen!«, bat mich Viktoria. »Ich möchte mit dir heute einen richtig schönen Abend erleben, so als ob nichts wäre.«

Das taten wir dann auch. Nach zwei Wochen Trübsal war ich zum ersten Mal wieder glücklich. Total zufrieden und nicht an morgen denkend schlief ich an diesem Abend ein. Das war allerdings recht merkwürdig. Ich hatte nämlich überhaupt keine Träume. Ich schlief ein und wachte im gleichen Atemzug durch meinen Radiowecker wieder auf. Und der spielte schon wieder dasselbe Lied: *Looking back, over my shoulder*. Daran erkannte ich sofort wieder, welcher Tag heute war: Montag, der 6. März 1995. Nachdem wir, wie immer, keinen Kaffee mehr hatten, hatte ich mich mittlerweile auf Tee umgestellt.

Ich redete mit Viktoria noch, bevor sie aufgestanden war. Sie konnte es nicht glauben. Ich erzählte ihr von unserem Gespräch von gestern und auch von Kowalski. Ich ließ nichts aus, auch nicht die Spielbank und dass wir heute eine Menge Geld gewinnen würden. Sie wollte mir schließlich glauben, aber sie war noch nicht ganz überzeugt. Sie meinte, wenn dieser Kowalski in ihrem Vortrag auftauchen und stören würde, würde sie genau das tun, was sie selbst am Vorabend vorgeschlagen hatte. Wir würden einfach hinausgehen. Ich hatte noch eine andere Idee. Ich fuhr mit ihr zu dem Platz, an dem Kowalski sein Auto parkte. Wir warteten. Als Kowalski genau auf die Minute kam, wie ich es vorhergesagt hatte, schaute mich Viktoria erst noch einmal verblüfft an. Sie stieg aus und fragte den Mann, der genauso gekleidet war, wie ich es ihr gesagt hatte, nach seinem Namen.

»Warum wollen Sie das wissen, wer sind Sie überhaupt?«, fragte Kowalski.

Ich stieg ebenfalls schnell aus und sagte: »Wenn Sie Herr Kowalski sind, habe ich eine Nachricht für Sie.«

»Ich bin Kowalski. Was für eine Nachricht haben Sie für mich?«, wollte er wissen.

»Ihre Frau lässt Ihnen ausrichten, dass Sie ein armes Würstchen sind und sie Sie nicht mehr in die Wohnung lassen wird. Ich bin der Scheidungsanwalt Ihrer Frau«, erklärte ich Kowalski.

Daraufhin stieg ich wieder in meinen Wagen und bat Viktoria auch einzusteigen. Kowalski stand da und überlegte, ob das jetzt ein schlechter Scherz war oder Wahrheit. Aber woher hätte ich sonst seinen Namen wissen können? Ich grinste nur und fuhr los.

Viktoria war nach diesem Vorfall überzeugt, dass die Geschichte, die ich ihr erzählt hatte, wirklich wahr war. Sie ließ sich also auf ihrem Vortrag nicht blicken. Sie rief im Hotel an und bat darum, sie bei den Vortragsteilnehmern zu entschuldigen, sie hätte einen Autounfall und sei im Krankenhaus.

Wir gingen zuerst einmal frühstücken. Wir wussten zwar noch nicht, was wir den ganzen Tag machen würden, außer die Spielbank zu besuchen. Aber eines wussten wir auf jeden Fall: Arbeiten würden wir heute bestimmt nicht.

Nach dem Frühstück gingen wir einkaufen. Zuvor waren wir jedoch auf der Bank und hoben so viel Geld ab, wie wir kriegen konnten. Wir kauften uns alle möglichen Sachen, für die wir sonst kein Geld hatten und die wir im Grunde genommen auch nicht brauchten. Viktoria kaufte sich das teuerste Parfüm, das sie kriegen konnte, und ich mietete mir ein Motorrad. Viktoria hatte allerdings Angst beim Fahren, und so ließ ich es einfach stehen. Wir kauften uns noch schöne Kleider und gingen damit zur Spielbank. Wir kamen kurz vor 16 Uhr an der Spielbank an. Es war also höchste Zeit. Das Dumme war, dass ich keinen Parkplatz finden konnte. Die Zeit wurde immer knapper. Ich fuhr unmittelbar vor das Kasino und stellte meinen Wagen direkt vor den

Eingang. Es war mir egal, ob man ihn abschleppen oder sogar stehlen würde. Ich schloss noch nicht einmal ab.

Wir schafften es gerade noch rechtzeitig, uns in das Spiel einzuklinken. Ich hatte nur noch 100 DM. Ich setzte auf 18 und gewann 3600 DM. Ich ließ alles im Spiel und setzte auf die 3. Es kam natürlich die 3, und ich gewann fast 130 000 DM. Ich wollte jetzt wieder alles stehen lassen, aber der Croupier winkte ab, das Limit sei 10 000 DM. Ich setzte also die 10 000 auf die dritte Zahl, die ich mir gemerkt hatte. Mein Gewinn betrug jetzt zusammen fast eine halbe Million DM. So schnell hatte ich noch nie so viel Geld verdient. Weil der Croupier so skeptisch schaute, setzte ich noch ein paar Tausender und verlor die nächsten zehn Spiele. Ich merkte mir allerdings wieder die Zahlen für das nächste Mal.

An der Kasse wollte man uns das viele Geld nicht bar auszahlen. Ich leierte dem Kassierer 50 000 DM aus den Rippen und bekam für das restliche Geld einen Bar-scheck. Na ja, die 50 000 reichen ja auch, dachte ich mir. Viel mehr kann ich an einem Tag sowieso nicht ausgeben. Der Scheck wirkte auch sehr beruhigend auf Viktoria. Sie brauchte sich nun vorerst keine Gedanken mehr um unsere finanzielle Situation zu machen.

Mir war natürlich klar, dass mein Reichtum nur für einen Abend galt. Jetzt, wo wir so viel Geld in den Taschen hatten, wussten wir gar nicht, was wir damit anfangen sollten. Normalerweise wäre ich sofort zum

Flughafen gefahren und hätte mir ein Ticket nach Australien gekauft.

»Warum nicht?«, dachte ich mir. Ich wusste nicht, was passieren würde, wenn ich abends nicht ins Bett ginge, sondern einfach die Nacht durchmachte. Es war einen Versuch wert. Wir taten es. Es ging allerdings kein Flug nach Australien mehr. Wir flogen nach Hawaii. Mittlerweile glaubte ich schon daran, dass ich mit diesem Trick meinen Fluch bezwingen könnte. Viktoria redete mir auch gut zu. Sie meinte, sie würde mich nicht fortlassen. Sie würde mich ganz festhalten, wenn die Zeit käme. Wir waren beide total übermüdet, als es langsam auf 6.30 Uhr zuging. Ich bekam Herzklopfen, und Viktoria hielt mich wirklich ganz fest in ihren Armen. Wir verhielten uns wohl etwas seltsam, denn eine Stewardess wurde auf uns aufmerksam und kam zu uns. Sie beugte sich zu mir herab und fragte: »Kann ich irgendetwas …«

Sie war verschwunden und alles andere auch. Ich lag in meinem Bett. Das Radio spielte *Looking back, over my shoulder*: Ich hatte es nicht geschafft. Es war wieder Montag. Viktoria lag neben mir, wurde wach und stand auf. Nichts, aber auch gar nichts war anders. Wir hatten keinen Kaffee mehr und Viktoria wollte früh los, um ihren Vortrag zu halten. Ich war ziemlich frustriert und stand erst gar nicht auf. Ich sagte Viktoria, mir ginge es nicht so gut, was ja auch nicht gelogen war.

An diesem Tag erkannte ich, dass ich mein Schicksal nicht überlisten konnte. Ich hatte wohl doch nur die eine Chance: Ich musste erleben, was ich erleben sollte. Ich war weiterhin der Meinung, es müsse etwas mit Spaß und Freude zu tun haben. Nur, wie sollte ich das erleben? In Urlaub fahren konnte ich nicht. Der Erfolg bei meinen Klienten war auch nichts Besonderes an diesem Tag, und sinnlos Geld auszugeben war nicht so schön, wie ich es mir vorgestellt hatte. Was sollte ich nur tun? Mir fielen schon ein paar Sachen ein, die ich hätte machen können, zum Beispiel wieder Motorrad zu fahren. Aber das jeden Tag zu tun brachte auch nicht die Erfüllung. Außerdem war es zu kalt. Ich könnte ins Kino gehen, aber bald würde ich alle Filme auswendig können. Sport zu treiben fiel mir noch ein, aber glücklich machte mich das auch nicht. Ich trieb normalerweise aus gesundheitlichen Gründen Sport, aber das war jetzt vollkommen uninteressant. Morgen war ich nicht fitter als heute. Nichts würde morgen anders sein. Meine ganze Lage kam mir ziemlich trostlos vor.

Das Einzige, was mir einfiel, wozu ich auch immer große Lust gehabt hatte, war, andere Menschen zu beeindrucken. Ich wusste ja quasi alles, was an diesem Tag passieren würde, und was ich nicht wüsste, könnte ich für den nächsten Tag in Erfahrung bringen. Ich sagte an diesem Tag meine Termine nicht ab. Als meine Klienten kamen, verblüffte ich sie beide schon zu Beginn, indem ich ihnen sagte, dass ich wüsste, warum sie hergekommen waren und noch vieles mehr. Ich sagte ihnen, ich könne ihre Gedanken lesen. Ich könne erkennen, wo genau der Ursprung ihrer Probleme zu finden sei und wie man ihnen helfen könne. Es machte Spaß.

Als sie gingen, hatte ich noch viele Dinge herausgefunden. Ich würde also morgen noch mehr wissen können. Dieses Spiel trieb ich über eine Woche – soll heißen: sieben Montage.

Dann wurde es mir langsam zu dumm, von beiden immer die gleichen Probleme erzählt zu bekommen und sie immer auf die gleiche Art und Weise zu verblüffen. Ich sagte in den kommenden Tagen meine Termine wieder ab. Ich wollte die beiden nicht in der Luft hängen lassen und erklärte ihnen am Telefon alles, was für sie wichtig war. Immerhin hatte ich in den letzten Wochen sehr viel Zeit mit ihnen zugebracht. Sie gehörten schon fast zur Familie. Es bereitete mir auch eine gewisse Freude, diesen beiden Menschen helfen zu können.

Mein Interesse daran, hinauszugehen und Geld auszugeben, schwand immer mehr. Ich hatte schon alles einmal getan, wozu ich Lust hatte. Mein Leben war ganz schön langweilig geworden. Meine Tage waren leer, und am Abend tröstete ich Viktoria.

Ich beschloss, wieder mit Viktoria meine Tage zu verbringen. Gemeinsam war es einfach viel schöner. Ich konnte mich gut mit ihr austauschen. Vielleicht würde es uns gemeinsam doch gelingen, diesen unglücklichen Zustand zu beenden. Ich überzeugte sie also wieder genauso wie beim ersten Mal. Aber Viktoria wollte immer nur die gleichen verrückten Sachen tun, Geld ausgeben und in der Spielbank Geld gewinnen. Es machte mir zwar am Anfang noch Spaß, in der Spielbank die Bank zu sprengen, aber mit der Zeit hatte das auch keinen Reiz mehr. Mein Frust wurde immer größer. Es kam so weit, dass ich zu allem, was Viktoria mir vorschlug, ein langes Gesicht zog. Ich hatte einfach alles schon zu oft gemacht. Eines Abends bekamen wir sogar noch Streit deswegen. Ich hatte die Nase voll. So wollte ich nicht weitermachen. Ich würde dem Treiben jetzt ein Ende setzen.

In dieser Nacht betrank ich mich und fuhr zur Rheinbrücke. Als ich oben auf der Brüstung saß, überlegte ich noch einmal, ob ich wirklich springen sollte. Ich bekam dann doch Angst und fuhr wieder nach Hause.

Es wurde wieder Morgen, der gleiche trostlose Montag wie die ganzen Tage zuvor. Ich hatte keinen richtigen Lebenswillen mehr. Ich schätze, es dauerte wohl zwei oder drei Wochen, da stand ich wieder auf meiner Brücke. Diesmal überlegte ich nicht so lange. Ich sprang. Ich fühlte mich durch die Luft fallen und auch, wie ich unten auf dem Wasser aufschlug. Das Wasser war eiskalt. Ich versuchte jetzt, doch noch ans Ufer zu schwimmen, aber meine Kleider wurden im Wasser so schwer, und das Wasser war so kalt, dass ich es nicht schaffte. Es zog mich runter. Es waren furchtbare Momente. Ich kämpfte um mein Leben. Ich war total in Panik und hatte überall Schmerzen. Ich merkte, wie meine Sinne schwanden. Ich wurde ohnmächtig.

In der nächsten Sekunde hörte ich *Looking back, over my shoulder*. Ich lag also wieder in meinem Bett. Es war mir nicht gelungen. Ich konnte mich noch nicht einmal selbst töten.

Ich versuchte es am gleichen Tag wieder. Ich fuhr mit meinem Wagen mit 180 Stundenkilometern gegen den Pfeiler einer Autobahnbrücke.

Looking back, over my shoulder. Ich hatte noch nicht einmal eine Schramme. An diesem Tag ging ich hinaus und fuhr mit dem Auto einfach durch die Gegend. Ich sah, wie jemand offensichtlich Probleme mit seinem Wagen hatte, und gab ihm einfach meinen. Er wusste gar nicht, was er davon halten sollte. Er wollte den Wagen nicht annehmen. Es dauerte eine halbe Stunde, bis ich ihn davon überzeugt hatte, dass es in Ordnung war. Nachdem ich meinen Wagen verschenkt hatte, fühlte ich mich zum ersten Mal seit langem wieder wohl. Es war mir ganz egal, dass ich jetzt kein Auto mehr hatte. Was bedeutete schon ein Auto? Es war ein gutes Gefühl, jemanden aus einer misslichen Lage befreit zu haben.

Nach diesem Erlebnis hatte ich eine Idee. Ich sah mir am Abend die Nachrichten im Fernsehen an. Es passierten allerhand Dinge an diesem Tag. In Hamburg wurde eine Bank überfallen, wobei ein Angestellter und Familienvater ums Leben kam. Ich zögerte am nächsten Tag nicht lange und flog nach Hamburg. Ich fuhr mit dem Taxi zu der Bank und sah mir die ganze Geschichte an. Der Bankangestellte wurde von einem der Gangster erschossen, als er versuchte, diesen aufzuhalten. Hätte ihm jemand der Anwesenden geholfen, hätte er es sogar geschafft. Am nächsten Tag stand ich direkt neben diesem Angestellten und sprang im gleichen Moment, in dem der Gangster schießen wollte, auf ihn. Wir schafften es, den Typen zu überwältigen, und wurden als Helden gefeiert. Ich hatte bei der ganzen Sache keine Angst. Wenn er mich erschossen hätte, wäre ich ja sowieso wieder gleich in meinem Bett wach geworden.

Nach diesem Tag hatte mein Leben einen neuen Sinn. Ich fuhr überall in Deutschland herum und griff ein, wenn Menschen Hilfe brauchten. Es machte mich eine Zeit lang zufrieden, das zu tun.

Aber auch das genügte mir mit der Zeit nicht mehr. Die Unsinnigkeit meiner Handlungen, die am nächsten Tag wieder ungeschehen sein würden, ließ sich auf Dauer nicht verdrängen.

Ich machte mir natürlich weiterhin viele Gedanken darüber, was ich durch diesen vermaledeiten Tag lernen sollte, kam jedoch auf keinen grünen Zweig.

Ich hatte mir wieder angewöhnt, mit Viktoria meinen Tag zu verbringen. Mir wurde klar, dass die Liebe zu ihr das Einzige war, was mir noch geblieben war. Es war nicht mehr wichtig, was ich mit ihr erlebte. Wichtig war nur noch, mit ihr zusammen zu sein und meinen Gefühlen für sie Ausdruck zu verleihen.

Nach einer Weile erkannte ich, dass ich für viele Menschen Sympathie und Zuneigung empfinden konnte.

Ich konnte diese Gefühle sogar von Tag zu Tag steigern. Die Leute wunderten sich zwar über die Gefühle, die ich ihnen entgegenbrachte, aber das war mir ziemlich egal. Nach einer Weile lebte ich meine Gefühle zu ihnen einfach auf eine Art und Weise aus, die nicht so offensichtlich war. Meine Mitmenschen reagierten darauf sehr positiv.

Es war seltsam – das Einzige, was mir tatsächlich niemals langweilig wurde, waren diese Gefühle. Mir ging es damit von Tag zu Tag immer besser. Kurze Zeit später erkannte ich, dass ich die gleichen Gefühle auch der Natur entgegenbringen konnte. Ich brauchte gar keine anderen Menschen dazu. Ich verbrachte sehr viel Zeit im Wald und empfand regelrecht Liebe für die Bäume und Sträucher des Waldes. Ich betrachtete manchmal stundenlang fasziniert einen glitzernden Tautropfen im Gras, in dem sich die gesamte Welt zu spiegeln schien. Die Welt bot so viel Schönheit im Detail, dass man sich daran kaum sattsehen konnte.

Am Abend erlebte ich eine unglaubliche Liebe für Viktoria, obwohl sie immer völlig fertig war wegen dieses Kowalski. Meiner Liebe war es egal, ob Viktoria glücklich war oder nicht. Ich fühlte mich durch und durch erfüllt von Liebe.

Eines Abends war meine Liebe zu Viktoria so stark, dass sie ihr Wertproblem völlig vergaß. Wir verlebten einen sehr schönen, romantischen Abend. Ich wünschte mir, dass dieser Tag nie zu Ende gehen sollte. Ich empfand mehr Liebe für Viktoria als je zuvor. Ich war mehr als glücklich. Ich dachte noch beim Einschlafen, wie schön es wäre, jeden Tag so stark lieben zu können.

Am nächsten Morgen wurde ich schon vor dem Wecker wach und dachte sofort wieder an den schönen Abend von gestern. Würde es mir heute wieder gelingen, solch starke Gefühle zu haben? Ich wollte warten, bis unser Radiowecker anging, um Viktoria nicht zu stören. Moment mal, schoss es mir durch den Kopf, wieso bin ich denn schon wach? Ich sah auf die Uhr, es war gerade erst sechs Uhr.

»Viktoria«, rief ich aufgeregt, »habe ich es geschafft? Welcher Tag ist heute?«

Viktoria war noch etwas verschlafen und schaltete erst gar nicht.

»Wieso, was ist? Heute ist Dienstag.«

Da merkte sie erst, was los war. Ich weinte vor Glück.

»Ich bin wieder da, Viktoria, ich lebe wieder!«, rief ich voller Freude aus.

Wir umarmten und küssten uns. Es war der schönste Moment in meinem Leben. An diesem Tag nahm Ella wieder Kontakt mit mir auf, als ob alles ganz normal gewesen wäre. Wir trafen uns wie üblich an unserer Klippe.

»Ella, die Nummer, die du da mit mir abgezogen hast, war ganz schön heftig. Aber ich bin trotzdem froh, dich wiederzusehen.«

»Ich freue mich auch, dich zu sprechen«, antwortete Ella.

»Warum musste ich die ganzen letzten Monate immer den gleichen Tag erleben, und wieso bin ich heute herausgekommen aus dem Dilemma?«, wollte ich wissen.

»Du hast nur einen einzigen Tag erlebt«, erklärte Ella. »Das, was dir wie Monate vorkam, war die totale Erinnerung an diesen Tag.«

»Wie meinst du das?«, fragte ich verständnislos.

»Ganz einfach, Einstein hat dir doch erklärt, dass alle Zeit simultan ist, und wir sprachen darüber, dass der Joe der Vergangenheit noch immer diese Vergangenheit erlebt und ständig neue Entscheidungen trifft. Erinnere dich, du erlebst in Wirklichkeit nicht diese lineare Zeit, die du normalerweise gewohnt bist. Du erlebst parallel alle Wahrscheinlichkeiten, die denkbar sind. Dadurch gibt es in jedem Augenblick unendlich viele Joes, die alle ein etwas anderes Leben führen. Bei jeder Entscheidung, die einer dieser Joes trifft, entsteht ein neues Universum.«

»Ja, aber ich dachte, das wäre nur im Geist und nicht in Wirklichkeit«, erwiderte ich verwundert.

»Alle Joes sind genauso wirklich wie du jetzt. Nur weil du sie nicht wahrnimmst, heißt das nicht, dass sie nicht wirklich existieren. Deine normale Bewusstseinseinstellung funktioniert so, dass du dich für einen Augenblick wie ein bestimmter Joe fühlst und im nächsten wie ein anderer.«

»Das verstehe ich nicht«, sagte ich verwirrt.

»Das, was du als die letzten Monate bezeichnest, war in Wirklichkeit folgendermaßen«, begann Ella zu erklären. »Du richtetest deine Illusionsphase auf einen Tag ein. Für diese Zeitspanne hast du die Zeit als linear empfunden. Dieser Tag lief parallel unendlich oft ab und tut es immer noch. Normalerweise nimmst du diese parallelen Tage nicht bewusst war. Du erinnerst dich immer nur an einen Tag und gehst dann zu dem nächsten über. Du nimmst dich also nicht als verschiedene Joes wahr, die den gleichen Tag erleben, sondern glaubst, nur ein Einziger zu sein. Ich weiß, es ist für dich etwas schwierig, dir dies vorzustellen. Du glaubst durch diesen Wechsel von einem Tag zum anderen, dass du älter wirst und irgendwann stirbst. Dies entspricht jedoch nicht der Realität. Du kannst nicht wirklich sterben. Du erlebst bis in alle Ewigkeit jeden Moment in deinem Leben auf unendlich vielfältige Weise.«

»Ich erlebe also in Wirklichkeit den 6. März bis in alle Ewigkeit?«, fragte ich zweifelnd.

»Ja, und nicht nur den, sondern jeden anderen Tag genauso«, bestätigte Ella. »Genauer gesagt gilt dies für jeden unendlich kleinen Moment. Alle diese Joes nehmen aber eine lineare Zeit wahr. Eure neurologische Struktur ist darauf ausgerichtet. Sie ist auch dafür verantwortlich, dass du das Gefühl hattest, dass du die ganzen Tage hintereinander erlebt hast. Du bist nicht in der Lage, mehrere Tage parallel zu erleben, und so hast du die totale Erinnerung an diese parallelen Tage hintereinander geschaltet.«

»Ich verstehe immer noch nicht ganz, Ella.«

»Das ist auch nicht zwingend erforderlich. Das Wichtigste ist, dass du jetzt in der Lage bist, die nächste Botschaft zu verstehen. Deshalb hast du auch das Gefühl, dass du heute einen Tag weiter bist als gestern.«

»Wodurch bin ich denn in der Lage, die nächste Botschaft zu verstehen?«, fragte ich verwundert.

»Durch die Erkenntnis, was dir wirklich wichtig ist«, meinte Ella.

»Was ist denn wirklich wichtig?«, hakte ich nach.

»Deine Gefühle!«, antwortete Ella kurz.

»Ich glaube, ich verstehe langsam, was du mir sagen willst«, meinte ich. »Ich habe früher meine Lebensumstände für meine Gefühle verantwortlich gemacht, obwohl ich eigentlich wusste, dass sie dafür nicht verantwortlich sind. Dieses Wissen war irgendwie nur im Kopf. Jetzt ist es im Bauch. Ich spüre jetzt, dass mir die Umstände rein gar nichts nützen. Es genügt völlig, wenn ich das Nötigste habe zum Überleben. Mehr ist nicht notwendig, um wahrhaft glücklich zu sein. Ich trage die Fähigkeit zum Glücklichsein in mir.«

»Es war von allergrößter Bedeutung, dass du das erkennst«, meinte Ella. »Du hast gelernt zu lieben. Du weißt jetzt, dass du glücklich bist, wenn du das Leben in allen Details liebst. Es ist das Einzige, was du wirklich willst, Joe. Das ist meine nächste Botschaft für dich.«

»Die sechste Botschaft lautet also: *Ich will, was ich liebe!*«, stellte ich fest.

»Ganz genau, es ist das höchste aller Ziele«, bestätigte Ella. »Auch deine angeborenen Grundmotive funktionieren auf dieser Grundlage. Würdest du deine Belohnungsgefühle nicht lieben, die dir deine Instinkte geben, wenn du ein Grundmotiv erfüllst, hättest du keinerlei Antrieb für diese Erfüllung. Damit ist diese Liebe die Grundlage deines Willens. Du willst, was du liebst.«

Botschaft 7

Ich lag ein paar Tage später wieder in meinem Trancesessel und war auf dem Weg zu Ella. Ich wollte die
nächste Botschaft erfahren. Ella begrüßte mich sehr
herzlich. Sie wusste natürlich schon, was ich wollte, und
sagte mit einem zufriedenen Lächeln in den Augen:

»Wir kommen zur letzten Botschaft, Joe.«

»Das heißt, ich bin dem Ziel schon so nahe?«, fragte
ich begeistert.

»Das heißt es.«

»Wie lautet die letzte Botschaft?«, fragte ich aufgeregt.

»Überlege einmal selbst. Ich kann dir so viel verraten,
dass die sieben Botschaften ein geschlossenes System
bilden. Das heißt, die siebte Botschaft führt wieder zu
der ersten.«

»Wie meinst du das genau?«, fragte ich verwirrt.

»Ganz einfach. Die Botschaften haben eine gewisse
Systematik, was dir nur schwer entgangen sein kann.
Schreibe sie einmal untereinander, und du wirst erken-
nen, wie die siebte heißt.«

»Okay, die erste hieß: Ich bin, was ich erlebe.

Die zweite: Ich erlebe, was ich denke.

Dann kam: Ich denke, was ich fühle.

Ich fühle, was ich glaube.

Ich glaube, was ich will.

Ich will, was ich liebe.

Dann müsste die nächste beginnen mit:

Ich liebe, was ich …«

»Denk daran, Joe, es ist die letzte und führt wieder zur ersten.«

»Ich hab's, Ella. Die siebte Botschaft kann nur heißen: *Ich liebe, was ich bin.* Aber wie soll ich diese Botschaft genau verstehen?«

»Du weißt, dass du alles bist, was du erlebst«, begann Ella zu erklären. »Damit bist du dein Leben. Wenn du liebst, was du bist, heißt das, dass du dein Leben liebst. Es heißt, dass du genau das tun sollst, was du am 6. März am Ende getan hast. Du hast dein Leben geliebt. Du hast erkannt, dass du alles hast, was du brauchst, um wahrhaft glücklich zu sein. Du brauchtest keine Millionen und keinen Ruhm.

Das Einzige, was du wirklich brauchst, damit du dein Glück leben kannst, ist die Erfüllung deiner angeborenen Grundmotive. Doch dafür musst du wie jeder andere, der in deiner Kultur lebt, nichts mehr tun. Eure Grundmotive sind schon längst erfüllt. Ihr lebt in einer Zeit, in der es schier unendlich viele Menschen gibt, die zu euch passen und bei denen ihr erwünscht seid. Ihr habt seit der Frühzeit einen sehr großen Schutz vor

Gewalt aufgebaut und gleichzeitig ein soziales Netz geschaffen, das euer Überleben sichert. In eurer Kultur ist es mittlerweile wahrscheinlicher, vom Blitz erschlagen zu werden als zu verhungern.

Weiterhin ist eure Entscheidungsfreiheit durch eure Gesetze gesichert. Eure Macht könnt ihr in Synergie mit anderen Menschen ausleben. Das Grundmotiv nach sexueller Befriedigung kann ebenfalls jeder befriedigen. Dafür braucht man nicht unbedingt einen anderen Menschen. Kurz: Ihr habt alles, was ihr braucht, um glücklich zu sein. Das ist die Botschaft, die du an andere Menschen weitergeben solltest. Mit dieser Botschaft fängt ein neues Zeitalter an.«

»Ein neues Zeitalter?«, hakte ich verwundert nach.

»Um dies zu verstehen, solltest du alle sieben Botschaften im Zusammenhang und damit zugleich aus einer übergeordneten Perspektive sehen. Bisher hast du sie alle nur separat voneinander erlebt. Die *erste* Botschaft hat dir klargemacht, wer du bist. Du bist alles, was du erlebst. In Wirklichkeit erlebst du jedoch nicht nur dieses eine Leben, das dir so bekannt vorkommt, sondern unendlich viele Realitäten gleichzeitig.

In der *zweiten* Botschaft wurde dir klar, dass deine Gedanken deine Welt erschaffen. Weiterhin hast du die Komplexität deiner Gedanken verstanden und dass es unmöglich ist, deine Gedanken willentlich zu kontrollieren, um deine Realität bewusst zu gestalten.

In der *dritten* Botschaft hast du erkannt, dass deine

281

Gedanken sehr stark von deinen Gefühlen beeinflusst werden. Weiterhin wurde dir bewusst, dass dir deine Gefühle einen Wahrnehmungsfilter aufsetzen, mit dem du dann eine Realität aus der Unendlichkeit der Wirklichkeiten auswählst und dann bewusst erlebst.

Der Wahrnehmungsfilter deiner Gefühle entsteht durch deine Überzeugungen über das Leben. Das war die Aussage der *vierten* Botschaft.

Du hast in der *fünften* Botschaft erlebt, dass deine Glaubenssatzstruktur nicht zufällig entsteht. Deine genetisch veranlagten Grundmotive sorgen dafür, dass du die Welt aus einem ganz bestimmten Blickwinkel kennen lernst. Du willst sie erfüllen und suchst nach einem Weg dazu. Mit dieser Absicht beurteilst du deine Umwelt und nimmst als kleines Kind bereits deine ersten Glaubenssätze über das Leben an. Da du sorgfältig auswählst, von welchen Eltern du geboren wirst, entstehen die Glaubenssätze, die du erleben willst.

Du hast in der *sechsten* Botschaft erfahren, was du wirklich willst. Du willst, was du wirklich liebst. Weiterhin hast du erlebt, dass das Leben dir alles bietet, was du dazu brauchst. Alle deine Grundmotive sind in der heutigen Zeit erfüllt. Du hast alles, was du brauchst, um wahrhaft glücklich zu sein.

Mit diesem Wissen im Hintergrund kannst du anfangen, wirklich zu lieben, was du bist. Du kannst anfangen, alles zu lieben, was du erlebst. Das ist die *siebte* und letzte Botschaft. Die Voraussetzung für diese Liebe besteht in der Erkenntnis, dass du alles hast, was du brauchst, um das Leben lieben zu können. Und genau diese Erkenntnis läutet das neue Zeitalter ein.«

»Das verstehe ich immer noch nicht, muss ich zugeben.«

»Ihr konntet euer Leben bisher nicht uneingeschränkt lieben, weil ihr immer glaubtet, nicht alles zu haben, was ihr braucht«, erklärte Ella weiter. »Eure Instinkte waren so beschaffen, dass ihr in der Illusion lebtet, eure Grundmotive wären nicht erfüllt oder stark gefährdet. Das glauben zurzeit noch fast alle Menschen, die auf eurem Planeten leben.«

»Aber warum glauben wir das alle, wenn es nicht wahr ist?«, fragte ich verständnislos.

»Weil ihr es so gewollt habt«, antwortete Ella ohne Umschweife. »Ihr habt euch die Instinkte so geschaffen, dass ihr in der ständigen Illusion lebtet, eure Grundmotive wären nicht erfüllt oder nicht ausreichend abgesichert.«

»Aber warum um alles in der Welt haben wir dies getan?«, fragte ich verständnislos.

»Weil ihr diese Realität erleben wolltet«, erwiderte Ella.

»Wozu wollte ich so etwas?«, fragte ich weiterhin verständnislos. »Dieser Fehlglaube verursacht Probleme ohne Ende. Was soll daran schön sein?«

»Es war dir gleichgültig, ob es angenehm oder unangenehm ist. Die genaue Motivation ist schwer zu verstehen. Versuche dich als ein multidimensionales Wesen zu begreifen. Als dieses Wesen willst du alles erleben, was überhaupt vorstellbar ist. Und die Realität, die ihr euch geschaffen habt, ist nun mal vorstellbar.«

»Wie soll ich das anstellen, dass ich mich als ein multidimensionales Wesen begreife?«, hakte ich nach.

»Es ist ähnlich wie in deinen Träumen«, antwortete Ella. »Da bist du auch oft eine andere Person oder lebst in einem völlig anderen Alltag. Und trotzdem bist du immer du. Du bist ich, und du bist Joe und noch unzählige andere Identitäten, an die du dich nur nicht erinnern kannst. Doch auch, wenn du dich nicht daran erinnern kannst, hast du selbst beschlossen, das Experiment Erde zu erleben.«

»Zu welchem Ziel soll dieses Experiment führen?«, wollte ich wissen. »Versprechen wir uns dadurch neue Erkenntnisse oder so etwas?«

»Nein, Joe, darum geht es nicht. Versetz dich noch einmal auf deine multidimensionale Bewusstseinsebene. Auf dieser Ebene bist du sehr unternehmungslustig. Du stellst ständig irgendetwas an. Ich meine dies natürlich nur übergeordnet. Du weißt, ich kann dir deine wahre Realität nicht erklären. Halte dich deshalb nicht pedantisch an dem fest, wie ich es dir sage.

Stell dir vor, du bist eine Wesenheit mit unvorstellbar großem schöpferischem Potenzial. Du lebst in deinen Schöpfungen und erschaffst diese mit völliger Leichtigkeit auf sehr kreative und liebevolle Weise. Du triffst jetzt bei deiner Reise durch die Realitäten auf eine physische Existenz, die so ganz anders ist als alles, was du kennst. Die Wesenheit, die hier existiert, hat sich in unendlich viele kleine Einheiten aufgeteilt und erlebt die Illusion, völlig voneinander unabhängig zu sein. Du siehst all die spannenden Verwicklungen und Kreationen, die diese Wesen hervorbringen. Sie erleben so genannte Emotionen, Körpergefühle, eine lineare Zeit und ganz sorgfältig abgesteckte Spielregeln, innerhalb derer sich ihr Leben abspielt. Ihre Freiheit geht sogar so weit, dass sie erleben können, wie sie sterben. Sie haben im Kleinen immer noch die Möglichkeit, sich mit anderen Menschen oder Tieren oder auch mit der Natur eins zu fühlen, bleiben aber dennoch weiter Individuen. Sie sind sogar in der Lage, negative Emotionen wie Hass und Schuld zu empfinden. Auf deiner multidimensionalen Ebene ist das ganz unmöglich. Sie können sich in ihrer geschlechtlichen Rolle als Mann oder Frau fühlen. Sie fühlen sich von dem Wissen anderer Leben abgeschnitten und können sogar glauben, dass ihre Existenz nach dem Leben beendet ist. Würde dich solch eine Existenz nicht auch interessieren?«

»Das glaube ich kaum. So schön, wie du das alles schilderst, ist das nicht. Und worin soll der Sinn des Ganzen liegen?«, fragte ich verständnislos.

»Der Sinn des Lebens liegt im bloßen Sein begründet. Es gibt kein Ziel, das ihr erreichen müsst. Ihr wollt eure Welt erleben, weiter nichts! Verstehst du? Deshalb kannst du auch keine Fehler machen. Alles, was du tust, ist in Ordnung.«

»Das kann ich alles nicht so ganz akzeptieren, Ella. Hat denn der Sinn des Lebens überhaupt nichts mit Weiterentwicklung zu tun?«

»Joe, denk daran: Alles, was ist, ist eins. Versuche dich mal in folgende Vorstellung hineinzuversetzen: Stell dir vor, du hast eine gigantische, überaus tolle und geniale Idee. In solch einem Fall entsteht in dir sicherlich der unwiderstehliche Drang, diese Idee zu verwirklichen. Genau das ist der Grund dafür, warum du Mensch geworden bist. Du wurdest geboren mit einem Potenzial an Ideen, Fähigkeiten, Neigungen, Interessen und Triebkräften, das die optimalen Voraussetzungen dafür bildet, die Ideen zum Ausdruck zu bringen, derentwegen du Mensch geworden bist. Aus diesen Ideen heraus entstand der Wunsch zu einem ganz bestimmten Leben als Mensch. Ein Leben, das die perfekten Rahmenbedingungen dafür liefert, deinen Ideen Ausdruck zu verleihen. Du schufst ein Ich, das perfekt darauf ausgerichtet war, die Verwirklichung der Ideen zu erleben. Das ist der Grund, warum dein Ich existiert. Nun musste dieses Ich natürlich vergessen, wer es eigentlich ist. Denn ohne dieses Vergessen hätte es die Verwirklichung der Ideen als Zuschauer erlebt und nicht als Bestandteil des Ausdrucks. Als Ausdruck dieses Lebensspiels bist du ein göttlicher Aspekt von all-dem-was-ist und vollkommen. Du bist ein Wesen von unbegrenzt schöpferischem Potenzial. Dieses Potenzial kann nicht vervollkommnet werden. Du bist ein vollkommenes Wesen und bedarfst in diesem Sinne keinerlei Weiterentwicklung. Der Glaube an diese Entwicklung ist ein Trugschluss und entsteht aus dem Glauben an die Trennung, der bisher die Grundidee des Menschseins bildet. Der Glaube an die Entwicklung ist ein Glaube, den du verwirklichen willst. Du willst ihn in allen nur möglichen Varianten manifestieren als deine ureigenste Schöpfung: gleich einem Kunstwerk, das die Aspekte deiner Persönlichkeit zum Ausdruck bringt.

Was dich auf diese Erde gebracht hat, war der Wunsch, diese besondere Realität zu erleben. Es war dein Wunsch, an diesem Bewusstseinsexperiment teilzuhaben. Auch wenn du dies nicht so ganz nachvollziehen kannst.«

»Ich habe das Gefühl, dass das Experiment Erde so langsam zu Ende gehen sollte«, sagte ich entschlossen. »Ich möchte glücklich sein. Und ich möchte so viele Menschen wie möglich in dieses Glück mitnehmen. Ich frage mich nur, was mit uns passiert, wenn wir dieses Experiment wirklich beenden.«

»Es gab durch alle Zeiten hindurch Menschen, die diesen Schritt schon gegangen sind. Sie sind jetzt in einer Realität, die ihnen ganz andere Erlebnismöglichkeiten bietet als die Erde.

Es gab viele Kulturen auf der Welt, die in eurer Geschichte irgendwann plötzlich verschwunden sind – die Inkas beispielsweise und auch die Einwohner von

Atlantis. Wenn ein einzelner Mensch oder eine ganze Kultur den Schritt in eine neue Realitätsebene getan hat, verlässt sie diese Raum-Zeit-Welt und hinterlässt denen, die nach ihnen kommen, das Territorium. Das ist auf eurer Welt schon viele Male so geschehen. Aber noch nie hat es die gesamte Menschheit geschlossen geschafft, diesen Schritt zu machen. Das kann dieses Mal der Fall sein, wenn du deine Informationen weitergibst. Ich weiß, dass es sehr viele Menschen auf diesem Planeten gibt, die das Experiment Erde abschließen wollen. Sie alle werden sich für diese Aufgabe zusammenschließen. Zunächst solltest du jedoch das Gespräch führen, das du die ganze Zeit schon vor dir herschiebst.«

Ich wusste sofort, was Ella meinte. Ich hatte mich bisher immer noch nicht getraut, Viktoria auf ihren Denkfehler mit dem Lebensziel anzusprechen. Ich bedankte mich bei Ella für das Gespräch und überlegte, wie ich das Gespräch mit Viktoria beginnen könnte. Mir war jedoch immer noch nicht ganz wohl bei diesem Gedanken.

Ich versuchte, mir zunächst wieder einmal klarzumachen, dass ich alles hatte, was ich brauchte, um wahrhaft glücklich zu sein. Doch das allein half nicht. Wenn ich an Viktoria dachte, spürte ich immer noch ein dumpfes Gefühl in der Magengegend.

Mir wurde klar, dass ich meinen Instinkten in diesem Fall offensichtlich beweisen müsste, dass alle Grundmotive erfüllt waren – selbst dann, wenn Viktoria meine Ausführungen als Angriff auf ihren Wert und ihre Ehre sehen sollte. Ich ging meine sieben Grundmotive daher alle einmal gesondert durch.

Bestand eine Gefahr, dass Viktoria nicht mehr zu mir passen würde, wenn sie meine Informationen nicht akzeptieren könnte? Mein Instinkt sagte erst einmal ja. Aber war das wirklich so? Musste Viktoria wirklich in allen ihren Ansichten mit mir konform laufen? Das war doch gar nicht notwendig. Es gab so viele Dinge, in denen wir wunderbar harmonierten. Ich dachte an einige dieser Dinge und bekam immer mehr das Gefühl, dass Viktoria wunderbar zu mir passte.

In diesem Moment spürte ich, wie mein Instinkt arbeitete. Er hatte nicht gerade viel Überblick. Er reagierte nur auf den Gedanken, den ich gerade dachte. Dachte ich an etwas, das nicht so gut passte, machte er mir Vermeidungsgefühle. Dachte ich an etwas, was gut passte, machte er mir sofort wieder Belohnungsgefühle. Verschaffte ich mir einen komplexen Überblick, wie ich das eben mit Viktoria getan hatte, reagierte mein Instinkt auf diesen Überblick.

Ich spürte, dass Viktoria auf jeden Fall weiterhin generell zu mir passen würde – selbst dann, wenn sie in diesem einen Punkt gänzlich anderer Meinung sein würde als ich. So wichtig war dieser eine Punkt nicht, als dass ich dafür meine Beziehung aufgeben wollte.

Ich betrachtete mit dieser Entscheidung das erste

Grundmotiv als erledigt und wendete mich dem Erwünschtsein zu.

In diesem Punkt hatte ich meine größten Schwierigkeiten. Würde Viktoria mich nicht ablehnen, wenn ich ihre Arbeit der letzten Jahre zunichte machte? Mein Instinkt hatte sehr große Probleme mit diesem Gedanken. Mir war jedoch klar, dass er wiederum total kurzsichtig dachte. Er sah nur diese eine Situation vor sich und reagierte darauf, als gäbe es sonst nichts anderes mehr, was uns zusammenhielt. Offenbar reagierten meine Instinkte noch ganz genauso wie bei Tieren. Anders konnte ich mir das nicht erklären.

Meine Gefühle verbesserten sich auf jeden Fall zusehends, als ich unsere Beziehung in einem sehr viel weiteren Rahmen sah. Ich dachte an all das, was wir miteinander erlebt hatten, an alles, was uns miteinander verband, und an all die Dinge, an denen ich täglich sehen konnte, dass ich bei Viktoria erwünscht war. Es gab jeden Tag hundert Bestätigungen dafür. Diese Bestätigungen zeigte ich meinem Instinkt, der daraufhin sofort wieder Belohnungsgefühle auslöste. Mit diesem umfassenden Überblick erschien es mir als völlig weltfremd, dass Viktoria mich verlassen könnte, nur weil ich ihre Arbeit kritisierte.

»Aber wird sie mich vielleicht verlassen, weil sie sich in ihrem Wert angegriffen fühlt?«, schoss mir durch den Kopf.

Ich wusste natürlich, dass dies immer noch ihr großes

Problem war. Genau deshalb wollte ich ja mit ihr reden. Ihr Glaube an ihr Lebensziel hielt diese Minderwertigkeitskomplexe ja aufrecht.

Ich konnte diese Gefahr nicht ganz negieren. Sie bestand ganz offensichtlich. Aber wie groß war sie wirklich? Würde mich Viktoria wirklich verlassen, weil sie sich in ihrem Wert angegriffen fühlte? Sie würde vermutlich beleidigt sein, möglicherweise sogar ziemlich lange. Aber ich glaubte nicht, dass sie mich verlassen würde.

Mein Kopf sagte mir, dass ich das Risiko eingehen sollte, denn das, was wir gewinnen könnten, wäre sehr viel größer als das Risiko. Mein Bauch sagte jedoch ganz klar: »Lass die Finger davon!«

Mittlerweile hatte ich gelernt, meinem Bauch nicht blind zu vertrauen. Und das war auch gut so. Ich schaute mir das Gefühl in meinem Bauch an und erkannte, dass mein Instinkt mir wieder panische Angst vor dem Verlassenwerden machte. Bei genauerer Betrachtung erkannte ich, dass ich sogar Angst davor hatte, einsam zu werden. Vor meinem inneren Auge sah ich Viktoria, wie sie mir den Rücken kehrte und wegging. Außer Viktoria war sonst niemand da, und so urteilte mein Instinkt, dass ich einsam wäre, wenn Viktoria mich verlassen sollte.

Mir war klar, dass mein Instinkt das aufgrund dieser geistigen Vorstellung nicht anders beurteilen konnte. Aber ich konnte das. Ich dachte daran, wie mein Leben wirklich war. Ich hatte viele Freunde. Ich war nicht allein. Mir war ebenfalls klar, dass Viktoria nicht die letzte Frau auf der Welt war, mit der ich mein Leben verbringen könnte. Allerdings war sie mit Abstand meine beste Wahl. Ich dachte an all die mystischen Verbindungen zwischen uns zweien. Allein unsere gemeinsamen Träume damals waren doch Beweis genug.

In mir stellte sich immer mehr das Gefühl ein, dass Viktoria und ich uns niemals trennen würden. Wir waren eine Seele. Mein Instinkt belohnte mich für diese Gedanken mit den schönsten Gefühlen. Mir wurde dabei klar, dass die Sicherheit, nicht einsam werden zu müssen, der Schlüssel zu diesen guten Gefühlen war. Solange ich diese Angst hatte, beurteilte ich die Situation sehr viel kritischer. Jetzt, wo mir klar war, dass ich niemals einsam sein würde, konnte ich mir kaum vorstellen, dass es mit Viktoria ernsthafte Probleme geben könnte. Die Vermeidungsgefühle, die mein Instinkt anfangs noch machte, bauten wohl darauf auf, dass er jede Gefahr hinsichtlich Einsamkeit, die man nicht hundertprozentig ausschließen konnte, unbedingt vermeiden wollte.

Ich dachte zur Sicherheit noch einmal an all die Menschen, die auf jeden Fall in meinem Leben bleiben würden, sollten Viktoria und ich uns trennen. Ich dachte auch an sehr viele Menschen, die ich noch gar nicht kannte – Menschen, die in Zukunft meinen Lebensweg kreuzen würden und möglicherweise zu Freunden oder sogar zu Partnerinnen werden könnten. Die Auswirkungen waren wieder die gleichen wie zuvor: Ich fühlte, dass es völlig unrealistisch war, dass Viktoria mich verlassen könnte. Die Gefahr war so klein, dass es sich nicht lohnte, groß darüber nachzudenken.

Zufrieden mit meiner bisherigen Arbeit wendete ich mich dem Freiheitsmotiv zu. Hier brauchte ich nur daran zu denken, dass mir nichts passieren konnte. Ich würde nicht einsam werden und auch mein Leben nicht gefährden. Was also sollte es für einen Grund geben, nicht meine freie Entscheidung zu treffen? Ich spürte sofort, dass ich meine Entscheidungsfreiheit hatte, und wendete mich dem Machtmotiv zu.

Mit diesem Motiv hatte ich etwas mehr Schwierigkeiten. Ich wollte unbedingt, dass Viktoria annahm, was ich ihr zu sagen hatte. Ich spürte eine starke Manipulationsabsicht in mir. Damit wollte ich Viktoria nicht gegenübertreten. Sie hätte sich logischerweise in ihrer Entscheidungsfreiheit angegriffen gefühlt, und es hätte einen Machtkampf gegeben.

Ich dachte also wieder daran, was mir Ella über das »1+1=3« gesagt hatte. Ich wollte mit Viktoria eine Lösung finden, die uns beiden gemeinsam mehr Glück brachte als jedem von uns allein. Ich dachte noch einmal daran, dass auch Viktoria ihre Grundmotive erfüllen wollte, so wie jeder andere Mensch auch. Ich wusste also, was sie im Grunde ihres Herzens wollte. Ich wusste weiterhin, wie sie versuchte, es zu bekommen.

Natürlich würde sie sich wehren, wenn ich versuchen würde, ihr dies einfach wegzunehmen. Würde ich ihr jedoch zuerst eine bessere Maßnahme liefern, wie sie ihre Grundmotive erfüllen könnte, wäre es sicherlich keine Schwierigkeit, die schlechtere loszulassen.

Ich fühlte mich durch diese Gedanken regelrecht beflügelt. Ich konnte es jetzt kaum erwarten, mit ihr reden zu können. Ich wusste, dass Viktoria eine gute Lösung sofort erkennen würde. Und ich hatte eine sehr gute Lösung – eine Lösung, die im Gegensatz zu ihrer wirklich funktionierte. Das würde sie sofort spüren. Sie hatte die gleichen Instinkte wie ich. Und ich wusste, wie ich diesen Instinkten Belohnungsgefühle entlocken konnte. Ich brauchte nur Dinge anzusprechen, die Bestätigungen für das Erfülltsein aller Grundmotive darstellten. Viktoria würde sehr schnell spüren, dass ihre Grundmotive in Wirklichkeit alle schon erfüllt waren. Sie musste dafür nicht mehr wertvoll werden. Das war egal. Ich freute mich also sehr darauf, mit Viktoria an diesem Abend zu reden. Ich war richtig begeistert.

Viktoria war an diesem Abend sehr erfreut über meine gute Stimmung. Ich nahm dies zum Anlass, ihr aufzuzeigen, dass alle unsere Grundmotive in unserer heutigen Zeit erfüllt waren. Ich schwärmte regelrecht davon, dass man dafür nicht mehr tun müsste. Wir hätten schon längst alles, was wir brauchten, um wahrhaft glücklich zu sein.

Meine Glücksgefühle schienen ansteckend zu sein.

Viktoria steigerte sich mit mir zusammen in eine regelrechte Glücksekstase hinein. Je mehr ihr klar wurde, dass auch ihre Grundmotive wahrhaftig alle erfüllt waren, sie es bisher nur noch nicht gemerkt hatte, desto mehr strahlten ihre Augen.

Es kam der Augenblick, an dem ich sie auf ihre Lebenszielphilosophie ansprechen wollte. Doch Viktoria kam mir zuvor.

»Dann ist das ja alles gar nicht mehr nötig, was ich bisher gemacht habe«, sagte sie voller Freude. »Dann muss kein Mensch mehr über sein Lebensziel nachdenken«, erkannte sie und lachte.

»Es ist sogar besser, wenn sie dies nicht tun«, ergänzte ich. »Sie machen sich sonst viel zu viel Druck, um etwas zu erreichen, was sie schon längst erreicht haben.«

»Das bringt nur unnötig Probleme«, meinte Viktoria dazu. »Das machen wir von jetzt an anders!«

Aufgrund Viktorias positiver Reaktion auf dieses Gespräch steigerten sich meine Glücksgefühle ins Unermessliche. Ich war unendlich glücklich und freute mich darauf, unsere Botschaft so vielen Menschen wie möglich zugänglich zu machen. Viktoria und ich wollten dabei zusammenarbeiten. Sie wollte aus ihrem alten Beruf aussteigen und sich nur noch zusammen mit mir dieser Aufgabe widmen.

Am nächsten Tag kam gleich eine Klientin namens Julia in meine Praxis, die Viktoria und ich gemeinsam empfingen.

»Wie geht es Ihnen?«, fragte Viktoria bei der Begrüßung.

»Es ging mir schon mal besser«, antwortete die Frau mit einem Lächeln.

»Es geht um einen Mann!«, sagte Viktoria direkt. »Habe ich Recht?«

»Genauer gesagt geht es um meinen Mann«, antwortete Julia.

»Was ist mit ihm?«, wollte Viktoria wissen. »Hat er Sie verlassen?«

»Er ist vor einem Jahr zu seiner Freundin gezogen«, antwortete sie.

»Und Sie wollen ihn wieder zurückhaben?«, fragte Viktoria.

»Das will ich!«, antwortete Julia energisch.

»Und allein können Sie nicht glücklich sein?«, wollte Viktoria wissen.

»Ich will nicht allein sein!«, erwiderte Julia bestimmt. Mir war sofort klar, dass diese Frau momentan auf keinen Fall glücklich sein wollte. Sie wollte ihren Mann zurückbekommen, indem sie litt. Das war ihre Manipulationstaktik, die sie unbewusst verfolgte. Er sollte merken, was er ihr antat, und zu ihr zurückkommen. Mir war klar, dass Julia Angst vor Einsamkeit hatte, sollte sie ihren Mann nicht zurückbekommen. Deshalb griff sie zu diesem für sie sehr unangenehmen Mittel des Leidens. Ganz offensichtlich würde Julia nicht zulassen, dass wir ihr Leid zerstörten. Wir mussten also erst einmal die Bereitschaft aufbauen, ihren momentanen Zustand verändern zu wollen.

»Sie müssen ja auch nicht allein bleiben«, meinte ich dann. »Nur solange es Ihnen so schlecht geht, werden Sie kaum eine Chance haben, Ihren Mann zurückzubekommen.«

»Wieso denn das?!«, fragte Julia entsetzt.

»Wie attraktiv wirken Sie wohl auf ihn, wenn Sie mit hängenden Ohren depressiv in der Ecke sitzen und vor sich hin leiden?«, fragte ich sehr provokativ. »Da rennt er logischerweise gleich zu der anderen, wenn er das sieht.«

Julias Augen wurden feucht.

»Aber wie attraktiv wären Sie, wenn Sie vor Glück und Lebensfreude nur so sprühen?«, sagte ich gleich begeistert. »Er würde sicherlich den Kontakt mit Ihnen wieder genießen. Sie waren wohl eine Weile sehr glücklich miteinander. Da gibt es auf jeden Fall noch eine Basis zwischen Ihnen beiden – zumindest dann, wenn Sie eine gewisse Anziehungskraft auf ihn ausüben. Und nichts zieht mehr an als Glück und Lebensfreude.«

Julia schaute mich sehr nachdenklich an.

»Ich wäre gerne wieder glücklich. Aber ich kriege das nicht hin«, meinte sie dann.

»Glauben Sie, dass Sie einen metaphysischen Einfluss auf die Ereignisse in ihrer Realität haben?«, fragte ich Julia, einer Intuition folgend.

»Da bin ich sicher«, antwortete sie. »Aber bisher hat

es nicht funktioniert. Ich sage mir den ganzen Tag, dass er heute anrufen wird, aber nichts geschieht. Warum nicht?«, fragte sie ratlos.

»Weil das so nicht funktioniert mit der Realitätsgestaltung. Es nützt Ihnen nichts, wenn Sie tausendmal am Tag etwas runterbeten. Es kommt darauf an, was für Gedanken und Bilder Ihnen tatsächlich im Kopf herumspuken. An was denken Sie wirklich, wenn Sie sich sagen, dass er heute anrufen wird? Was sehen Sie dabei vor Ihrem geistigen Auge?«, fragte ich nach.

»Ich sehe ihn mit ihr!«, sagte sie wütend. »Wie er mit ihr Arm in Arm durch die Straßen läuft.«

»Und genau das realisieren Sie sich!«, sagte ich eindringlich. »Da können Sie noch so schöne Worte benützen und Ihre Worte mit Licht und Liebe aufladen. Wenn Sie dieses Bild vor Augen haben, werden Sie genau das erleben. Er bleibt bei ihr.«

»Ich kriege diese Scheißvorstellung aber nicht raus aus meinem Hirn«, wandte sie wütend ein.

»Das kommt daher, dass Sie die andere Frau für Ihr Unglück verantwortlich machen. Sie ist das Problem. Und dieses Problem zu lösen ist Ihr höchstes Ziel. Sie spukt also den ganzen Tag in Ihrem Hirn herum, weil Sie permanent nach einer Lösung für Ihr Problem suchen.«

»Und wie kriege ich sie da raus?«, wollte Julia erneut wissen.

»Solange es Ihr höchstes Ziel ist, Ihren Mann zurückbekommen zu wollen, kriegen Sie sie gar nicht da raus«, erklärte ich.

»Heißt das etwa, ich soll mich damit abfinden, wie es jetzt ist?«, erwiderte sie widerwillig.

»Sie brauchen Ihr Ziel nicht aufzugeben«, beruhigte ich sie. »Wir wollen Ihnen ja helfen, Ihr Ziel zu verwirklichen. Sie dürfen Ihr Glück nur nicht davon abhängig machen, dass es funktioniert. Solange Sie sich abhängig fühlen, können Sie an nichts anderes denken und kleben an der Vorstellung von Ihrem Mann und seiner Freundin fest. Und das wollen Sie sich ja wohl nicht wirklich weiterhin antun.«

»Und was soll ich jetzt machen?«, fragte sie ratlos.

»Schauen wir uns als Erstes einmal an, warum Sie Ihren Mann zurückhaben wollen«, schlug ich vor.

»Weil ich mit ihm glücklich war«, antwortete Julia.

»Ich frage Sie das jetzt einmal rein hypothetisch«, sagte ich. »Wenn Sie mit Ihrem Mann total unglücklich gewesen wären, würden Sie ihn dann immer noch zurückhaben wollen? Auch wenn Sie genau wüssten, dass Sie wieder sehr unglücklich mit ihm sein würden?«

»Natürlich nicht!«, meinte sie. »Aber wir waren ja nicht unglücklich – im Gegenteil.«

»Sie erkennen aber, dass Ihr wahres Ziel darin besteht, glücklich zu sein, oder?«, wollte ich wissen.

»Natürlich will ich glücklich sein«, meinte Julia.

»Was ist Ihnen denn wichtiger? Glücklich zu sein oder Ihren Mann zurückzubekommen?«, hakte ich nach.

»Erst einmal will ich ihn zurückbekommen, dann bin ich automatisch wieder glücklich«, sagte sie.

»Und bevor Sie ihn nicht zurückhaben, brauchen Sie gar nicht daran zu denken, glücklich zu sein«, ergänzte ich. »Genau das ist Ihr Problem. Solange Sie Ihr Glück davon abhängig machen, ihn zurückzubekommen, wird sich an der Situation nichts ändern. Sie werden so lange nach einer Lösung suchen, ihn zurückzubekommen, bis Sie diese Bedingung zum Glücklichsein erfüllt haben. Damit kleben Sie an dem Problem fest und gestalten es sich weiterhin.«

»Aber es ist doch so!«, meinte Julia eindringlich. »Ich bin ohne ihn nicht glücklich.«

»Ja, aber nur, weil Sie meinen, dass Sie wegen Ihres Mannes glücklich waren und das allein nicht geht. Das stimmt aber nicht«, erklärte ich.

»Ich kann mir nicht einreden, dass das nicht stimmt. Ich erlebe es jeden Tag«, wandte Julia ein.

»Sie erleben es, weil Sie das Schöne in dieser Welt gar nicht mehr anschauen«, erwiderte ich. »Das Einzige, was für Sie einen Sinn hat, ist, darüber nachzudenken, wie Sie Ihren Mann wieder zurückbekommen können. Und bei diesem Ziel fühlen Sie sich richtig schlecht, weil Sie die Chancen dazu nicht wirklich hoch einschätzen. Durch Ihre Machtlosigkeit sehen Sie ständig Ihren Mann mit seiner Freundin vor Ihrem geistigen Auge. Damit kann man wirklich nicht glücklich sein. Sie sind jedoch nicht unglücklich, weil Sie Ihren Mann verloren haben, sondern nur, weil Sie sich vierundzwanzig Stunden am Tag mit dem Problem beschäftigen und sich machtlos fühlen.«

»Es gibt eine interessante Untersuchung über das unterschiedliche Glücksempfinden von Singles und Paaren«, begann Viktoria zu erzählen. »Man hat dabei genau unter die Lupe genommen, wie viele Stunden des Tages Paare tatsächlich unmittelbar durch ihre Partnerschaft glücklich sind und wie viele nur mittelbar.«

»Was bedeutet mittelbar?«, unterbrach sie Julia.

»Unmittelbare Glücksfaktoren in einer Partnerschaft sind zum Beispiel Zärtlichkeiten oder Liebe«, erklärte Viktoria. »Dinge, die wir mit anderen Menschen nicht teilen. Mittelbare Glücksgefühle durch die Partnerschaft möchte ich Ihnen anhand eines Beispiels erklären:

Sie könnten sich gemeinsam einen Sonnenuntergang anschauen. Das ist etwas Schönes. Es liegt jedoch an Ihnen, ob Sie ihn wirklich genießen können. Wenn Ihr Mann gar nicht dabei wäre, zwischen Ihnen aber alles stimmt, würden Sie den Sonnenuntergang möglicherweise trotzdem als sehr romantisch und schön empfinden.

Hängt der Beziehungsfrieden jedoch gerade einmal schief, werden Sie die Schönheit des gleichen Sonnenuntergangs vermutlich nicht spüren können – auch dann nicht, wenn Ihr Mann neben Ihnen sitzt.

Wenn Sie Single wären, hätten Sie ebenfalls beide Möglichkeiten. Sie könnten den Sonnenuntergang genießen, weil Sie ihn schön finden. Oder Sie könnten ihn anschauen und darüber nachdenken, dass Ihnen Ihr Mann fehlt, der mit Ihnen den Sonnenuntergang anschaut. Im letzteren Fall würden Sie beim Anblick der Sonne den Mangel fühlen, dass Ihnen Ihr Mann fehlt.

Unser Glück oder unser Unglück ist vorwiegend von diesen mittelbaren Auswirkungen einer Partnerschaft abhängig. Was glauben Sie? Wie viele Stunden des Tages verbringen Paare mit unmittelbaren Glücksgefühlen durch die Partnerschaft?«, fragte Viktoria.

»Keine Ahnung«, meinte Julia.

»Die meisten Menschen gehen acht Stunden am Tag arbeiten. Dann fahren sie eine halbe Stunden hin zur Arbeit, ein halbe wieder zurück. Dann gibt es noch die Mittagspause. Also, zehn Stunden ist man meistens gar nicht zu Hause«, erklärte Viktoria. »Was macht man in der Zeit, die übrig bleibt? Essen kochen, einkaufen, fernsehen, sich mit Freuden treffen und so weiter. Also, wie viele Stunden unmittelbares Glück erfahren die meisten Paare in ihrer Beziehung am Tag? Was schätzen Sie?«

»Gar nicht mal so viel, denke ich. Vielleicht vier Stunden?«, meinte Julia.

»Eine halbe!«, betonte Viktoria. »Und das waren Paare, die nach eigenen Angaben glücklich miteinander waren. Es war allerdings so, dass man inspirierende Gespräche zwischen den Partnern nicht als unmittelbares Partnerschaftsglück gewertet hat. Diese Gespräche fanden auch mit anderen Menschen statt und wurden mit dem gleichen Glücksempfinden von den Leuten selbst definiert. Es wurde tatsächlich nur berücksichtigt, was nur Paare miteinander erleben. Und das war im Durchschnitt lediglich eine halbe Stunde Glück.«

»Das hätte ich nicht gedacht!«, sagte Julia beeindruckt. »Die restliche Zeit macht keinen Unterschied?«

»Das mittelbare Glücksempfinden wurde von Singles und Paaren gleich eingeschätzt. Viele Singles sind permanent unglücklich, weil sie sich nach einem Partner sehnen. Viele Paare sind unglücklich, weil sie permanent Beziehungsprobleme haben. Es gibt nach dieser Untersuchung genauso viele glückliche Menschen, die Single sind, wie es auch glückliche Menschen in Beziehungen gibt. Es ist offensichtlich nicht die Beziehung, die glücklich macht. Es sind die Menschen selbst, die darüber entscheiden, ob sie glücklich sind oder nicht. Die Lebensverhältnisse machen da keinen Unterschied.«

»Ihr Mann kann also unmöglich wirklich die Lösung für Ihr Lebensglück sein«, hakte ich ein. »Das müssen Sie schon selbst machen.

Vor ein paar Jahren ging es mir übrigens ganz genauso wie Ihnen. Meine Partnerin hatte mich verlassen. Ich litt wie ein Hund unter der Trennung. Nach einer Weile traf mich jedoch eine Erkenntnis wie ein Blitz. Diese Erkenntnis veränderte dann ganz plötzlich alles«, sagte ich geheimnisvoll.

»Was war das für eine Erkenntnis«, wollte Julia wissen.

»Mir ist auf einmal klar geworden, was wirklich passiert war: Ich war jetzt nicht einsam und verlassen. Ich war wieder Single!«, betonte ich. »Nichts weiter. Einfach nur Single. Genau das, was ich vor dieser Beziehung auch gewesen war. Waren Sie unglücklich, bevor Sie Ihren Mann kennen lernten?«, wollte ich von ihr wissen.

»Eigentlich nicht!«, sagte sie nachdenklich.

»Dann gibt es auch jetzt keinen Grund dazu. Es ist jetzt wieder genauso, wie es damals war. Eine neue Ausgangsbasis für eine neue oder die alte Beziehung. Wie lange das dauert, ist nicht so wichtig. Die halbe Stunde Beziehungsglück könnten Sie sich sicherlich auch mit etwas anderem vertreiben. Auf jeden Fall würde es einen Sinn machen, die dreiundzwanzigeinhalb Stunden des Tages, die gar nichts mit einer Beziehung zu tun haben, auch entsprechend unabhängig von Ihrem Problem zu genießen.«

»Theoretisch leuchtet mir das schon ein«, meinte Julia.

»Aber praktisch ist es nicht so einfach«, führte Viktoria ihren Gedanken fort.

»Es ist gar nicht so schwer«, meinte ich. »Wenn Sie erkannt haben, dass es ein Denkfehler war, dass Ihr Glück von Ihrer Beziehung abhängt, dann wird es für Ihr wirkliches Ziel auch wieder Wege geben. Ihr wirkliches Ziel ist es, glücklich zu sein. Bisher hatten Sie nur einen Weg zu diesem Ziel: Sie mussten Ihren Mann zurückbekommen. Wenn Ihnen klar ist, dass wir hier nur über eine halbe Stunde täglich reden, sieht die ganze Sache ganz anders aus.«

»Meinen Sie, ich schaffe das?«, fragte Julia unsicher.

»Wenn Sie daran denken, dass dadurch Ihre Chancen erheblich steigen, Ihren Mann doch noch zurückzubekommen, dann bestimmt«, meinte ich. »Müssen Sie ihn zurückbekommen, damit Sie glücklich sein können?«, fragte ich sicherheitshalber noch einmal nach.

»Vom Kopf her nicht«, meinte sie. »Aber vom Gefühl her schon noch ein bisschen.«

Mir war klar, dass es bei Julia nur noch um die beiden Grundmotive Passen und Erwünschtsein gehen konnte. Ich sprach sie also ganz konkret darauf an.

»Glauben Sie, dass Sie auch in Zukunft noch Menschen um sich herum haben können, die wirklich gut zu Ihnen passen?«

»Ich denke schon«, meinte Julia.

»Denken Sie bitte noch einmal genau nach! Wie sicher ist es, dass Sie immer Menschen um sich herum haben, die gut zu Ihnen passen?«

»Das ist eigentlich sicher«, antwortete Julia.

»Hundertprozentig sicher?«, hakte ich nach.

»Hundertprozentig«, bestätigte Julia.

»Und wie sicher ist es, dass diese Menschen Sie mögen werden?«, wollte ich wissen.

»Ziemlich sicher«, sagte Julia etwas zweifelnd.

»Wie sicher wirklich?«, hakte ich nach. »Wie sicher ist es, dass die Leute, die zu Ihnen passen, Sie auch mögen?«

»Eigentlich auch so gut wie hundertprozentig sicher«, meinte Julia jetzt überzeugter.

»Denken Sie bitte einmal an ein paar dieser Menschen aus Ihrem Freundeskreis«, bat ich Julia. »Werden Sie von denen gemocht?«

»Natürlich«, bestätigte sie.

»Werden Sie auch zukünftig von diesen Menschen gemocht?«, wollte ich wissen.

»Ich denke schon«, war ihre zurückhaltende Antwort.

»Denken Sie oder glauben Sie?«

»Es ist so gut wie sicher, dass ich auch zukünftig gemocht werde«, meinte sie.

»Können Sie sich vorstellen, dass sogar noch einige Freunde hinzukommen könnten, die Sie noch gar nicht kennen?«, fragte ich.

»Ich denke, es ist normal, dass das passiert«, antwortete sie.

»Ist es auszuschließen, dass auch ein interessanter Mann dabei sein kann, der sich für Sie interessiert?«, fragte ich mit einem Augenzwinkern.

»Das ist ganz und gar nicht ausgeschlossen«, meinte Julia lachend. »Das ist sogar ziemlich sicher.«

»Können Sie sich vorstellen, dass es einen Mann gibt, der besser zu Ihnen passt als jeder andere, weil es nämlich Ihr Seelenpartner ist?«, hakte Viktoria an dieser Stelle des Gespräches ein.

»Bisher dachte ich immer, dass mein Mann mein Seelenpartner wäre«, meinte Julia.

»Wenn das so wäre, dann hätte er sie auf keinen Fall verlassen«, meinte Viktoria. »Ich könnte mir vorstellen, dass dies nicht zufällig passiert ist. Möglicherweise haben Sie sich die Begegnung mit Ihrem Seelenpartner bereits gestaltet. Möglicherweise wartet er nur darauf, dass Sie von Ihrem Mann loslassen und damit Ihr Herz für ihn frei machen.«

»Das wäre zu schön, um wahr zu sein«, meinte Julia.

»Aber es wäre möglich«, ergriff ich wieder das Wort.

»Möglich ist alles«, bestätigte Julia.

»Doch egal, was passiert, einsam würden sie niemals. Können Sie das nachvollziehen?«, fragte ich.

»Natürlich. Einsam würde ich sicherlich nicht«, stimmte Julia zu.

»Welche Julia möchten Sie jetzt sein?«, sagte ich. »Wollen Sie weiterhin die Julia sein, die sich von Ihrem Mann abhängig macht und sich damit aller Möglichkeiten beraubt, ein glückliches Leben und eine glückliche Partnerschaft zu erleben? Oder wollen Sie die Julia sein, die ihr Herz wieder öffnet und das Leben wieder mit offenen Armen empfängt?«

»Kann es sein, dass Ihre Frage nicht ganz neutral gestellt ist?«, fragte Julia amüsiert.

»Das kann nicht sein. Ich bin immer ganz neutral«, antwortete ich scherzend.

»Ich will natürlich die glückliche Julia sein.«

»Und warum?«, hakte ich nach.

»Weil Glücklichsein sowieso das ist, worum es im Leben geht. Und zusätzlich sind meine Chancen am größten, mein anderes Ziel auch noch zu erreichen.«

»Und warum sind Ihre Chancen am größten?«, fragte ich.

»Weil ich dann die Vorstellung von meinem Mann mit seiner Freundin endlich aus dem Kopf habe«, meinte sie. »Stattdessen sehe ich mich mit ihm oder meinem Seelenpartner durch die Straßen laufen. Ich denke, es ist sinnvoller, mit dieser inneren Vorstellung meine Realität zu gestalten.«

»Würde es Sie also unglücklich machen, wenn Sie Ihren Mann nicht zurückbekommen?«, hakte ich nach.

»Ich glaube nicht«, meinte Julia selbstsicher. »Mir ist klar geworden, dass ich tatsächlich ohne ihn glücklich sein könnte. Er würde aber zu meinem Glück beitragen.«

»Das hört sich gut an. Ihre Entscheidung ist also gefallen? Sie wollen die glückliche Julia sein?«, fragte ich abschließend.

»Das will ich. Voll und ganz«, stimmte sie zu.

»Dann wünsche ich Ihnen ein glückliches Leben und dass Sie den Mann Ihres Lebens bald neben sich haben – wer auch immer das sein mag.«

Als Julia schließlich ging, war sie völlig aufgekratzt. Sie hatte ihre Lebensfreude wiedergewonnen. Viktoria und ich waren der Meinung, dass wir in diesem Gespräch ein tolles Team waren. Wir waren sehr stolz auf unseren ersten gemeinsamen Erfolg, den wir an diesem Abend sehr ausgiebig feierten.

Am nächsten Tag besuchte ich Ella in meinem Tranceland. Ich hatte einfach Lust, sie zu sehen.

»Schön, dass du kommst«, begrüßte sie mich freundlich. »Ich möchte dir gerne etwas erklären, das für Viktoria und dich im Moment wichtig sein wird. Ich möchte euch erklären, was Liebe ist.«

»Da bin ich gespannt«, sagte ich neugierig. »Überall hört man nämlich etwas anderes.«

»Der Grund dafür besteht darin, dass die Menschen Liebe mit einem Gefühl erklären wollen«, meinte Ella. »Liebe ist jedoch kein Gefühl. Es ist viel mehr als das. Liebe ist eine Daseinsform. Es ist die ursprünglichste Art zu existieren. Alles, was existiert, ist in Wirklichkeit eine Einheit. Es ist nichts voneinander getrennt. Liebe ist demnach die Daseinsform des Einsseins.

Es ist jedoch jedem Individuum freigestellt, ob es diese Daseinsform wahrnimmt oder nicht. Nehmen zwei Menschen das Einssein zwischen ihnen wahr, resultieren daraus eine ganze Menge verschiedener Gefühle und Verhaltensweisen. Sie fühlen sich zum Beispiel miteinander verbunden. Sie spüren Harmonie. Oder sie spüren den Wunsch, zusammen zu sein. Sie spüren Freude darüber, dass sie zusammen sind. Und sie spüren Bewunderung, Hochachtung oder Zuneigung für den Menschen, den sie lieben. Viele Menschen fühlen sich zu Hause, wenn sie die Liebe erkennen. Die meisten Menschen halten dann ihre Art, die Daseinsform der Liebe wahrzunehmen, für die einzig gültige.

Auf der menschlichen Ebene reagieren Menschen meistens ziemlich ähnlich auf die Erkenntnis des Einsseins. Ihre Instinkte veranlassen sie zum Beispiel dazu, den Partner zu spiegeln. Sie schlüpfen förmlich in seine Haut und kopieren seine Art, sich zu bewegen oder zu reden. Viele Gesten und auch seine Mimik werden übernommen. Sie tun das, weil sie mit ihrem Partner eins sein wollen. Das ist eines der Merkmale, an dem man die Erkenntnis der Liebe erkennen kann.«

»Und wie entsteht überhaupt so etwas wie Liebe?«, wollte ich wissen.

»Liebe kann man nicht entstehen lassen«, meinte Ella. »Sie ist immer da. Man kann sie nur erkennen. Bei manchen Menschen erkennst du sie auf den ersten Blick. Mit anderen müsste man dich erst einmal zusammen drei Jahre im Fahrstuhl einsperren, damit du die Liebe erkennen würdest«, scherzte Ella. »Der Prozess ist in beiden Fällen jedoch ein Erkenntnisprozess. Was du mit Viktoria erlebt hast, als ihr euch kennen lerntet, war auch ein Prozess des Erkennens. Ihr habt zunächst die Nähe zwischen euch erkennen können. Dabei fühltet ihr noch eine gewisse Distanz zueinander. Diese Wahrnehmungsweise bescherte euch ein Gefühl von Verbundenheit. Nach und nach habt ihr erkannt, dass die Distanz zwischen euch kleiner war als gedacht. Ihr fühltet eine immer größere Nähe. Zum Schluss wurde die Distanz zwischen euch unendlich klein. Ihr wurdet eins. Genauer gesagt habt ihr zum Schluss erkannt, was ihr die ganze Zeit schon wart. Ihr wart immer schon eins und werdet es immer sein.«

»Dann sind wir Seelenpartner?!«, fragte ich begeistert.

»Die Bezeichnung Seelenpartner entstammt einer menschlichen Betrachtungsweise. Es gibt keine wirkliche Trennung zwischen den Seelen. Daher gibt es auch nicht wirklich so etwas wie Seelenpartner. Es ist jedoch eine gültige Form der Wahrnehmungseinschränkung.«

»Gibt es jetzt Seelenpartner oder nicht?«, hakte ich noch einmal nach.

»Es kommt darauf an, wie du die Partnerschaft zwischen dir und einem anderen Menschen wahrnimmst. Grundsätzlich ist es dir möglich, mit jedem Menschen eine Seelenpartnerschaft wahrzunehmen. Das ist ganz allein deine Entscheidung.«

»Dann ist sie doch aber gar nicht wirklich!«, wandte ich ein.

»Es ist wirklich. Es gibt keine Wirklichkeit außerhalb von euch selbst. Damit gibt es auch keine außenstehende Macht, die so etwas wie Seelenpartnerschaften festlegen könnte. Alles ist, wie gesagt, eine Einheit. In einer Einheit kann nichts außen stehen. Wie du die Einheit siehst, bleibt deiner Freiheit überlassen. Siehst du eine Seelenpartnerschaft, so existiert sie auch. Alles, was denkbar ist, existiert.

So existieren auch Seelenfamilien und größere Seelensippschaften, weil viele Menschen diese Form der

Wahrnehmung gewählt haben. Wenn du diese Wahrnehmungsform angenommen hast, wirst du die Einheit innerhalb deiner Seelenfamilie sofort wahrnehmen, wenn dir ein Mensch aus deiner Seelenfamilie begegnet. Das bedeutet, du wirst die Liebe zwischen euch wahrnehmen. Das kann zu dem Phänomen *Liebe auf den ersten Blick* führen. Dies ist ein Prozess des spontanen Erkennens.

Die Seelensippschaft besteht in dieser Wahrnehmungsform aus mehreren Seelenfamilien. Wenn du deine Zugehörigkeit oder gar das Einssein mit dieser Sippschaft auch noch spontan erkennst, dann fühlst du die Liebe ebenfalls sofort, wenn dir jemand aus deiner Seelensippschaft begegnet. Die meisten Menschen nehmen jedoch das Einssein in der Sippschaft nicht ganz so schnell wahr wie in der Seelenfamilie. Es dauert damit unter Umständen etwas länger, bis sie sich verlieben.

Je größer die Seelengruppe wird, die in dieser Wahrnehmungsform berücksichtigt wird, desto schwerer fällt es den Menschen, das Einssein zu erkennen. Grundsätzlich ist es jedoch möglich, das bei jedem Menschen zu erkennen. Ihr seid also in der Lage, euch in jeden Menschen zu verlieben. Es gibt umso mehr Seelenpartner, je mehr ihr das Einssein zwischen euch und einem anderen Menschen erkennt. Ob ihr jetzt jemanden findet, der aus eurer unmittelbaren Seelenfamilie kommt oder aus einer weit entfernten Gruppe, spielt keine Rolle. Alle Menschen sind eins. Und das kann bei jedem Menschen gleichermaßen wahrgenommen werden. Der Prozess des Erkennens dauert unter Umständen nur etwas länger, wenn es eine weit entfernte Seelengruppe ist.«

»Dann könnten Viktoria und ich das, was wir miteinander erlebt haben, auch mit anderen Menschen erleben?«, fragte ich Ella verwundert.

»Nicht genau das Gleiche«, antwortete sie. »Jeder Mensch ist einzigartig und nicht ersetzbar. Wenn ihr das Einssein mit einem Menschen wahrnehmt, dann ist dieses Gefühl natürlich eine Folge beider Persönlichkeiten, welche die Einheit ausmachen. Ein anderer Mensch würde mit euch eine andere Einheit bilden. Diese jedoch könnte ähnlich beglückend sein wie das, was ihr miteinander erlebt habt.

Die Schwierigkeiten, welche die Menschen dabei haben, liegen weniger auf der Seelenebene. Es sind mehr die menschlichen Anforderungen, die ihr an einen Partner stellt, die zu dem Erkennen des Einsseins führen. Mit einem Menschen, der diese Anforderungen überhaupt nicht erfüllt, wollt ihr euch gar nicht eins fühlen. Ihr spürt infolgedessen auch keine Zuneigung und richtet eure Wahrnehmung gar nicht auf die Verbindung zu diesem Menschen aus. Sind die Anforderungen teilweise erfüllt, kann es zu Zuneigung kommen. Es liegt dann bei euch, wie weit ihr mit dem Erkenntnisprozess voranschreitet. Es hängt davon ab, wie sehr ihr eurer Zuneigung nachgebt. Die meisten Menschen haben unumstößliche Anforderungen, die dann letztendlich über Freundschaft oder Partnerschaft bestimmen. Manchmal werden diese Anforderungen jedoch auch fallen gelassen. Ihr erkennt dann die Liebe, obwohl ihr keinen Grund dafür finden könnt.«

»Gehört dieses Verständnis der Liebe auch zur siebten Botschaft?«, fragte ich Ella.

»So ist es«, bestätigte sie. »Liebe, was du bist, bedeutet auch, erkenne das Einssein mit allem, was du bist. Und du bist alles, was du erlebst. Wenn du alles liebst, was du erlebst, wirst du dich eins mit allem fühlen. Und es ist nicht schwer, alles zu lieben, was du bist. Du brauchst nur daran zu denken, dass du alles hast, was du brauchst, um wahrhaft glücklich zu sein.«

»Warum genügt das?«, fragte ich ahnungslos.

»Die Aussage, dass du alles hast, was du brauchst, um wahrhaft glücklich zu sein, wird zweifellos zu einem festen Glaubenssatz über das Leben. Was glaubst du, wird dieser Glaubenssatz in deiner Realitätsgestaltung bewirken?«, fragte Ella.

»Ich werde genau erleben, was ich gedacht habe«, erkannte ich begeistert. »Ich werde alles erleben, was mir das Gefühl gibt, dass ich wirklich alles habe, was ich brauche, um wahrhaft glücklich zu sein. Ich glaube, mir steht ein sehr schönes Leben bevor!«, schwärmte ich.

In diesem Moment wurde das Licht in meiner Trancewelt plötzlich so intensiv, dass es mich vor Schönheit fast blendete. Nicht, dass es mich wirklich blendete – ich konnte direkt in das Licht hineinsehen. Ich kann nicht richtig in Worte fassen, was ich erlebte, ich war total überwältigt. Ich spürte einen unbeschreiblich tiefen inneren Frieden, gleichzeitig aber auch eine so starke Euphorie, dass ich glaubte, rein emotional nicht in der Lage zu sein, diesen wunderschönen Zustand noch weiter auszuhalten.

Ella war plötzlich verschwunden. Ich saß bestimmt eine halbe Stunde auf meiner Klippe und traute mich kaum zu atmen, damit dieses schöne Gefühl nicht wieder verschwand. Als Ella dann wieder erschien, hatte sich meine Stimmung gefestigt. Ich hatte jetzt keine Angst mehr, dieses Hochgefühl zu verlieren. Ich sah Ella mit ganz anderen Augen. Irgendwie hatte ich das Gefühl, dass ich in einen Spiegel schaute, wenn ich Ella ansah. Wir sahen uns für viele Sekunden tief in die Augen, ohne ein Wort zu sagen, bis ich dann schließlich das Wort ergriff und sie begrüßte.

»Hallo, Ella.«

»Hallo, Joe, du bist fast angekommen. Dies wird in dieser Form unsere letzte Sitzung sein.«

»Heißt das, unsere Wege trennen sich hier?«, fragte ich erschrocken.

»Nein, Joe, unsere Wege können sich nicht trennen. Du bist ich. Hast du das schon vergessen? Du wirst sehr bald dein Vorstellungsvermögen und deine menschlichen Grenzen weit überschreiten«, sagte Ella. »Du wirst eine neue Seinsweise erleben. Eine Seinsweise, die daraus resultiert, dass du alles hast, was du brauchst, um glücklich zu sein. Diese Erkenntnis wird dein Leben sehr viel intensiver beeinflussen, als dir jetzt bewusst ist. Überall auf der Welt werden Menschen beginnen, dies zu erkennen. Gemeinsam werdet ihr die Welt verändern.

Ich möchte dir zum Schluss noch jemanden vorstellen, der diese Entwicklung schon vor Jahrhunderten vorhergesehen hat. Er kann dir noch ein paar Informationen mit auf den Weg geben, was euch auf der neuen Erde erwarten wird und wie der Übergang zu dieser Welt vonstatten gehen wird.«

Neben Ella erschien ein Mann, den ich seiner Kleidung nach dem späten Mittelalter zugeordnet hätte. Er sah mich bedeutungsvoll an und sagte: »Ich bin Nostradamus – ich denke, du hast schon einmal etwas von mir gehört.«

»Das habe ich in der Tat«, erwiderte ich. »Deine Prophezeiungen sind weltbewegend. Du hast die Weltkriege vorausgesagt und viele andere Dinge.«

»Ich habe auch das Ende der Welt vorausgesagt, das zum Anfang des dritten Jahrtausends kommen wird«, ergänzte Nostradamus.

»Willst du damit sagen, dass die Welt durch unser neues Wissen untergeht?«, fragte ich entsetzt.

»Nein, Joe, ich konnte mir nur zu meiner Zeit keine Welt vorstellen ohne unser christliches Weltbild. Ich habe aber genau gesehen, dass die alte Welt beendet sein würde. Jetzt weiß ich, dass es einen Übergang zu einer anderen Welt geben wird. Die Welt wird also nicht untergehen, aber sie wird sich ganz gravierend verändern – so stark, dass ich früher glaubte, es würde keine Welt mehr geben. Ich kann nur annähernd versuchen, dir die Auswirkungen von dem zu erklären, was ihr jetzt tun werdet. Was du dir jetzt vorstellen kannst, ist in etwa ein Achtel von dem, was sich wirklich ereignen wird. Die Dimensionen, die diese Veränderung erreicht, können dir nicht in vollem Umfang erklärt werden, da dein Verstand nicht in der Lage wäre, dies überhaupt zu fassen. Deshalb gebe ich dir nur eine Andeutung. Es ist wie gesagt nur etwa ein Achtel von dem, was wirklich auf euch zukommt.«

»Gibt es keine Möglichkeit, irgendwie den vollen Umfang zu erfahren?«, hakte ich neugierig nach.

»Wenn du bereit bist, deinen Verstand zu opfern, würde dies für den Bruchteil einer Sekunde gehen, danach wärst du jedoch wahnsinnig«, meinte Nostradamus.

»Okay, schon überredet. Ein Achtel ist genug«, erwiderte ich überzeugt.

»Die Natur ist eine direkte Widerspiegelung eures Bewusstseins. Wenn sich ein gewisser Kreis von Leuten zusammengetan hat, wird sich die Natur sehr positiv verändern. Hieran werdet ihr erkennen können, welche Macht ihr habt, die Dinge ins Positive zu wenden. Die Menschen werden von einem Strahlen im Gesicht behaftet sein. Das Umfeld, in dem ihr euch befindet, wird für alle Zeiten ins Positive gekehrt. Durch nichts auf der Welt können die Menschen, die in diesem Umfeld leben, wieder von der gleichen Negativität befallen werden wie zuvor. Ihr werdet kleine Paradiese um euch herum erschaffen. Die Aufgabe, die gesamte Natur in dieser Weise umzuwandeln, ist groß. Es wird etwa 20 000 Menschen geben, die sich dieser Aufgabe verschreiben. Sie werden aus allen Teilen der Welt kommen und sich mit euch zusammenschließen. Die Zeit ist nun gekommen, wo sich diese Menschen zusammenfinden.

Auch werden sich Beziehungen verändern, und Schulen werden ein neues Bewusstsein bekommen. Schritt für Schritt werdet ihr die gesamte Welt zum Positiven verändern.

Ihr werdet in wenigen Generationen eine Welt erleben, in der alle Menschen eins sind. Sie alle werden eine neue Bewusstseinsebene einnehmen.

Ihr alle seid momentan noch schlafende Götter. Ihr werdet jedoch bald aufwachen und zum Bewusstseinsstand des vollkommen bewussten Menschen aufsteigen. Eure Welt wird eine Welt ohne Gegensätze sein. Ihr werdet eine Welt erleben, in der ihr euch all eurer Wahrscheinlichkeiten, all eurer Schöpfungen bewusst seid. Die allumfassende Liebe, als Gefühl des vollkommenen All-Einsseins, wird euer ständiger Wegbegleiter sein. Zeit und Raum werden in dieser Welt viel spielerischer gehandhabt als in eurer jetzigen. Ihr werdet die Vorzüge der physischen Welt mit den unbegrenzten Möglichkeiten der geistigen Welt kombinieren. Ich wünsche euch viel Spaß dabei.«

Nostradamus verschwand mit diesen Worten. Vor mir erschien noch einmal Ella in einem sehr hellen, weißen Licht.

»Wenn wir uns das nächste Mal sehen, Joe, wirst du meine wahre Realität erkennen können und damit deine eigene. Bis bald, wir sehen uns wieder.«

Tipps zur Realitätsgestaltung

Vor ca. 15 Jahren hörte ich davon, dass unsere Glaubenssätze einen metaphysischen Einfluss auf die Ereignisse in unserem Leben ausüben sollen. Mit anderen Worten: Wir können die Ereignisse in unserem Leben bestimmen. Ein Glaubenssatz ist eine Aussage über das Leben, von der ich glaube, sie sei kein Glaubenssatz – sondern die Wahrheit! Diese Wahrheiten beeinflussen sehr stark unser Denken und unsere Wahrnehmung – und damit auch die Gestaltung unserer Realität.

Wenn du beispielsweise glaubst, alle Männer wollen immer nur das eine, brauchst du dich um die Details nicht zu kümmern! Du triffst immer nur auf genau solche Männer. Sie wollen wirklich immer nur das eine: dein Geld! ☺

Andere Überzeugungen bringen Glück in alle Lebensbereiche: den perfekten Beruf, eine glückliche Partnerschaft, Freunde, Gesundheit und Wohlstand.

So wurde es mir erklärt. Es hörte sich alles sehr einfach an. Nur: Wie bekommt man solche Überzeugungen? Ich habe viele Jahre damit verbracht, genau das herauszufinden. Mir war klar, dass ich meine Überzeugungen verändern musste, wenn ich glücklich werden wollte. In der Folge arbeitete ich daran wie besessen. Ich versuchte, meinen Glauben zu stärken. Tag und Nacht machte ich Affirmationen oder übte irgendwelche mentalen Techniken. Nach vielen Jahren erkannte ich schließlich, dass ich damit weit gekommen war – jedoch leider in die falsche Richtung!

Ich musste einsehen, dass ich meinen Glauben nicht erzwingen konnte. Ich war der Meister des Zweifelns geworden – also genau das Gegenteil von dem, was ich hatte erreichen wollen. Doch wie war es so weit gekommen? Ich verstand die Welt nicht mehr.

Dann befragte ich meine innere Stimme, der ich den Namen Ella gegeben hatte. Ihre Antwort verwirrte mich zunächst. »Was, glaubst du, gestaltest du für Lebenssituationen, wenn du die Überzeugung hast, du *musst* deine Überzeugungen verändern?«

Ich verstand nicht, was Ella mir sagen wollte. Ich musste doch tatsächlich meine Überzeugungen verändern! Das war keine Überzeugung, sondern das war wirklich so! Es war für mich die Wahrheit! Ella fragte mich daraufhin, wie ich eine Überzeugung definierte.

»Wenn ich von etwas überzeugt bin, dann glaube ich, es sei die Wahrheit«, antwortete ich.

»Und jetzt glaubst du, es sei die Wahrheit, dass du deine Überzeugungen ändern musst!«, erwiderte Ella. »Dabei ist es nichts anderes als eine Überzeugung. Diese Überzeugung lenkt deine Wahrnehmung auf alle Überzeugungen, die geändert werden sollten. Und damit rufst du dann Ereignisse in dein Leben, die diese Überzeugungen widerspiegeln.«

Ich war sprachlos. Ich wusste nicht, was ich davon halten sollte. Ella brach das Schweigen und fragte mich noch einmal: »Wie, denkst du, gestaltest du deine Realität, wenn du glaubst, du *musst* deine Überzeugungen verändern? Worauf richtet sich dann deine Wahrnehmung?«

»Keine Ahnung«, war meine ratlose Antwort. »Aber so wie es aussieht, wohl nicht unbedingt auf das Positive!«

»Der Fokus deiner unbewussten Aufmerksamkeit ist auf die Gründe gerichtet, derentwegen du glaubst, deine Überzeugungen ändern zu müssen. Du musst jedoch nur etwas ändern, wenn sonst etwas sehr Negatives passiert. Das heißt, deine Wahrnehmung ist auf das gerichtet, was du mit der Veränderung deiner Überzeugungen eigentlich vermeiden willst. Stattdessen erschaffst du die Situationen dadurch aber erst. Der Realität ist es egal, ob du ein Ereignis fokussierst, weil du es willst oder weil du es vermeiden willst. Du lenkst den Fokus deiner Wahrnehmung in beiden Fällen auf das Ereignis – und es geschieht. Und wenn es dann geschehen ist, siehst du das als Bestätigung dafür an, dass du deine Überzeugungen ändern musst!«, klärte mich Ella auf. »Je mehr du dich auf dieses Verändernmüssen konzentrierst, desto mehr fokussierst du dich unbewusst auf die Ereignisse, die du verändern willst. Das bedeutet, die negativen Ereignisse spitzen sich immer mehr zu. Du erschaffst dir damit ziemlich dramatische Lebenssituationen, die dir das Gefühl geben, etwas verändern zu müssen.

Die Probleme, die du dir damit ans Bein bindest, sind jedoch nicht irgendwelche Probleme. Wenn es nur Kleinigkeiten wären, hättest du sicherlich nicht das Gefühl, deine Überzeugungen unbedingt ändern zu *müssen*. Dieses Gefühl hast du nur dann, wenn deine Probleme wirklich heftig sind. Und du hast es nur, wenn deine Probleme anders nicht zu lösen sind. Die einzige Möglichkeit, sie zu lösen, ist, deine Überzeugung zu ändern. Wäre dem nicht so, könntest du auch etwas anderes tun und *müsstest* deine Überzeugungen nicht verändern.

Lange Rede, gar kein Sinn: Wenn du glaubst, du musst, richtest du deine Wahrnehmung auf eine Realität, in der du dann tatsächlich musst. Auf keine andere Weise sind deine Probleme sonst zu lösen!«

Diese Enthüllung löste eine Kettenreaktion in mir aus. Ich bemerkte, dass ich voller Zwänge steckte. Mir fielen auf Anhieb zwanzig Dinge ein, die ich unbedingt vermeiden wollte und bei denen ich dadurch meine Wahrnehmung genau auf das gerichtet hatte, was ich unbedingt verhindern wollte. Ich musste beispielsweise lieb und nett sein, um zu vermeiden, dass man mich ablehnte. Dazu musste ich mich allerdings zuerst einmal selbst lieben. Und so sahen dann auch meine Lebenserfahrungen aus. War ich mal für einen Augenblick nicht ganz furchtbar nett, machte ich mich sofort verrückt und dachte, dass ich nur geliebt wurde, wenn ich alles gab – und noch ein bisschen mehr!

Weiterhin musste ich lernen loszulassen, wenn ich etwas vermeiden wollte. Denn mit dem Gefühl, dass ein Unglück geschehen würde, sobald ich meine Aufmerksamkeit davon weglenkte, richtete sich meine Wahrnehmung logischerweise direkt auf das Unglück, das zu vermeiden war.

Ich musste meditieren, um zu verhindern, dass ich mein inneres Gleichgewicht verlor. Ich musste dringend mein Unterbewusstsein umprogrammieren, wenn ich vermeiden wollte, dass meine unendlich vielen negativen Prägungen in Zukunft meine Realität bestimmten. Ich musste meine Ängste besiegen und meine Zweifel beseitigen, um zu vermeiden, dass sie Wirklichkeit wurden. Ich musste vermeiden, verletzt zu werden. Ich musste immer positiv denken und gut drauf sein. Ich musste meine Lernaufgaben bewältigen. Mein Ego musste ich natürlich auch in den Griff bekommen und wertfrei werden. Ich musste … Ich musste … Ich musste …

Bei all diesen Zwängen war meine Wahrnehmung stets auf die Ereignisse gerichtet, die ich unbedingt vermeiden wollte. Mir wurde sehr schnell klar, was für eine Realität ich mir damit erschuf. Die Gründe für meine Zwänge bestanden eigentlich in allen Situationen darin, Unglück vermeiden zu wollen. Damit war meine Wahrnehmung auf das Unglück gerichtet – und es passierte.

Diese Erkenntnis war für mich so erschütternd, dass ich zunächst einfach nicht glauben wollte, dass ich mit meiner Wahrnehmung tatsächlich meine Realität gestaltete. Lange konnte ich meine falsche Überzeugung jedoch nicht aufrechterhalten. Mein Verstand begann unaufhörlich zu rattern. Ich dachte an die Zeit zurück, in der ich noch als ganz normaler Therapeut gearbeitet hatte. Mein Leben war damals eigentlich ganz in Ordnung gewesen. Ab und an hatte ich mal ein Problem gehabt, so wie jeder andere. Aber im Grunde genommen war alles recht mühelos verlaufen.

Das änderte sich schlagartig, als mich jemand darauf aufmerksam machte, dass die Probleme in meinem Leben einer bestimmten Gesetzmäßigkeit folgten: dem Gesetz der Serie – nach dem Motto: Ein Problem kommt selten allein!

Hatte ich beispielsweise ein Problem damit, dass mich andere Menschen ablehnten, so traf ich mit Sicherheit in den folgenden Tagen und Wochen auf unzählige andere Menschen, die mich ebenfalls ablehnten.

Ich hielt das zunächst noch für Zufall – bis mir auffiel, dass es immer so ablief! Wann immer ich begann, mich mit irgendetwas zu beschäftigen, was bei mir nicht in Ordnung war, ereigneten sich unglaublich viele Situationen, die genau in diese Kerbe schlugen.

Aus heutiger Sicht weiß ich, dass ich diese Ereignisse

mit der Konzentration meiner Aufmerksamkeit auf das, was nicht in Ordnung war, aktiv an mich gezogen hatte.

Damals wusste ich noch nichts davon und wunderte mich nur. Dann wurde mir jedoch klargemacht, dass ich mich darüber gar nicht wundern müsse. Denn das seien schlicht und ergreifend Lernaufgaben, die ich zu bewältigen hätte. Meine Probleme würden erst dann verschwinden, wenn ich sie in mir gelöst hätte. Das sei meine Aufgabe.

Ich wollte dies zunächst nicht glauben, denn es widersprach allem, was mein wissenschaftlich denkender Verstand über das Leben glaubte. Wer sollte mir diese Lernaufgaben stellen? Gott? An solch einen Gott glaubte ich nicht.

Ich fand einfach keine vernünftige Erklärung für die Ereignisse, die mir dieses Gesetz der Serie vor Augen hielt. Also begann ich allmählich einfach an diese Lernaufgaben zu glauben. Genauer gesagt begann ich zu glauben, dass ich diese Lernaufgaben bewältigen musste, wenn ich Unglück vermeiden wollte.

Und von diesem Zeitpunkt an wurde mein Leben deutlich lebendiger! Die Lernaufgaben, die bislang immer nur dann zugeschlagen hatten, wenn ich mich mit einem bestimmten Problem intensiv auseinandergesetzt hatte, schlugen plötzlich jeden Tag aufs Neue mit immer neuen Problemen zu. Ich brauchte mich jetzt gar nicht mehr auf ein bestimmtes Problem zu konzentrieren. Die Lernaufgaben kamen von nun an ganz von allein.

Ich hatte mich zu diesem Zeitpunkt so viel mit diesen Lernaufgaben beschäftigt, dass es schon zu einer Gewohnheit für mich geworden war, nach Lernaufgaben Ausschau zu halten. Damit war meine unbewusste Wahrnehmung generell darauf fokussiert, Lernaufgaben zu suchen. Und damit traten sie in mein Leben – und das immer stärker.

Nach einer Weile wurde mir bewusst, dass mein Leben niemals zuvor so problematisch gewesen war. Mein teurer Ratgeber, der mir den Glauben an die Lernaufgaben verpasst hatte, wusste darauf eine Antwort.

»Das ist klar!«, erklärte er. »Wenn man erst mal aufgewacht ist und erkannt hat, dass man diese Aufgaben zu bewältigen hat, dann bekommt man vom Universum jede erdenkliche Unterstützung.«

»Ach so, das ist also alles nur die Unterstützung des Universums. Deshalb geht es mir so schlecht«, dachte ich wütend.

Mein treuer Gefährte erklärte mir daraufhin, dass die Welt gerade in einem Umbruch begriffen sei und nur diejenigen in die fünfte Dimension und damit in eine glücklichere Welt aufsteigen würden, die sich entsprechend entwickelt hätten. Er machte mir klar, dass wir Menschen hier auf der Erde seien, um uns zur Vollkommenheit und zur Liebe zu entwickeln. Sobald ein Mensch das Bewusstsein erlangt habe, seine Lernaufgaben zu erkennen, werde er vom Universum in seiner Entwicklung geführt. Es sei großes Glück, was mir widerfahren sei.

Von diesem glücklichen Tage an veränderte sich mein Leben gravierend. Mir wurde täglich mehr und mehr bewusst, was für ein armes Würstchen ich doch war. Ich war absolut unvollkommen, des Weiteren auch kaum fähig, wirklich zu lieben. Mein Leben war eigentlich ziemlich daneben, wenn man es genauer betrachtete.

Mir wurde klar, dass ich noch einen weiten Weg vor mir hatte bis zur Vollkommenheit – einen sehr weiten! Ich hatte nur eine Chance: Ich musste mich so schnell es ging weiterentwickeln und alle Problemmuster in mir in rasendem Tempo auflösen. Ich musste versuchen, alles und jeden zu lieben. Und vor allem musste ich mich selbst lieben. Denn wenn man sich selbst nicht liebt, dann kann einen auch sonst niemand lieben.

Das fiel mir dann auch erstmals so richtig in meiner Beziehung auf. Bis dahin hatte ich noch in der Illusion geschwelgt, dass ich geliebt würde und dass alles in Ordnung sei. Natürlich war nichts wirklich in Ordnung, solange ich mich nicht selbst liebte.

Ich muss sagen, dass dies die bis dahin schlimmste Zeit in meinem Leben war. Doch ich hatte ja keine Ahnung, was noch auf mich wartete.

Mein treuer Leidensgefährte klärte mich nämlich darüber auf, dass alles in diesem Erdenleben auf karmische Gesetzmäßigkeiten aufbaue. Und wenn ich die Probleme dieses Lebens alle gelöst hätte, würde ich die Probleme meiner früheren Leben natürlich auch noch aufarbeiten müssen. Das seien dann übrigens »richtige« Probleme.

Von diesem Zeitpunkt an lehrte mich das Leben, was »richtige« Probleme waren. Fast stündlich wurde mir widergespiegelt, dass ich mein Karma bewältigen musste. Erst wenn ich das geschafft hätte, würde ich wirklich glücklich sein können.

Ich versuchte fast alles, was der Esoterikmarkt zu bieten hatte, um mein Karma aufzulösen. Dabei steuerte ich von einer Odyssee in die nächste. Immer mehr wurde mir klargemacht, was ich alles tun müsste, um irgendwann glücklich werden zu können.

Ich lernte ein völlig neues Weltbild kennen, in dem der Mensch gar kein materielles Wesen war, sondern reine Energie. Diese Energie floss durch meinen Körper. Aber sie floss auch von Mensch zu Mensch – beziehungsweise konnten mir andere Menschen meine Energie absaugen! Man erklärte mir, dass ich mich dagegen natürlich schützen müsse. Auch müsse ich aufpassen, dass mir andere Menschen keine negative Energie »reinschraubten«!

Was ich hörte, machte mir zunächst noch gar keine Angst – bis ich plötzlich deutlich merkte, dass mir meine Klienten tatsächlich Energie absaugten. Sie kamen zu mir, raubten mir meine Energie, gingen beschwingt und aufgeladen nach Hause, und ich blieb zurück wie ein Häufchen Elend – völlig ausgesaugt!

Noch viel schlimmer waren die negativ ausstrahlenden Menschen. Sie verpassten mir ihre Negativenergie, ohne dass ich es verhindern konnte. Allein die Begegnung mit ihnen genügte schon, damit meine Aura mit diesen Energien verunreinigt war. Ich lernte, meine Aura zu reinigen, und tat dies daraufhin nach jeder Sitzung, was mich sehr viel Mühe und Zeit kostete.

So langsam wurde mir bewusst, dass ich mir wirklich etwas einfallen lassen musste, wie ich mich schützen konnte.

Mein lieber Leidensgefährte, durch den ich überhaupt »aufgewacht« war, kannte sich damit natürlich schon sehr gut aus. Er erklärte mir, dass die Liebe die stärkste Macht im Universum sei. Ich solle mir eine goldene Kugel aus reiner Liebe um mich herum vorstellen und diese Vorstellung immer aufrechterhalten. Durch diese Liebe könne nichts hindurchkommen.

Ich tat, was mir geraten wurde, und fürwahr, es funktionierte. Kein Klient saugte mir daraufhin noch Energie ab oder bohrte seine Negativenergie in mich hinein – zumindest solange ich die Kugel visualisierte. Das Problem war nur, dass ich meinen Klienten kaum zuhören konnte. Denn immer, wenn ich mich zu sehr auf das Gespräch konzentrierte, vergaß ich meinen Schutz. Der Erfolg war, dass meine Klientel immer kleiner wurde.

Aber wenigstens verschonten sie mich jetzt mit ihrer Negativenergie. Nach einer Weile bekam ich jedoch finanzielle Schwierigkeiten, weil ich gar keine Klienten mehr hatte.

Mein treuer Ratgeber hatte auch darauf eine Antwort. Er meinte, wenn man den spirituellen Weg eingeschlagen habe, müsse man halt damit leben, dass man kein Geld besitze. Denn Geld sei dem materiellen Leben zugehörig und habe mit Spiritualität nichts zu tun. Man müsse diesen schnöden Mammon loslassen. Überhaupt müsse man alles loslassen, was einem als wichtig erscheine. Nur was man loslasse, komme freiwillig und in Liebe zu einem zurück!

Nicht ahnend, auf was ich mich eingelassen hatte, versuchte ich fortan, alles loszulassen, was mir bislang wichtig gewesen war. Und fürwahr, es funktionierte. Die Probleme, die ich loslassen konnte, lösten sich plötzlich ganz von selbst auf.

Sicher, jetzt die richtige Methode zum Glück gefunden zu haben, warf ich alles, was ich bis dahin gelernt hatte, in die Tonne und übte Loslassen. Ich hatte ja meine Methode gefunden.

Egal, welche Lernaufgabe das Leben mir präsentierte, ich ließ einfach los, und das Problem verschwand. Es war wie ein Wunder. Es passierten Dinge, die ich nie für möglich gehalten hatte – Ereignisse, die ich niemals mit Zufall oder Wahrscheinlichkeit hätte erklären können.

Diese kleinen und großen Wunder gaben mir das Gefühl, dass mir nichts mehr passieren konnte. Ich hatte mein Leben nun endlich im Griff. Es war mir egal, was für Probleme auftauchen würden. Ich wusste ja, was ich zu tun hatte: Ich musste einfach nur loslassen, dann wurde alles gut.

Denkste! Zu früh gefreut!

Was glaubst du, wie gut dir das Loslassen gelingt, wenn du glaubst, du *musst* loslassen? Worauf richtet sich deine Wahrnehmung, wenn du glaubst, du musst loslassen? Um das herauszufinden, brauchst du dich nur zu fragen, was passieren würde, wenn du es nicht schaffst loszulassen.

Deine Wahrnehmung wird darauf gerichtet sein, das Unglück vermeiden zu wollen, das dir blüht, wenn du nicht loslassen kannst. Und ab diesem Moment ist deine Wahrnehmung auf dieses Unglück fokussiert.

Dieses Unglück ist jedoch nicht irgendein Unglück. Es folgt klaren Gesetzmäßigkeiten. Wie, glaubst du, muss dein Unglück beschaffen sein, damit du das Gefühl bekommst, loslassen zu müssen?

Es sind Probleme, die du loslassen musst – schlimme Probleme, für die es keine andere Lösung gibt. Ansonsten müsstest du ja nicht loslassen. Du könntest dann irgendetwas anderes tun.

Dass es keine andere Lösung gab, musste ich damals dadurch erkennen, dass mir kein Mensch helfen konnte – weder ein Arzt oder Heilpraktiker noch ein Heiler oder Freund. Keiner von ihnen konnte mir helfen. Ich hatte unlösbare Probleme, was mir auch von allen Seiten bestätigt wurde. Für meine Probleme gab es keine Lösung. Ich konnte nur loslassen. Das heißt, ich hätte es können müssen, um die Probleme loszuwerden. Doch hatte ich mir mein Leben mit dem Müssen leider so gestaltet, dass ich immer nur erlebte, dass ich loslassen *müsste*. Aber ich schaffte es nie.

Am Ende meiner Weisheit angekommen, traf ich wieder meinen »Aufwecker«. Er war in seiner Entwicklung entscheidend weitergekommen und half mir aus der Zwickmühle heraus. Mittlerweile hatte er herausgefunden, dass er selbst die Ereignisse in seinem Leben gestaltete. Er wusste auch schon genau, wie das funktionierte.

Alles sei Energie, erklärte er mir wieder. Wenn ich meine Aufmerksamkeit auf ein Problem richten würde, gäbe ich dem Problem damit Energie. Die Lösung bestehe nun darin, einfach zu akzeptieren, was ist. Wenn ich es nicht mehr bewerten, sondern einfach annehmen würde, wie es ist, würde ich ihm absolut keine Energie mehr geben – und es würde sich auflösen.

Er erklärte mir, dass es immens wichtig sei für meine Entwicklung, nichts mehr zu bewerten – weder gut noch schlecht. Alles sei Schöpfung und göttlich.

Es fühlte sich gut an, was er mir erzählte, und ich begann ihm zu glauben. Nichtbewerten ist besser als bewerten!

Erst viel später wurde mir bewusst, dass dies bereits eine Bewertung war. Wie konnte ich fühlen, dass nicht bewerten besser sei, ohne dies zuvor als besser zu bewerten? Ich bewertete also schon damit, dass ich nicht bewerten wollte!

Damals wurde mir dieser Widerspruch jedoch noch nicht bewusst. Ich zog durch das Land und übte, nicht zu bewerten und alles zu akzeptieren, wie es war. Es ging mir recht gut damit. Ich spürte richtig, dass ich den Problemen keine Energie mehr gab.

Erneut sicher, meine Methode gefunden zu haben, warf ich das Loslassenmüssen in die Tonne und akzeptierte ab jetzt alles auf Teufel komm raus. Der Erfolg gab mir Recht. Und so keimte erneut die Hoffnung in mir auf, dass ich jetzt mein Leben in den Griff bekäme. Wenn irgendetwas Negatives passierte, musste ich ja nur akzeptieren, was gerade war. Dummerweise war aber auch klar, dass das Unglück noch größer würde, wenn ich es nicht akzeptieren könnte.

Du kannst dir wahrscheinlich schon denken, was dann geschah. Das Vermeidenmüssen eines Unglücks übernahm wieder die Gestaltung meines Lebens. Ich musste jetzt zwar nicht mehr loslassen, aber dafür alles akzeptieren, was mir gerade passierte. Gleichzeitig musste ich natürlich weiterhin alle Menschen lieben und natürlich auch mich selbst. Selbstverständlich bestimmte das Weiterentwickelnmüssen und Karmabewältigenmüssen usw. auch weiterhin mein ganzes Leben.

Du kannst dir nicht vorstellen, was für Leute mir von diesem Zeitpunkt an begegneten: Es waren ausschließlich Unsympathen! Und ich musste sie alle lieben – und dazu noch akzeptieren, dass ich nur noch mit diesen Zeitgenossen zu tun hatte. Gleichzeitig musste ich mich natürlich vor ihrer Negativität schützen – was dummerweise aber mit dem Akzeptierenmüssen kollidierte.

Das Leben war ganz schön mühsam geworden! Je mehr ich über das Leben lernte, desto problematischer wurde es.

Ich begann so langsam daran zu zweifeln, ob das, was ich in den letzten Jahren gelernt hatte, tatsächlich alles so stimmte. Ich war immer offen gewesen für das Wissen anderer Leute. Möglicherweise war ich ja auch zu offen, dachte ich mir. Möglicherweise war ich so übermäßig offen, dass ich schon nicht mehr ganz dicht war!

In mir keimte das Gefühl auf, lieber nicht mehr so viel auf andere Menschen hören zu wollen, sondern stattdessen einmal in mich selbst hineinzuhorchen.

Also hörte ich in mich hinein – und ich hörte Ella. Die Stimme, die ich vernahm, war zu Anfang nicht sehr deutlich. Ich war jedoch fasziniert, dass ich überhaupt etwas hörte. Ich fragte Ella, wie ich aus dieser Misere wieder herauskommen könnte. Und tatsächlich: Ich bekam Hilfe aus mir selbst.

»Woher weißt du, dass du dich weiterentwickeln musst?«, fragte mich Ella.

»Das sagen doch alle!«, war meine ratlose Antwort.

»Und woher weißt du, dass wahr ist, was alle sagen?«, wollte Ella weiterhin von mir wissen.

»Wieso soll es denn nicht wahr sein?«, erwiderte ich. »Wenn so viele Leute etwas behaupten, dann muss doch was dran sein.«

»Du glaubst doch, dass du die Realität selbst gestaltest?«, wollte sich Ella vergewissern.

»Ja, das glaube ich«, stimmte ich zu.

»Du glaubst, dass du mit deiner Wahrnehmung das Leben gestaltest?«, hakte Ella nach.

»Ja, das denke ich.«

»Was, glaubst du, nimmst du wahr, wenn du denkst, du musst dich weiterentwickeln? Richtet sich der Fokus deiner Aufmerksamkeit dann darauf, dass du vollkommen bist, oder fällt dir vielmehr auf, wie unvollkommen du bist?«, wollte Ella wissen.

»Ich denke natürlich daran, dass ich unvollkommen bin, sonst müsste ich mich ja nicht weiterentwickeln«, erwiderte ich.

»Und was, glaubst du, wird dir widergespiegelt von deiner Realität, wenn du deine Wahrnehmung auf deine Unvollkommenheit richtest?«

»Mir wird widergespiegelt, dass ich unvollkommen bin«, antwortete ich geschockt.

»Und damit verstärkt sich dein Glaube an deine Unvollkommenheit!«, schlussfolgerte Ella. »Dein Leben beweist dir jeden Tag wieder, dass du tatsächlich unvollkommen bist. Damit wird diese Überzeugung immer stärker. Du hast jetzt absolut keinen Zweifel mehr daran, dass du unvollkommen bist. Wie kannst du dann erwarten, jemals Vollkommenheit zu erleben?«

Ich war im ersten Moment völlig vor den Kopf gestoßen. Wenn ich tatsächlich mein Leben mit meiner Wahrnehmung gestaltete, dann wäre es also unmöglich, mein Ziel der Vollkommenheit zu erreichen! Ich hatte jedoch in der letzten Zeit so viele Ereignisse erlebt, die ich keinesfalls als Zufall erachten konnte, dass kein anderer Schluss übrig blieb, als dass ich tatsächlich Schöpfer meiner Realität sein musste. Also konnte das mit der Vollkommenheit nicht stimmen.

»Zu was soll ich mich denn dann entwickeln, wenn nicht zur Vollkommenheit?«, fragte ich Ella.

»Es geht nicht um die Vollkommenheit«, erklärte Ella. »Es ist egal, wohin du dich entwickeln willst. Du glaubst in jedem Fall, noch nicht dort zu sein, wo du hinwillst. Und du glaubst, du musst etwas dafür tun, um von dort wegzukommen. Dazu musst du dich mit dem beschäftigen, was noch nicht in Ordnung ist. Und dadurch lenkst du deine Wahrnehmung genau dorthin, wo du nicht sein willst. Infolgedessen bekommst du auch immer den gegenwärtigen Zustand widergespiegelt und kannst niemals an deinem Ziel ankommen – es sei denn, es wäre ein Ziel, bei dem du denkst, dass du nur noch einen Schritt gehen musst, damit es ein für alle Mal erledigt ist. Damit müsstest du dann nichts mehr tun, weil du schon alles getan hättest, was zu tun war. Das ist jedoch in deinem Fall nicht so. Du willst zur Liebe und zur Vollkommenheit und denkst, dass es bis dahin ein weiter Weg ist.«

Diese Erkenntnis löste eine Kettenreaktion aus. Wenn ich mich nicht entwickeln musste, was für einen Sinn sollte dann das mit meinem Karma machen? Und wozu sollte ich die vielen Lernaufgaben bewältigen müssen?

337

Plötzlich traf ich Leute, die mir sagten, der Karmaglaube sei ein Irrglaube. Zeit sei nur eine Illusion. Alles laufe parallel ab und nicht nacheinander. Deswegen könne es kein Karma geben, das ich von einem Leben zum nächsten schleppte.

Ich wusste nicht, was ich davon halten sollte – bis mir ein paar skurrile Leute begegneten. Einer von ihnen kam mit einer handfesten Phobie zu mir. Er hatte Höhenangst. In solch einem Fall geht man in meiner Therapieform immer so vor, dass man dem Klienten sagt, man mache ein kleines Experiment. Er solle sich mal dieses und jenes vorstellen. Ohne dass der Klient sich dessen bewusst ist, lässt man so die Phobie verschwinden. Oft geht das so einfach und schnell, dass der Klient das überhaupt nicht ahnt.

So auch in diesem Fall. Ich bat ihn, mit mir auf den Balkon zu gehen – woraufhin er mich plötzlich entgeistert anschaute und meinte, er spüre gar keine Angst davor. Ich erklärte ihm, dass es dafür einen triftigen Grund gebe. Wir hätten seine Phobie nämlich schon beseitigt.

Danach trachtete er mir nach dem Leben. Ich hätte sein Leben versaut, beschimpfte er mich. Alles sei jetzt umsonst gewesen. Die ganzen dreiundvierzig Jahre seines Lebens seien vergeudet. Jetzt müsse er alles wieder von vorne erleben. Die Phobie sei sein Karma gewesen – wohlgemerkt nicht das Beseitigen der Phobie, sondern die Beschäftigung damit.

Ich versuchte ihn zu beruhigen und erklärte ihm, dass

das kein Problem sei. Wir könnten die Phobie genauso schnell, wie wir sie beseitigt hatten, auch wieder erzeugen. Das wollte er aber seltsamerweise auch nicht mehr.

Nach diesem Ereignis empfand ich den Glauben an mein Karma als so lächerlich, dass ich mich gänzlich von ihm lossagte. Und plötzlich lösten sich alle meine »richtigen« Probleme von ganz allein auf. Ich war von den Socken!

Daraufhin nahm ich die Gespräche mit Ella wieder auf. Ich wollte wissen, was ich weiterhin tun könnte, um mein Leben in Ordnung zu bringen.

Was mich am meisten störte, war das Thema, mich vor negativer Energie schützen zu müssen.

»Verändere deine Wahrheit«, erklärte mir Ella.

»Was? Meine Wahrheit verändern?«, fragte ich verständnislos.

»Ja. Es gibt viele Wahrheiten. Verändere sie, und du veränderst in einem Schritt dein gesamtes Leben«, antwortete Ella.

»Wie kann ich denn die Wahrheit verändern?«, fragte ich begriffsstutzig.

»Nicht *die* Wahrheit. Es gibt nicht *die* Wahrheit. Es gibt viele verschiedene Wahrheitssysteme. Alle sind wahr. Du kannst dir eine aussuchen.«

»Tut mir leid, Ella, aber damit kann ich nichts anfangen«, erklärte ich. »Mach mir einen anderen Vorschlag.«

»Woher weißt du, dass in dir Energie fließt?«, fragte Ella und ignorierte meine Ablehnung.

»Das sagt zum Beispiel die Chinesische Medizin. Und sie haben gute Erfolge damit«, verteidigte ich meinen Glauben.

»Und woher weißt du, dass sie diese Erfolge nicht deswegen haben, weil sie an den Erfolg glauben? Ihre Wahrnehmung schafft die Realität. Hast du das schon vergessen? Du kannst nicht wissen, dass es wirklich an den fließenden Energien liegt, oder?«

»Nein, wissen kann ich das nicht«, gab ich zu.

»Du weißt aus der Naturwissenschaft, dass alles, was existiert, Energie ist. Es gibt keine Materie. Materie ist nur in Schwingung gebrachte Energie. Das heißt: Die Materie ist die Energie. Oder umgekehrt: Energie ist Materie.«

Plötzlich ging mir ein Licht auf. Mir konnte eigentlich gar keiner Energie entziehen – denn mein Körper war die Energie. Mir Energie zu entziehen hätte bedeutet, dass man mir Masse hätte wegnehmen müssen. Und wenn mein Körper die Energie war, dann konnte mir auch niemand negative Energie aufzwingen.

»Alles klar, Ella«, sagte ich und beendete das Gespräch.

Zu voreilig, wie sich einige Monate später herausstellte …

Währenddessen wurde ich mit seltsamen Phänomenen konfrontiert. Ich ging beispielsweise über die Straße und spürte plötzlich einen stechenden Schmerz im Nacken. Ich verstand nicht, wo der so schnell hergekommen war. Und dann war er auch genauso schnell wieder verschwunden, wie er gekommen war. Ich drehte mich um und sah auf der anderen Straßenseite einen Mann, der offensichtlich einen steifen Nacken hatte. An diesem Mann war ich gerade eben vorbeigelaufen. Was hatte denn das zu bedeuten? In den darauf folgenden Tagen häuften sich solche Ereignisse. Es kamen Klienten mit Magenproblemen oder mit Depressionen in meine Praxis. Nach einigen Minuten hatte ich plötzlich ebenfalls diese Magenprobleme oder Depressionen. Was sollte denn das? Ich konsultierte erneut Ella.

»In der Wahrheit, die du jetzt angenommen hast, gibt es bestimmte Gesetze, die du mit übernommen hast«, erklärte Ella mir.

»Was denn für Gesetze?«, wollte ich wissen.

»Das Resonanzgesetz zum Beispiel«, sagte Ella. »Du hast die Wahrheit angenommen, dass alle Materie in Schwingung gebrachte Energie ist. Was geschieht jetzt, wenn ein anderer schwingender Körper in deine Nähe kommt?«

»Soweit ich das aus der Physik weiß, beeinflussen sich beide Körper. Sie gehen miteinander in Resonanz.«

»Das ist genau das, was du in den letzten Tagen erlebt hast«, bestätigte Ella.

»Das ist aber Mist! Wie kann ich mich davor schützen?«, war meine Frage.

»Du kannst deine Schwingung so weit wie möglich erhöhen. Dadurch können dich andere Menschen nicht mehr so sehr beeinflussen«, erklärte Ella.

»Und wie erhöhe ich meine Schwingung?«, wollte ich wissen.

»Die höchste Schwingungsfrequenz ist die Liebe!«

Ich musste also wieder einmal alles und jeden lieben, wenn ich gesund und glücklich sein wollte. Dazu hatte ich, ehrlich gesagt, mittlerweile keine Lust mehr.

Nach ein paar Tagen las ich ein Buch, das mir weitere interessante Möglichkeiten anbot. Ich erfuhr darin, dass man sich in der Natur mit Energie aufladen konnte. Vor allem könne man sich mit der Schwingungsfrequenz von alten Bäumen verbinden. Die hätten eine Wahnsinnsenergie.

Es war mir zwar ein wenig peinlich, wenn andere Leute mich sahen, aber ich ging von nun an jeden Tag mehrmals nach draußen und umarmte alte Bäume. Ich hatte das Gefühl, mit diesen Bäumen reden zu können.

Nach jedem Klienten ging ich wenigstens für eine Viertelstunde zu meinen neuen Freunden und erhöhte meine Schwingungsfrequenz – bis der Winter kam!

Eigentlich merkte ich sogar schon viel früher, dass die Bäume allein mir nicht alles geben konnten. Meine Frequenz sackte zwischendurch ständig ab. Ich suchte also nach weiteren Möglichkeiten. Ich stieß auf Tachyonprodukte. Diese platzierte ich nach Vorschrift in meiner Wohnung und Praxis und hatte auch immer ein solches

Instrument in der Hosentasche. Das half zwar, aber war dennoch allein nicht ausreichend.

Die Klienten, die zu mir kamen, vermachten mir weiterhin in abgeschwächter Form ihre Probleme. Ich stöberte neue Produkte auf, die ebenfalls die Schwingungsfrequenz erhöhen und vor negativen Schwingungen und Strahlungen schützen sollten. Meine Wohnung wurde damit ausgestattet. Am Schluss lagen überall Kristalle herum. Donuts aus einem Material, das angeblich keine Polarität aufwies, waren ebenfalls in meinem Sortiment. Räucherstäbchen brannten den ganzen Tag ab, und es lief sanfte Meditationsmusik. Als die Räucherstäbchen nicht mehr ausreichten, stieg ich dann auf Weihrauch um. Das stank zwar ganz erbärmlich, aber wenn's hilft?!

Ich fühlte mich in meiner Wohnung nun relativ sicher. Das Einzige, was mich störte, war, dass ich ziemlich einsam geworden war. Ich traute mich kaum noch unter die Leute, denn ich spürte, dass mir ihre Energie nicht guttat. Also erledigte ich nur noch das Nötigste.

Das änderte sich, als mich jemand fragte, wie weit mein Energiefeld reiche. Ich spürte hinein. Und ich spürte, dass mein Energiefeld sich über fünfzig Meter weit um mich herum ausbreitete.

Plötzlich wurde mir eine erschreckende Wahrheit bewusst: Wenn mein Energiefeld sich so weit erstreckte, dann würde doch das der anderen Menschen das auch tun. Dann war ich doch in meiner Wohnung vor den negativen Schwingungen meiner Umwelt gar nicht sicher! Würden die Kristalle und das ganze Zeug mich dagegen wirklich schützen können?

Ich bekam Angst und fragte Ella.

»Du bist doch der Schöpfer deiner Realität«, erinnerte mich Ella. »Wenn du glaubst, du musst dich schützen, weil sonst etwas Negatives passiert, dann lenkst du damit deine Wahrnehmung auf das Negative. Wenn du stattdessen glauben würdest, dass in deinem Leben alles gut ist, dann würdest du deine Wahrnehmung auf das Gute lenken, und dann wäre auch alles gut.

Du musst dich in Wirklichkeit nicht schützen, du glaubst nur, es tun zu müssen. Und damit ist deine Wahrnehmung auf Unglück ausgerichtet. Es ist keine Wahrheit, dass du dich schützen musst. Es ist nur deine Realität! Die Realität, die du dir durch deine Wahrnehmung selbst erschaffst.«

Mir war sofort klar, dass es stimmte, was Ella mir gesagt hatte. Doch ich konnte es nicht fühlen. In meinem Inneren verspürte ich weiterhin den Zwang, mich schützen zu müssen.

»Du fühlst, was du glaubst«, erklärte mir Ella, als ich sie darauf ansprach.

Damit war klar, was ich zu tun hatte. Ich musste meine Überzeugungen verändern. Alles andere würde keinen Sinn machen. Mit meinen Überzeugungen gestaltete ich mein Leben.

Ich machte mich also daran, den ganzen Mist, den

ich so in meinem Unbewussten mit mir herumtrug, zu untersuchen. Ich suchte nach Widersprüchen, die mir beweisen sollten, dass meine unerwünschten Überzeugungen nicht wahr sein konnten. Und es funktionierte! Es dauerte zwar eine Weile, bis mein Unbewusstes akzeptierte, dass eine Überzeugung falsch war, aber die Veränderungen in meinem Leben waren dabei gewaltig. Ich übte jeden Tag und zermarterte mir das Hirn, um Widersprüche zu finden.

Nach einer Weile wurde mir klar, dass ich nicht alle Überzeugungen, die ich in meinem Leben angenommen hatte, widerlegen konnte. Das würde viel zu lange dauern. So wie es aussah, nahm ich schneller negative Überzeugungen an, als ich sie wieder loswerden konnte. Diesen Kampf konnte ich nicht gewinnen.

Ich versuchte also, die Wurzel des Übels zu finden und dadurch effektiver zu werden. Mir war klar, dass meine einzelnen Überzeugungen nur Symptome darstellten. Die wirkliche Ursache meiner Probleme lag woanders.

Ich suchte deshalb nach Kernüberzeugungen, auf denen eine Vielzahl anderer negativer Überzeugungen aufgebaut waren. Sie stellten die Ursachen dar, nach denen ich forschen musste.

Jedes Mal, wenn ich eine von diesen Kernüberzeugungen fand und widerlegen konnte, veränderten sich mit einem Schlag ganze Lebensbereiche. Ich war begeistert.

Wieder einmal war ich also sicher, den besten Weg gefunden zu haben: Ich *musste* nur meine Kernüberzeugungen herausfinden und verändern.

Es kam, wie es kommen musste: Nach kurzer Zeit war mir klar, dass ich das Negative aus meinem Leben nur verbannen konnte, wenn ich es schaffte, meine Kernglaubenssätze zu verändern.

Die Wahrnehmungsrichtung, Unglück vermeiden zu wollen, bestimmte dadurch erneut mein Leben. Nun machten mir die Ereignisse in meinem Leben klar, dass ich meine Kernglaubenssätze verändern musste, um Unglück zu vermeiden.

Von diesem Tag an war ich ständig auf der Suche nach meinen Kernüberzeugungen. Das Blöde daran war, dass ich mir sehr wohl dessen bewusst war, dass ich bei der Suche nach den Ursachen ständig Probleme in mir aktivierte und damit natürlich erst gestaltete. Ich richtete meine Aufmerksamkeit auf negative Überzeugungen und packte sie damit in mein Leben. Diese Dynamik machte mir klar, dass ich die Ursachen so schnell als möglich finden musste.

Mein Leben war wieder einmal so stressig geworden, dass ich ständig am Ende meiner Kräfte war. Ich suchte Tag und Nacht nach meinen Kernüberzeugungen. Gleichzeitig ereigneten sich unendlich viele belastende Situationen. Sie alle machten mir ständig bewusst, dass ich mich beeilen musste.

Nach einer Weile wurde mir klar, was die Wurzel allen

346

Übels war – die tiefliegendste Kernüberzeugung aller Kernüberzeugungen, der eine Punkt, der, wenn ich ihn verändern könnte, in einem Schritt mein gesamte Leben in Ordnung bringen würde: Es war der Glaube an meine Machtlosigkeit – der Glaube daran, dass ich nur einen begrenzten oder gar keinen Einfluss auf die Ereignisse in meinem Leben hatte. Diesen Glauben musste ich austauschen gegen den Glauben, Schöpfer meiner eigenen Realität und als solcher für mein Lebensglück verantwortlich zu sein. Ich wusste: Wenn es mir gelingen würde, diesen Glauben anzunehmen, hätte ich die völlige Freiheit, mein Leben so zu erschaffen, wie ich es mir wünschte.

Ich trainierte mein Vertrauen in meine Schöpferkraft und versuchte, meinen Glauben zu stärken. Das hielt ich tatsächlich einige Jahre lang durch – bis ich schließlich einsehen musste, dass ich gescheitert war. Ich glaubte an gar nichts mehr und fühlte mich völlig machtlos. Das Einzige, was ich glauben konnte, war, dass ich meine Überzeugungen verändern musste, es aber nicht schaffte. Mein Unbewusstes wehrte sich scheinbar vehement dagegen.

Als ich wieder einmal Ella aufsuchte und nach dem Grund für meine ausweglose Situation fragte, traf mich die Erkenntnis wie ein Blitz. Ich erkannte im Gespräch mit ihr, dass ich mir all die Jahre hindurch das Leben mit diesem ganzen Esoterikblödquatsch zur Hölle gemacht hatte. Ich traf die Entscheidung, wieder ein normaler Mensch zu werden und all die Vorschriften und Verbote, die ich mir im Laufe meiner Esoterikodyssee reingezogen hatte, hinter mir zu lassen. Eigentlich wollte ich doch nur glücklich sein! Mehr brauchte ich doch gar nicht. Und genau das tat ich dann auch. Ich fand gemeinsam mit meinem Team immer mehr über das Glück heraus und entwickelte Konzepte zur Umsetzung.

Seltsamerweise gestalteten sich danach alle Ereignisse in meinem Leben sehr positiv. Egal, was ich anpackte: Es gelang. Mir wurde klar, dass ich ganz offensichtlich schon einen Einfluss auf meine Realität hatte. Doch ich nutzte diesen Einfluss wohl sehr viel positiver, wenn ich mich gar nicht gezielt um die Gestaltung meiner Realität kümmerte.

Und dabei bin ich bis heute geblieben und werde es ganz sicher auch weiterhin tun. Ich erlebe seit Jahren, wie sich mein Glück auf diesem Weg immer mehr steigert. Ich denke zwar jedes Mal, dass es jetzt echt nicht mehr schöner kommen könnte, doch jedes Mal werde ich eines Besseren belehrt. Ich bin nicht sicher, aber ich habe den Eindruck, dass es für das Glück keine Obergrenze gibt.

Ich wünsche dir ein oberabgefahrenes, glückliches Leben.

Bodo

Ella Kensington im Internet

Solltest du Unterstützung bei der Umsetzung unseres Glückskonzeptes suchen, dann schau doch mal auf unserer Website www.ella.org vorbei. Hier gibt es viele auch kostenlose Möglichkeiten wie beispielsweise unsere monatlichen mehrseitigen Glückstipps oder die Ella-Treffs, die es in allen großen Städten im deutschsprachigen Raum gibt. Wir freuen uns auf dich.

Das Schweizer Unternehmen »Ella Kensington« ist mit einer dreiviertel Million verkaufter Bücher und bislang dreißigtausend Seminarteilnehmern der größte Anbieter von Glücksseminaren und Glückstrainings im deutschsprachigen Raum. Alle von uns lizensierten Glückstrainer® haben eine fundierte Ausbildung absolviert und erfüllen unsere hohen Qualitätsstandards.

Weitere Bücher von Ella Kensington

Die Glückstrainer

In den letzten Jahrzehnten hat sich die Wissenschaft ausgiebig mit den Themen Glück und Erfolg auseinandergesetzt und ist zu bemerkenswerten Ergebnissen gelangt. Ein Ratgeber für alle, die sich für neue und effektivere Möglichkeiten in Sachen Glück und Erfolg interessieren.

Ella Kensington Verlag: Gebundene Ausgabe 2008, 3. Auflage
ISBN 978-3-905765-02-1 Preis: € 21,60 / CHF 39,00

Glücksgefühle bis zum Abwinken

In diesem kleinen, aber feinen Büchlein werden die zehn besten Methoden aufgezeigt, mit denen man sich selbst mühelos und jederzeit mit Glücksgefühlen bis zum Abwinken beschenken kann.

Ella Kensington Verlag: Gebundene Ausgabe 2008, 2. Auflage
ISBN 978-3-905765-00-7 Preis: € 9.90 / CHF 18.00

Glücksmomente

Es gibt viel, was man für die Steigerung des eigenen Lebensglücks tun kann. Die Übungen dieses Buches führen den Leser Schritt für Schritt zu den Ursprüngen seiner Gefühle.
Ein Übungsbuch für Fortgeschrittene.

Ella Kensington Verlag: Gebundene Ausgabe 2005, 1. Auflage
ISBN 978-3-980944-65-6 Preis: € 13.60 / CHF 24.80